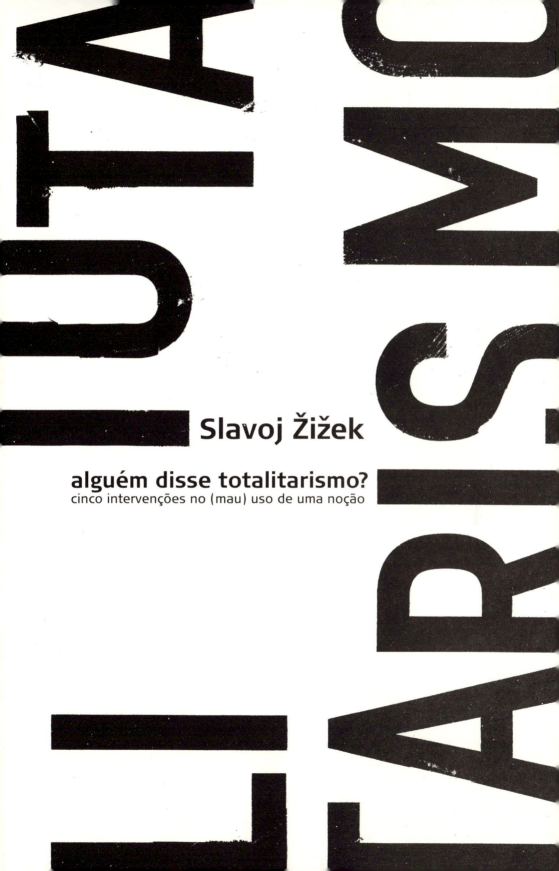

Slavoj Žižek

alguém disse totalitarismo?
cinco intervenções no (mau) uso de uma noção

Grafite palestino no muro construído por Israel para isolar os habitantes da Cisjordânia e anexar suas terras.

Slavoj Žižek

alguém disse totalitarismo?
cinco intervenções no (mau) uso de uma noção

Tradução: Rogério Bettoni

Copyright © Slavoj Žižek, 2001
Copyright desta tradução © Boitempo Editorial, 2013
Traduzido do original em inglês *Did Somebody Say Totalitarianism?* (Verso, 2001)

Coordenação editorial
Ivana Jinkings

Editores-adjuntos
Bibiana Leme e João Alexandre Peschanski

Assistência editorial
Livia Campos e Thaisa Burani

Tradução
Rogério Bettoni

Preparação
Mariana Echalar

Revisão
Ângela Cruz

Diagramação
Crayon Editorial

Capa
Ronaldo Alves
sobre foto de Adolf Hitler recebendo saudação do Reichstag depois
de anunciar a conquista "pacífica" da Áustria. Berlim, março de 1938.

Produção
Livia Campos

CIP-BRASIL. CATALOGAÇÃO NA PUBLICAÇÃO
SINDICATO NACIONAL DOS EDITORES DE LIVROS, RJ

Z72a

Zizek, Slavoj, 1949-
    Alguém disse totalitarismo? : cinco intervenções no (mau) uso de uma noção /
Slavoj Zizek ; tradução Rogério Bettoni. - 1. ed. - São Paulo : Boitempo, 2013.
    184 p. : il.

    Tradução de: Did somebody say totalitarianism?
    Inclui índice
    ISBN 978-85-7559-347-9

    1. Socialismo. 2. Marxismo. I. Título.

13-04510

CDD: 335.4
CDU: 330.85

É vedada a reprodução de qualquer
parte deste livro sem a expressa autorização da editora.

Este livro atende às normas do acordo ortográfico em vigor desde janeiro de 2009.

1ª edição: setembro de 2013; 1ª reimpressão: novembro de 2015

BOITEMPO EDITORIAL
Jinkings Editores Associados Ltda.
Rua Pereira Leite, 373
05442-000 São Paulo SP
Tel./fax: (11) 3875-7250 / 3872-6869
editor@boitempoeditorial.com.br
www.boitempoeditorial.com.br | www.boitempoeditorial.wordpress.com
www.facebook.com/boitempo | www.twitter.com/editoraboitempo
www.youtube.com/user/imprensaboitempo

Sumário

Introdução – Sobre antioxidantes ideológicos 7

1 – O mito e suas vicissitudes...13
   Hamlet antes de Édipo 13
   O nascimento da beleza a partir do abjeto............................17
   Da comédia à tragédia 21
   O mito da pós-modernidade 24
   "Economia, Horácio!" 33
   Ágape 37
   O enigma *do/no* Outro..43

2 – Hitler ironista?...49
   O Holocausto foi um Mal diabólico? 49
   Morra de rir! 53
   O muçulmano 57
   Por baixo da tragédia e da comédia 62

3 – Quando o partido comete suicídio 67
   "O poder dos impotentes" 67
   O sacrifício comunista 72
   Stalin-Abraão contra Bukharin-Isaac 76
   Jouissance stalinista 80
   Lenin *versus* Stalin 83
   Quando o discurso implode 86
   Excurso: Shostakovich e a resistência ao stalinismo 89
   A ambiguidade radical do stalinismo...............................92

4 – A melancolia e o ato 101

Falta não é o mesmo que perda 102

"Pensamento pós-secular?" Não, obrigado! 108

O Outro: imaginário, simbólico e real 113

O ato ético: para além do princípio de realidade 116

Um apelo ao criacionismo materialista 121

Papa *versus* Dalai Lama 124

John Woo como crítico de Lévinas: o rosto como fetiche 127

5 – Os estudos culturais são realmente totalitários? 133

A questão candente 133

Os dois Reais 138

A "terceira cultura" como ideologia 145

O impasse do historicismo 151

Aparelhos teóricos de Estado...155

Conclusão: "... e para que servem os destituídos (totalitários)
em uma época poética?"..159

Índice remissivo 177

Introdução
SOBRE ANTIOXIDANTES IDEOLÓGICOS

*que, apresentando ao leitor impetuoso o conteúdo do livro, explica por que
o totalitarismo é e foi, desde os primórdios, um tapa-buraco*

Na embalagem do chá verde Celestial Seasonings há uma breve explicação de seus
benefícios: "O chá verde é uma fonte natural de antioxidantes que neutralizam
os *radicais livres*, moléculas nocivas ao nosso corpo. *Controlando os radicais livres*, os
antioxidantes ajudam o corpo a manter a saúde". *Mutatis mutandis*, a noção de
totalitarismo não é um dos principais antioxidantes *ideológicos*, cuja função durante toda sua existência foi *controlar os radicais livres* e, assim, ajudar o corpo social a
manter sua saúde político-ideológica?

Não menos que a própria vida social, a academia que hoje se declara "radical" é
permeada de regras e proibições tácitas – ainda que nunca sejam explicitadas,
transgredi-las pode ter consequências terríveis. Uma dessas regras diz respeito
à onipresença inquestionada da necessidade de "contextualizar" ou "situar" uma
posição: a única maneira de se dar bem em um debate é dizer que a posição do
oponente não está propriamente "situada" em um contexto histórico: "Você fala
das mulheres, mas de *quais* mulheres? Não existe mulher como tal, portanto seu
discurso generalizado sobre as mulheres, em sua aparente neutralidade oniabrangente, não privilegia figuras específicas da feminilidade e exclui outras?".

Por que essa historicização radical é falsa, apesar do óbvio momento de verdade
que contém? Porque *a própria realidade social (mercado capitalista global tardio) de
hoje é dominada pelo que Marx chamou de poder da "abstração real"*: a circulação do
capital é a força de "desterritorialização" radical (para usar o termo de Deleuze)
que, em seu próprio funcionamento, ignora ativamente as condições específicas e
não pode ser "enraizada" nelas. Não é mais a universalidade que obstrui a virada de
sua parcialidade, de seu favorecimento de um conteúdo particular, como acontece
na ideologia-padrão; ao contrário, é a própria tentativa de localizar raízes particulares que obstrui ideologicamente a realidade social do reino da "abstração real".

8 / Alguém disse totalitarismo?

Outra dessas regras foi a elevação de Hannah Arendt a autoridade intocável, ou seja, a referência. Duas décadas atrás, os esquerdistas radicais a descartavam como perpetradora da noção de "totalitarismo", a principal arma do Ocidente na luta ideológica da Guerra Fria: nos anos 1970, se alguém nos perguntasse inocentemente em um colóquio de estudos culturais se nossa linha de argumentação era parecida com a de Arendt, esse era um sinal nítido de que estávamos com sérios problemas. Hoje, no entanto, espera-se que ela seja tratada com respeito – até mesmo acadêmicos cuja orientação básica poderia jogá-los contra Arendt (psicanalistas como Julia Kristeva, por causa da rejeição de Arendt à teoria psicanalítica; adeptos da Escola de Frankfurt, como Richard Bernstein, por causa da excessiva animosidade de Arendt contra Adorno) abraçaram a impossível tarefa de conciliá-la com seu compromisso teórico fundamental. Essa exaltação de Arendt talvez seja o sinal mais claro da derrota teórica da esquerda – o fato de a esquerda ter aceitado as coordenadas básicas da democracia liberal ("democracia" *versus* "totalitarismo" etc.) e agora estar tentando redefinir sua (o)posição *dentro* desse espaço. A primeira coisa que devemos fazer, portanto, é quebrar sem temor esses tabus liberais: *E daí* se formos acusados de "antidemocráticos", "totalitários"...

Em toda a sua existência, o "totalitarismo" foi uma noção ideológica que amparou a complexa operação de "controle dos radicais livres", de garantia da hegemonia liberal-democrática, rejeitando a crítica de esquerda de que a democracia liberal seria o anverso, a "irmã gêmea", da ditadura fascista de direita. E é inútil tentar salvar o "totalitarismo" dividindo-o em subcategorias (enfatizando a diferença entre a variedade fascista e a comunista): no momento em que aceitamos a noção de "totalitarismo", entramos firmemente no horizonte liberal-democrático[1]. O argumento deste livro, portanto, é que a noção de "totalitarismo", longe de ser um conceito teórico efetivo, é um tipo de *tapa-buraco*: em vez de possibilitar nosso pensamento, forçando-nos a adquirir uma nova visão sobre a realidade histórica que ela descreve, ela nos desobriga de pensar, ou nos impede ativamente de pensar.

Hoje, a referência à ameaça "totalitarista" sustenta um tipo de *Denkverbot* (proibição ao pensamento) tácito, algo semelhante ao infame *Berufsverbot* (proibição de ser empregado por qualquer instituição estatal) do fim da década de 1960 na Alemanha – se o sujeito demonstra uma inclinação mínima para se envolver em projetos políticos que visam desafiar seriamente a ordem existente, a resposta imediata é: "Por mais benévolo que seja, isso vai levar necessariamente a um novo *gulag*!". O "retorno à ética" na filosofia política atual explora vergonhosamente os horrores do *gulag* ou do Holocausto como espectro definitivo para nos fazer renunciar a qualquer engaja-

---

[1] O primeiro a usar o termo "Estado total" foi Mussolini, na década de 1920, para designar a Itália fascista; no entanto, a *noção* de "totalitarismo" foi elaborada pelos críticos liberais.

mento radical sério. Desse modo, os salafrários liberais conformistas podem sentir uma satisfação hipócrita na defesa da ordem existente: eles sabem que existe corrupção, exploração etc., mas cada tentativa de mudar as coisas é considerada eticamente perigosa e inaceitável, porque ressuscita o fantasma do "totalitarismo".

Este livro não visa fornecer mais uma exploração sistemática da história da noção de totalitarismo. Antes, ele tenta seguir o movimento dialético que vai de um conteúdo particular da noção universal a outro, o movimento constitutivo do que Hegel chamou de "universalidade concreta". Em *Por que as mulheres escrevem mais cartas do que enviam?*, Darian Leader afirma que, quando uma mulher diz "eu te amo" para um homem, no fundo ela quer dizer uma destas três coisas:

- *Tenho um amante* (como em: "Sim, tenho um caso com ele, mas isso não significa nada, eu ainda te amo!").
- *Sinto-me entediada com você* (como em: "Sim, eu te amo, está tudo bem, mas, por favor, me deixe um pouco sozinha, preciso de um pouco de paz!").
- E, por fim, um simples *eu quero sexo*[2]!

Esses três significados estão interconectados como os termos de uma cadeia de raciocínio: "Arrumei um amante porque me sinto entediada com você; portanto, se quer que eu te ame, me ofereça sexo de melhor qualidade!". Nessa mesma linha, quando – hoje, depois dos disparates liberais da Guerra Fria contra o stalinismo como resultado direto e necessário do marxismo – os teóricos usam o termo "totalitarismo" aprobativamente, eles estão assumindo uma destas cinco posições:

- O "totalitarismo" é o *modernismo enviesando-se*: ele preenche a lacuna aberta pela própria dissolução modernista de todos os vínculos sociais orgânicos tradicionais. Os conservadores tradicionalistas e os pós-modernistas compartilham essa noção – a diferença entre eles é sobretudo uma questão de ênfase: para alguns, o totalitarismo é o resultado necessário do esclarecimento modernista, inscrito em sua própria noção; para outros, é mais uma ameaça que se consuma quando o esclarecimento não realiza totalmente seu potencial.
- O Holocausto como crime máximo e absoluto, que não pode ser examinado nos termos da análise política concreta, pois tal abordagem já o banaliza.
- A alegação neoliberal de que qualquer projeto político de emancipação radical resulta necessariamente em uma versão qualquer de controle e dominação totalitária. Desse modo, o liberalismo consegue unir novos fundamentalismos éticos *e*

---

[2]   Ver Darian Leader, *Why Do Women Write More Letters Than They Post?* (Londres, Faber & Faber, 1996), p. 72 [ed. bras.: *Por que as mulheres escrevem mais cartas do que enviam?*, trad. Paulo Reis, Rio de Janeiro, Rocco, 1998].

10 / Alguém disse totalitarismo?

(o que quer que reste dos) projetos emancipatórios da esquerda radical, como se os dois estivessem de alguma maneira "profundamente relacionados", como se fossem dois lados da mesma moeda, ambos voltados para o "controle total"... (Essa combinação é a nova forma da velha ideia liberal de que o fascismo e o comunismo são duas formas da mesma degeneração "totalitária" da democracia.)

- A afirmação pós-moderna atual (já prenunciada em *Dialética do esclarecimento** por Adorno e Horkheimer) de que o totalitarismo político é fundamentado no fechamento metafísico falologocêntrico: a única maneira de evitar consequências totalitárias é insistir na lacuna radical, na abertura, no deslocamento, que jamais pode ser encerrada dentro de um edifício ontológico aberto.
- Por fim, numa reação cognitivista recente, os próprios estudos culturais pós-modernos são tachados de "totalitários", como a última ilha em que sobreviveu a lógica stalinista de obediência incondicional à diretiva do partido, impermeável a qualquer argumentação racional.

É interessante notar aqui que até mesmo a resposta filosófica "crítica" dominante ao liberalismo hegemônico, a da esquerda desconstrucionista pós-moderna, baseia-se na categoria do "totalitarismo". A doxa política desconstrucionista é mais ou menos esta: o social é o campo da indecidibilidade estrutural, é marcado por uma falta ou lacuna irredutível, está condenado para sempre à não identidade com ele mesmo; e o "totalitarismo" é, em sua forma mais elementar, o fechamento dessa indecidibilidade – a esquerda pós-moderna não está reformulando aqui, em seu próprio jargão, a antiga sabedoria liberal de Isaiah Berlin, Robert Conquest e companhia? O totalitarismo é elevado, portanto, ao nível da confusão ontológica; é concebido como um tipo de paralogismo kantiano da pura razão política, uma "ilusão transcendental" inevitável que ocorre quando uma ordem política positiva é diretamente identificada, em um curto-circuito ilegítimo, com a impossível alteridade da justiça – *qualquer* posicionamento que não endosse o mantra da contingência/deslocamento/finitude é considerado potencialmente "totalitário".

A noção filosófica de *totalidade* e a noção política de *totalitarismo* tendem a se sobrepor aqui, em uma linha que vai de Karl Popper a Jean-François Lyotard: a totalidade hegeliana da Razão é percebida como o edifício totalitário definitivo na filosofia. A racionalidade como tal tem uma péssima reputação hoje em dia: os defensores da Nova Era a condenam como um pensamento cartesiano mecanicista/discursivo que vem "do lado esquerdo do cérebro"; as feministas a rejeitam como uma posição baseada no masculino, que acredita implicitamente em sua oposição à emotividade feminina; para os pós-modernistas, a racionalidade envolve a preten-

---

* 2. ed., Rio de Janeiro, Zahar, 1986. (N. E.)

são metafísica à "objetividade", que oblitera os mecanismos de poder e discurso que determinam o que interessa como "racional" e "objetivo"... É em oposição a esse irracionalismo pseudoesquerdista que devemos nos lembrar do subtítulo de "A instância da letra no inconsciente", de Lacan: "*ou la raison depuis Freud*" – ou a razão desde Freud[3].

Em 1991, depois do golpe contra Ceauşescu preparado pela própria *nomenklatura*, o aparato da polícia secreta romena continuou ativo, é claro, cuidando normalmente de suas atividades. No entanto, o esforço da polícia secreta para projetar uma imagem nova e mais amigável de si mesma, em consonância com os novos tempos "democráticos", levou a alguns episódios estranhos. Um amigo norte-americano, que na época estava em Bucareste com uma bolsa do Fulbright, telefonou para casa uma semana depois de chegar e disse à namorada que agora estava em um país pobre, porém amistoso, onde as pessoas eram agradáveis e com disposição para aprender. Assim que desligou, o telefone tocou; ele atendeu e alguém se apresentou, num inglês levemente confuso, como o oficial da polícia secreta encarregado de ouvir sua conversa telefônica, dizendo que gostaria de agradecer as coisas amáveis que ele havia dito sobre a Romênia – depois lhe desejou uma boa estada e se despediu.

Este livro é dedicado a esse agente anônimo da polícia secreta romena.

---

[3] *Escritos* (trad. Vera Ribeiro, Rio de Janeiro, Zahar, 1998), p. 496-533.

1
O MITO E SUAS VICISSITUDES

*em que o leitor se surpreenderá ao descobrir que o mito é um fenômeno
secundário que advém da comédia social; como bônus, o leitor também conhecerá
o segredo do surgimento de uma bela mulher*

No fim da década de 1960 e durante a década de 1970, no auge do marxismo lacaniano, muitos seguidores franceses de Lacan se sentiram atraídos por seu antiamericanismo, perceptível sobretudo em sua rejeição à virada ego-psicológica da psicanálise como expressão ideológica do "estilo de vida americano". Embora esses seguidores (jovens maoistas, em sua maioria) percebessem o antiamericanismo de Lacan como um sinal de "anticapitalismo", é mais apropriado identificar nele os traços de um tema conservador padrão: na sociedade burguesa atual, comercializada, "americanizada", a tragédia autêntica não é mais possível; é por isso que grandes escritores conservadores, como Paul Claudel, tentam ressuscitar a noção de tragédia para devolver dignidade à existência humana... É justamente aqui, quando Lacan procura falar a favor dos últimos vestígios de uma antiga autenticidade escassamente discernível no universo superficial da atualidade, que suas palavras parecem (e *são*) um monte de platitudes ideológicas. No entanto, apesar de o antiamericanismo de Lacan representar o que há de mais "falso" e ideológico em sua obra, há um "núcleo racional" nesse tema ideológico: de fato, o advento do modernismo destrói a noção tradicional de tragédia e a noção concomitante de destino mítico que governa a fortuna da humanidade.

Hamlet antes de Édipo

Quando falamos de mitos na psicanálise, na verdade estamos falando de *um* mito, o de Édipo – todos os outros mitos freudianos (o mito do pai primordial, versão freudiana do mito de Moisés) são variações do mito edipiano, embora *necessárias*. Com a narrativa de Hamlet, no entanto, as coisas se complicam. A "ingênua" leitura pré-lacaniana que a psicanálise faz de *Hamlet*, obviamente, concentra-se no desejo incestuoso de Hamlet pela mãe. O choque de Hamlet diante da morte do pai, portan-

14 / Alguém disse totalitarismo?

to, é explicado como o impacto traumático que a satisfação de um desejo inconsciente violento (a morte do pai, nesse caso) tem sobre o sujeito; o espectro do pai morto que aparece para Hamlet é a projeção da culpa que ele sente em relação a seu desejo de morte; o ódio que sente por Cláudio é efeito de sua rivalidade narcísica – Cláudio, e não Hamlet, é quem fica com a mãe deste; sua aversão por Ofélia e pelas mulheres em geral representa a repulsa pelo sexo em sua modalidade incestuosa sufocante, que surge da falta da interdição/sanção paternal... Desse modo, segundo essa leitura-padrão, Hamlet, na qualidade de versão modernizada de Édipo, é um testemunho do fortalecimento da proibição edípica do incesto na passagem da Antiguidade para a modernidade – no caso de Édipo, ainda estamos lidando com o incesto; já em *Hamlet*, o desejo incestuoso é reprimido e deslocado. E parece que a própria designação de Hamlet como neurótico obsessivo aponta nessa direção: em contraste com a histeria, encontrada em toda a história (ocidental, ao menos), a neurose obsessiva é um fenômeno distintamente *moderno*.

Ainda que não se deva subestimar a força dessa robusta e heroica leitura freudiana de *Hamlet* como uma versão moderna do mito de Édipo, o problema é como harmonizá-la com o fato de que, por mais que Hamlet – na linhagem goethiana – pareça ser o modelo do intelectual moderno (introvertido, taciturno, indeciso), o mito de Hamlet é *mais antigo* que o de Édipo. O esqueleto básico da narrativa (o filho se vinga do tio malvado, que matou o irmão e lhe tomou o trono; o filho que sobrevive ao governo ilegítimo do tio, bancando o bobo e fazendo observações "loucas", porém verdadeiras) é um mito universal, encontrado em todos os lugares, desde as antigas culturas nórdicas até o Antigo Egito, passando pelo Irã e pela Polinésia. Além disso, há indícios suficientes para sustentar a conclusão de que a suprema referência dessa narrativa diz respeito não a traumas familiares, mas a eventos celestes: o "significado" supremo do mito de Hamlet é a precessão dos astros, ou seja, o mito de Hamlet insere na narrativa familiar observações astronômicas altamente articuladas[1]... Essa solução, no entanto, por mais convincente que pareça, também se enreda imediatamente em seu próprio impasse: o movimento dos astros não tem significado em si, é apenas um fato da natureza sem ressonância libidinal, então por que as pessoas o traduzem/metaforizam precisamente na forma de tal narrativa familiar, gerando um tremendo envolvimento libidinal? Em outras palavras, a questão "o que significa o quê?" não é de modo nenhum resolvida por essa leitura: a narrativa de Hamlet "significa" estrelas, ou as estrelas "significam" a narrativa de Hamlet – ou seja, os antigos usavam seu conhecimento astronômico para codificar *insights* a respeito dos impasses libidinais fundamentais da raça humana?

---

[1] Refiro-me, obviamente, ao famoso clássico da Nova Era, *Hamlet's Mill*, de Giorgio de Santillana e Hertha von Dechend (Boston, MA, David R. Godine, 1977).

Não obstante, uma coisa é clara: em termos lógicos e temporais, a narrativa de Hamlet *é* mais antiga que o mito de Édipo. Estamos lidando aqui com o conhecido mecanismo de deslocamento inconsciente de Freud: algo que é logicamente *anterior* só é perceptível (ou torna-se perceptível, ou se inscreve na tessitura) como *distorção* posterior e secundária de uma narrativa presumivelmente "original". Essa é a matriz básica – e muitas vezes equivocada – do "trabalho do sonho", que envolve a distinção entre o pensamento onírico latente e o desejo inconsciente articulado no sonho: no trabalho do sonho, o pensamento latente é cifrado/deslocado, mas é por meio desse mesmo deslocamento que o *outro* pensamento, verdadeiramente inconsciente, articula-se.

Assim, no caso de Édipo e Hamlet, em vez da leitura linear/historicista de *Hamlet* como uma distorção secundária do texto de Édipo, o mito de Édipo é (como Hegel já havia afirmado) o mito fundador da civilização ocidental (o salto suicida da Esfinge representa a desintegração do antigo universo pré-grego); e é na "distorção" de Hamlet do mito de Édipo que seu conteúdo reprimido se articula – prova disso é o fato de a matriz de Hamlet ser encontrada em toda a mitologia pré-clássica, até no próprio Egito Antigo, cuja derrota espiritual é sinalizada pelo salto suicida da Esfinge. (A propósito, se o mesmo vale para o cristianismo, a tese de Freud não seria de que o assassinato de Deus no Novo Testamento revela o trauma "renegado" do Antigo Testamento?) Então qual é o "segredo" pré-edípico do Antigo Testamento? *Não devemos esquecer* que Édipo é um "mito" propriamente dito, e a narrativa de Hamlet é seu deslocamento/corrupção "modernizadora"; a lição é que o "mito" de Édipo – e talvez a própria "ingenuidade" mítica – serve para ocultar um *conhecimento* proibido, em última análise o conhecimento sobre a obscenidade do pai.

Então como ato e conhecimento se relacionam em uma constelação trágica? A oposição básica é entre Édipo e Hamlet: Édipo realiza o ato (de matar o pai) porque não sabe o que está fazendo: ao contrário de Édipo, Hamlet sabe e, por isso, é incapaz de prosseguir o ato (vingar a morte do pai). Além disso, como enfatiza Lacan, não é apenas Hamlet que sabe, o pai de Hamlet também *sabe* misteriosamente que está morto e até como morreu, em contraste com o pai do sonho freudiano, que não sabe que está morto – e é esse conhecimento excessivo que explica a mínima *propensão* melodramática de *Hamlet*. Ou seja: em contraste com a tragédia, que é baseada em um equívoco ou ignorância, o melodrama sempre envolve um conhecimento inesperado e excessivo não da parte do herói, mas do seu outro, o conhecimento transmitido ao herói exatamente no fim, na reviravolta melodramática final.

Recordamos aqui a reviravolta final eminentemente melodramática de *A época da inocência*, de Edith Wharton*, em que o marido, que havia muitos anos

---

* Rio de Janeiro, Best Bolso, 2011. (N. E.)

nutria uma paixão ilícita pela condessa Olenska, descobre que sua jovem esposa sempre *soube* de sua paixão secreta. Isso talvez sirva para salvar o lamentável *As pontes de Madison*: no fim do filme, a moribunda Francesca descobre que o marido, um homem supostamente prático e simplório, sempre soube do breve e apaixonado caso que ela teve com o fotógrafo da *National Geographic*, e também quanto isso significou para ela, mas guardou silêncio para não magoá-la. Este é o enigma do conhecimento: como é possível que toda a economia psíquica de uma situação mude radicalmente não quando o herói descobre diretamente alguma coisa (um segredo reprimido há muito tempo), mas quando *fica sabendo que o outro* (que ele acreditava ignorar tudo) *também sempre soube* e simplesmente fingiu não saber para manter as aparências – existe algo mais humilhante que a situação de um marido que, depois de um longo caso de amor secreto, descobre de repente que a esposa sabia o tempo todo, mas ficou quieta por educação ou, pior ainda, por amor?

No filme *Laços de ternura*, Debra Winger, que tem um câncer terminal e está presa a um leito de hospital, diz ao filho (que a despreza profundamente por ter sido abandonada pelo marido, pai dele) que sabe muito bem quanto ele a ama – ela sabe que, em algum momento depois de sua morte, ele reconhecerá esse amor; nesse momento, ele se sentirá culpado pelo ódio que sentiu pela mãe, então ela lhe diz que o perdoa, livrando-o do futuro ônus da culpa... Essa manipulação do futuro sentimento de culpa é a forma mais perfeita de melodrama; o próprio gesto de perdão torna o filho culpado por antecipação. (Nessa atribuição de culpa, nessa imposição de um débito simbólico através do próprio ato de exoneração, reside o maior ardil do cristianismo.)

No entanto, há uma *terceira* fórmula que devemos acrescentar ao par "ele não sabe, apesar de fazer" e "ele sabe, por isso não pode fazer": "Ele sabe muito bem o que está fazendo e ainda assim o faz". Se a primeira fórmula diz respeito ao herói tradicional e a segunda ao herói moderno primordial, a última, combinando ambiguamente conhecimento *e* ato, explica o herói moderno tardio – ou contemporâneo. Ou seja, essa terceira fórmula permite duas leituras completamente opostas – como juízo especulativo hegeliano, em que coincidem o mais superior e o mais inferior: de um lado, "ele sabe muito bem o que está fazendo e ainda assim o faz" é a expressão mais clara da atitude cínica da depravação moral ("Sim, sou a escória, trapaceio e minto, mas e daí? É a vida!"); de outro, a mesma postura do "ele sabe muito bem o que está fazendo e ainda assim o faz" pode expressar o oposto mais radical do cinismo (a consciência trágica de que, embora o que estou prestes a fazer tenha consequências catastróficas para o meu bem-estar e o das pessoas mais próximas e queridas a mim, eu simplesmente *tenho* de fazê-lo por causa da inexorável injunção ética). (Recordemos a atitude paradigmática do herói *noir*: ele tem plena consciência de que, se atender ao chamado da *femme fatale*, não encontrará nada além de desgraça, sabe que está se envolvendo numa dupla armadilha e a mulher certamente o trairá; no entanto, não consegue resistir e a segue mesmo assim...)

Essa cisão não é apenas a cisão entre o domínio do "patológico" – bem-estar, prazer, lucro... – e a injunção ética. Também pode ser a cisão entre as regras morais que costumo seguir e a injunção incondicional a que me sinto obrigado a obedecer – como o dilema de Abraão, que "sabe muito bem o que significa matar o próprio filho" e ainda assim resolve matá-lo, ou o cristão que está pronto a cometer um pecado terrível (sacrificar sua alma eterna) com o fim superior da glória de Deus. Em suma, a situação pós-trágica ou metatrágica propriamente moderna ocorre quando uma necessidade superior me força a trair a própria substância ética do meu ser.

O nascimento da beleza a partir do abjeto

É claro que existe hoje uma abundância de eventos catastróficos cujo horror supera provavelmente o horror do passado – no entanto, ainda é possível chamar Auschwitz ou os campos de concentração stalinistas de "tragédia"? Não há algo mais radical na posição da vítima do Holocausto ou dos julgamentos-espetáculo stalinistas? O termo "tragédia", pelo menos em seu uso clássico, não implica ainda a lógica do destino, que se torna ridícula no que se refere ao Holocausto? Dizer que a aniquilação dos judeus obedeceu a uma necessidade oculta do destino já é gentrificá-la. Lacan se esforça para solucionar esse impasse em sua assombrosa leitura da trilogia dos Coûfontaine, de Paul Claudel[2].

Um dos clichês da psicanálise é a ideia de que é preciso três gerações para produzir um psicótico; o ponto de partida da análise de Lacan da trilogia dos Coûfontaine é que também é preciso três gerações para que surja um (belo) objeto de desejo. A característica comum ao mito da família de Édipo e à saga da família Coûfontaine é que, em ambos os casos, a sucessão de três gerações obedece à matriz (1) da troca simbólica imperfeita, (2) da posição de rejeitado e (3) do surgimento do sublime objeto de desejo. O "pecado original" – isto é, a transgressão do pacto simbólico por parte dos avós (os pais de Édipo o expulsam; Sygne de Coûfontaine renuncia a seu verdadeiro amor e se casa com o desprezado Turelure) – dá origem a um proscrito indesejado (o próprio Édipo; Louis de Coûfontaine) cuja progenitura é uma menina de beleza impressionante, o supremo objeto de desejo (Antígona; a cega Pensée de Coûfontaine). A prova de que estamos lidando aqui com uma necessidade estrutural profunda é fornecida por um terceiro exemplo, que, justa-

---

2   Ver os capítulos XIX-XXII de Jacques Lacan, *O seminário, livro 8: a transferência* (trad. Dulce Duque Estrada, Rio de Janeiro, Zahar, 1992).

18 / Alguém disse totalitarismo?

mente porque provém da cultura um tanto "inferior" da *France profonde*, exibe essa matriz em sua forma pura e destilada: os dois romances de Marcel Pagnol, *Jean de Florette* e *Manon des sources*, além de suas duas versões cinematográficas (os dois filmes realizados pelo próprio Pagnol, que são anteriores aos romances, e a grande produção de Claude Berri, em 1987).

Eis o resumo da história. No início da década de 1920, na Provença, o corcunda Jean de Florette, cobrador de impostos que aprendeu agricultura pelos livros, herda de repente uma pequena propriedade da mãe, Florette. Assim, ao lado da devotada esposa, uma ex-cantora de ópera, e da delicada filhinha, Manon, ele planeja se instalar na fazenda e criar coelhos, o que não é costume na região. Jean é uma figura utópica, uma combinação de sentimento religioso profundo e ânsia de viver de maneira autêntica no campo com o desejo de explorar cientificamente a terra. A ideia de levar uma vida autêntica no campo, em oposição à vida corrompida da cidade, é claramente denunciada como um mito da cidade: os próprios camponeses são egoístas e reticentes – a regra ética básica da comunidade perturbada pela chegada de Jean é *on ne s'occupe pas des affaires des autres* [ninguém se mete na vida dos outros]...

Os infortúnios acontecem aos montes: os vizinhos de Jean, o velho e próspero solteirão César e seu simplório sobrinho Ugolin, último representante da poderosa família Soubeyran, um dos potentados locais, têm outros planos para aquelas terras – querem plantar cravos e vendê-los na cidade grande. Assim, eles armam um plano para destruir Jean – César, responsável pelo plano, não é simplesmente mau e ganancioso; ele justifica seus atos baseado em valores que visam a continuidade da terra e da família; assim, em sua própria visão, o plano é totalmente justificado pela necessidade de defender a terra contra o intruso. Antes da chegada de Jean, César e Ugolin cimentam o manancial da propriedade; assim, quando não chove, e as plantações secam e os coelhos começam a morrer, Jean e a família pegam água em uma nascente distante, desde o amanhecer até o anoitecer, para salvar a produção, sem saber que há um manancial debaixo de seus pés. Eis a cena traumática: a pobre família fazendo uma longa caminhada e carregando água nas costas feito mulas, até o extremo da exaustão, enquanto a aldeia os observa, sabendo que existe um manancial na própria terra de Jean, mas ninguém o avisa, porque *on ne s'occupe pas des affaires des autres*... A vontade e a persistência de Jean são inabaláveis, e ele acaba morrendo numa explosão (durante uma tentativa desesperada de cavar um poço para encontrar água); sua esposa é forçada a vender as terras a César e Ugolin e muda-se com Manon para uma caverna solitária; César e Ugolin, é claro, logo "descobrem" o manancial e começam a plantar cravos.

A segunda parte da história se passa uma década depois: Manon é uma bela pastora, um tipo de fada que vive misteriosamente na montanha e evita a companhia dos aldeões. Dois homens se interessam por ela: o jovem professor recém-

O mito e suas vicissitudes / 19

-chegado e o velho e infeliz Ugolin, que se apaixona por ela depois de vê-la cantar e dançar nua na floresta e que, para ajudá-la, põe pássaros e coelhos nas armadilhas que ela monta. No entanto, Manon, que desde criança desconfiava da aparente amizade de Ugolin por sua família, faz duas descobertas fatídicas: ela fica sabendo que o manancial na propriedade de seu pai havia sido cimentado por César e Ugolin e que toda a aldeia sabia disso; e, ao explorar as cavernas subterrâneas da montanha, descobre por acaso a fonte que abastece a aldeia. É a sua vez de armar um plano e se vingar: ela corta o abastecimento de água da aldeia.

A partir daí, as coisas começam a acontecer muito mais rápido. De certa forma, Ugolin admite em público o crime que ele e César cometeram contra o falecido Jean e pateticamente se oferece para se casar com Manon e cuidar dela com o intuito de se redimir de seus erros. Depois de ser rejeitado publicamente, Ugolin se enforca, deixando toda a sua fortuna e suas propriedades para Manon. Desesperados com a falta de água, os aldeões chamam um perito do departamento estadual de água, que lhes fornece uma série de teorias complicadas, menos água. Então, o padre sugere uma procissão em volta do principal poço da aldeia; em seu sermão, dá claros sinais de que a falta de água é uma punição por um crime coletivo. Por fim, o professor – cujo amor por Manon é correspondido e que suspeita que ela conheça o segredo da repentina falta de água e seja a sua causa – a convence a perdoar os aldeões e restabelecer o fornecimento de água. Eles entram juntos na caverna e desobstruem a nascente e, assim, no dia seguinte, durante a procissão e as orações, a água começa a correr de novo. O professor e Manon se casam e ela dá à luz uma adorável criança (que não é corcunda); enquanto isso, César fica sabendo por uma velha conhecida, uma cega que voltou à aldeia para passar ali seus últimos dias, o segredo da deformidade de Jean.

A bela Florette, mãe de Jean, havia sido o grande amor de César. Depois de uma noite de amor com ela, César partiu para a Argélia a fim de prestar o serviço militar; Florette estava feliz por declarar seu amor a ele. Pouco tempo depois, no entanto, ela lhe escreve uma carta para dizer que está grávida de um filho dele e o ama, mas infelizmente César nunca recebe essa carta. Florette, acreditando que César não a quer, tenta desesperadamente se livrar da criança que carrega, jogando-se da escada etc., mas em vão. Então, muda-se para a aldeia vizinha, seduz sem demora o ferreiro local, casa-se com ele e dá à luz Jean, que nasce corcunda por causa de suas tentativas de abortar. Assim, César descobre que havia tramado e provocado a morte do próprio filho, pelo qual ele tanto ansiara para dar continuidade à sua linhagem. Sua hora havia chegado e ele decide morrer: escreve uma longa carta a Manon, explicando que é seu avô, deixa para ela toda a riqueza da família Soubeyran e pede seu perdão. Depois, deita-se e morre tranquilamente.

Toda a dimensão da tragédia, portanto, é provocada por uma carta (a carta de Florette a César) que chega tarde demais ao seu destino, depois de um longo desvio

20 / Alguém disse totalitarismo?

por duas gerações: a tragédia começa quando a carta não chega a César na Argélia e termina quando ele finalmente a recebe e é obrigado a enfrentar o terrível fato de que, sem saber, havia destruído o único filho.

Assim como no mito de Édipo e na trilogia dos Coûfontaine, de Claudel, o belo objeto (Manon) surge como progenitura de um abjeto, de uma criança indesejada (a corcunda de Jean, assim como o fato de Édipo mancar, é literalmente o sinal que marca a rejeição da prole pelos pais; Jean nasceu corcunda porque sua desventurada mãe tentou interromper a gravidez, atirando-se de escadas e caminhos íngremes). Somos tentados a ler essa sucessão de três gerações pelas lentes da matriz invertida dos três estágios do tempo lógico[3]:

- Na primeira geração, os eventos catastróficos são desencadeados pelo fatídico ato da *falsa conclusão* (contrato alienante).
- O que vem em seguida é o "tempo do entender" (tempo necessário para compreender que, com o contrato, *perdi tudo*, fui reduzido a um abjeto; em suma, o que ocorre aqui é a *separação* do grande Outro, ou seja, perco meu chão na ordem simbólica).
- Por fim, há o "instante do ver". Ver o quê? O belo objeto, é claro[4].

A passagem do segundo para o terceiro momento é equivalente à passagem do repulsivo objeto *fóbico* para o elevado *fetiche* – ou seja, estamos lidando com a reversão da atitude subjetiva com relação ao mesmo objeto –, não a reversão usual do "ouro em merda", mas sim a reversão oposta de "merda em tesouro", do abjeto sem valor em pedra preciosa. O que está por trás disso é o mistério do surgimento do belo objeto (feminino): primeiro, há o "pecado original", o ato alienante da troca ("uma carta – a carta de Florette a César – não chegou ao destinatário", o encontro de amor fracassou, o casal não se reconciliou). Essa catástrofe original (o fato de César não enxergar a profundidade do amor de Florette por ele) tem seu "correlato objetivo" na abominável deformidade da progenitura; o que se segue é a mágica reversão da deformidade em uma beleza de tirar o fôlego (Manon, filha de Jean)[5]. Em Pagnol, a tragédia é Édipo *ao revés*: ao contrário de Édipo, o filho que mata o próprio pai sem saber, César destrói seu filho sem saber. César não é simplesmente

---

[3] Ver Jacques Lacan, *O seminário, livro 11: os quatro conceitos fundamentais da psicanálise* (trad. M. D. Magno, Rio de Janeiro, Zahar, 1988), p. 110-5.

[4] Nessa mesma linha, Antígona irradia uma beleza sublime, enquanto em *Édipo em Colono* (São Paulo, Perspectiva, 2005) encontramos a vontade máxima da autoaniquilação: Édipo amaldiçoa o mundo, inclusive a si mesmo, depois desaparece no submundo.

[5] Por sinal, não encontramos uma situação semelhante – uma filha deslumbrante como progenitura de um corcunda feio – no *Rigoletto*, de Verdi?

mau; ele realiza atos nocivos prendendo-se à ética tradicional do apego incondicional à própria localidade, do desejo de protegê-la a qualquer preço contra intrusos. E a própria comunidade, ao observar passivamente o prolongado sofrimento da família de Jean, também está apenas seguindo uma ética rudimentar: *on ne s'occupe pas des affaires des autres*, e seu equivalente: *quand on parle, on parle trop* [quando se fala, fala-se demais].

A sua maneira, portanto, cada uma das três figuras masculinas centrais é trágica. César acaba se dando conta de que o inimigo que ele destruiu era seu filho ilegítimo – um caso genuíno do circuito fechado da experiência trágica, em que a flecha que deveria acertar o inimigo retorna para quem a lançou. Nesse momento, o círculo do destino se cumpre, e o que resta ao sujeito é morrer, como faz dignamente o velho César. Talvez a figura mais trágica da história seja Ugolin, que certamente ama Manon mais profundamente que o superficial e galanteador professor Bertrand, e é levado ao suicídio pela culpa e pelo amor infeliz. Por fim, há um aspecto trágico no próprio Jean: quando as nuvens carregadas com a chuva tão preciosa para a terra seca passam sobre sua fazenda, ele levanta a cabeça para o céu e chora em uma explosão (levemente ridícula) de fúria impotente: "Sou corcunda. É difícil ser corcunda. Há alguém aí em cima?". Jean representa a figura paternal que insiste em seu projeto até o fim, confiando em estatísticas meteorológicas, sem ver o sofrimento que sua bravura causa à sua família[6]. Sua tragédia é a total *insignificância* de seu esforço: ele mobiliza a família inteira para buscar água em um poço distante, durante longas horas, dia após dia, sem perceber que há uma rica nascente justamente em sua propriedade.

Da comédia à tragédia

A relação-padrão entre a comunidade e o indivíduo trágico, portanto, é invertida: em contraste com a forma clássica da tragédia, na qual o indivíduo ofende a comunidade, em Pagnol é a comunidade que ofende o indivíduo. Na tragédia clássica, a culpa é do indivíduo-herói transgressor, que depois é perdoado e reintegrado à comunidade, enquanto aqui a culpa básica é da própria comunidade: a culpa reside não no que a comunidade fez, mas sim no fato de *não* ter feito nada – na discrepância entre seu conhecimento e sua ação: todos sabiam sobre o manancial, mas ninguém se dispôs a contar a verdade ao desventurado Jean.

Se o caso paradigmático da tragédia clássica é o do herói que comete um ato cujas consequências estão além do alcance de seu conhecimento – que, sem saber, comete um crime ao violar a ordem sagrada de sua comunidade –, em Pagnol o

---

[6] Jean é parecido com a figura paterna em *A costa do mosquito*, de Peter Weir.

22 / Alguém disse totalitarismo?

herói é a própria comunidade (o coletivo dos aldeões) – não com respeito ao que as pessoas fizeram, mas *ao que sabiam e ao que não fizeram*: o que tinham de fazer, em vez de testemunhar em silêncio o trabalho da família, era comunicar a Jean o que sabiam. Consequentemente, a trágica constatação de Manon ocorre quando ela descobre não o que os outros (a comunidade) fizeram, mas sim o que *sabiam*. Por isso, quando, já quase no fim da história, os aldeões começam de repente a criticar César por ter interrompido o manancial, ele está certo ao replicar que, mesmo que seja verdade que ele e Ugolin tenham feito aquilo, todos eram cúmplices, porque sabiam de seu ato... Essa culpa da comunidade está encarnada na imagem fantasmática de Jean morto, que aparece como espectro para assombrar os aldeões, criticando-os por não lhe terem dito a verdade sobre a fonte. Manon, a criança muda que não pode ser enganada, vê e discerne tudo, embora só possa observar em silêncio o esforço sobre-humano e a queda do pai: seus desenhos infantis rudimentares da família carregando água são um lembrete insuportável para a comunidade.

Em termos lacanianos, a oposição entre Manon e a comunidade da aldeia é, obviamente, a oposição entre J e A, entre a substância da *jouissance* e o grande Outro. Manon é "das fontes", ela representa o Real da Fonte da Vida (não só a sexualidade, mas a Vida como tal), e por isso é capaz de cortar o fluxo de energia da vida (água), provocando o declínio da comunidade – quando a comunidade a rechaça, as pessoas secam sem saber sua própria Substância de Vida. Uma vez tolhida de sua substância, a comunidade aparece em sua verdade como tagarelice impotente do maquinário simbólico: o ponto alto satírico do romance de Pagnol é indubitavelmente o encontro dos aldeões com o representante do departamento estadual de água, que disfarça sua ignorância com um longo discurso pseudocientífico sobre as possíveis causas do esgotamento da fonte. Temos de lembrar aqui a cômica conversa dos três colegas de Freud na segunda parte de seu sonho sobre a injeção de Irma, em que eles enumeram as possíveis desculpas que isentariam Freud de toda culpa no tratamento de Irma. E, significativamente, é o padre que intervém como mediador, apontando um caminho de reconciliação quando muda o foco do conhecimento científico para a verdade subjetiva e lembra os aldeões de sua culpa compartilhada. Não admira, portanto, que a reconciliação final seja selada pelo casamento entre Manon e o jovem professor, com sua gravidez confirmando a harmonia restabelecida entre o Real da Substância de Vida e o "grande Outro" simbólico. Não seria Manon semelhante a Junta, da pioneira obra de arte *A luz azul* (1932), de Leni Riefenstahl – a bela proscrita que, privada de seus direitos pela comunidade fechada da aldeia, tem acesso ao mistério da Vida?

A intervenção do padre também mostra o mecanismo elementar do surgimento do significado ideológico: no momento mesmo em que a explicação causal (do perito do departamento estadual de águas sobre as causas da obstrução do manancial) fracassa, esse vazio é preenchido pelo significado – ou seja, o padre muda o registro e sugere que os membros da comunidade considerem a interrupção da água não apenas como resultado de processos naturais (mudança de pressão nas profundezas do solo, seca, mudança no curso da água até encontrar outro leito de rio), mas também como sinal de uma falha ética da comunidade (ele mesmo faz o paralelo com Tebas, onde a causa da praga foi o incesto na família real). O "milagre", então, acontece durante a procissão, enquanto as pessoas rezam pela água: de repente, a água começa a fluir de novo (pois Manon desobstruiu a fonte). Temos aqui um simples embuste? Onde está a verdadeira fé religiosa? O padre sabe perfeitamente o que está em jogo. Seu recado para Manon é: "Sei que o milagre não será propriamente um milagre, que a água começará a jorrar de novo porque você vai desobstruir a fonte; no entanto, verdadeiros milagres não são externos, mas internos. O verdadeiro milagre é que alguém como você – que, por conta dos erros cometidos contra a sua família, tem todo o direito de odiar nossa comunidade – adquira a força para mudar de ideia e realizar um gesto de bondade. O verdadeiro milagre é essa conversão interna, pela qual o indivíduo rompe o círculo da vingança e realiza o ato de perdão". O verdadeiro milagre está na anulação retroativa (*Ungeschehenmachen*) do crime e da culpa.

O que encontramos aqui é o ideológico *je sais bien, mais quand même* [sei muito bem, mas mesmo assim] em seu aspecto mais puro: embora não haja nenhum milagre físico, há um milagre em um nível "interno", "mais profundo". Aqui podemos ver claramente a problemática posição intermediária de Pagnol. Por um lado, ele parece basear-se na noção pós-moderna da correspondência entre eventos externos materiais e a verdade "interna", a correspondência que encontra sua máxima expressão no mito do Rei Pescador (a "terra perdida" como expressão da falha ética do rei); por outro lado, ele leva reflexivamente em conta o caráter ilusório dessa correspondência.

Essa posição intermediária lança uma sombra sobre o que pretende ser o universo mítico fechado do destino trágico, em que todas as linhas de raciocínio dispersas encontram no fim uma resolução comum. Essa tragédia épica parece totalmente imprópria hoje em dia, numa época em que eventos têm de ocorrer o tempo todo na tela para prender nossa atenção, e o único diálogo admissível consiste em comentários cada vez mais engraçados ou inteligentes, e o único enredo aceitável são as narrativas de conspiração. Em Pagnol, no entanto, as coisas se passam em ritmo majestoso, seguindo seu curso inexorável ao longo de três gerações, como na tragédia grega: não há suspense, todos os temas são expostos com antecedência, e é perfeitamente claro o que vai acontecer a seguir – mas, por isso mesmo, o horror que surge quando as coisas de fato acontecem é ainda mais sinistro.

No entanto, será que, em vez de contar uma experiência mítica efetiva, Pagnol não oferece uma visão nostálgica *retroativa* dessa experiência? Um olhar atento às

24 / Alguém disse totalitarismo?

três formas consecutivas em que a história de Pagnol foi apresentada ao público (primeiro seus dois filmes, depois os romances posteriores aos próprios filmes e, por fim, os dois filmes de Claude Berri) revela o fato perturbador de que *a primeira é a menos mítica*. É apenas na versão nostálgica "pós-moderna" de Berri que obtemos em detalhes os contornos do universo fechado do destino mítico. Embora mantenha os traços da "autêntica" vida francesa em uma comunidade provinciana, em que os atos das pessoas seguem padrões religiosos antigos e quase pagãos, a versão de Pagnol também revela a teatralidade e a comicidade da ação; já os dois filmes de Berri, embora gravados de maneira mais "realista", enfatizam o destino e o excesso melodramático (significativamente, o principal tema musical dos filmes é baseado em *La forza del destino*, de Verdi)[7]. Então, paradoxalmente, a comunidade "pré--moderna" fechada e ritualizada implica a comicidade e a ironia teatrais, enquanto a interpretação "realista" moderna envolve o Destino e o excesso melodramático[8].

Aqui, mais uma vez, não encontramos o paradoxo de *Hamlet*, de que a forma "mítica" do conteúdo narrativo não é o ponto de partida, mas sim o resultado de um processo complexo de deslocamentos e condensações? Nas três versões consecutivas da obra-prima de Pagnol, observamos, portanto, a gradual ossificação da comédia social dos costumes em um mito – na reversão da ordem "natural", o movimento é *da comédia à tragédia*. A lição é que não basta dizer que os mitos de hoje são artefatos retroativos falsos e inautênticos: a noção de imitação falsa do mito deveria ser radicalizada na noção de que *o mito como tal é falso*.

O mito da pós-modernidade

Isso nos leva de volta à possibilidade de uma estrutura mítica na modernidade, quando até a própria filosofia torna-se reflexiva em dois estágios consecutivos. Primeiro, com a virada crítica kantiana, ela perde a "inocência" e incorpora o questio-

---

[7] Ver Phil Powrie, *French Cinema in the 1980s* (Oxford, Clarendon, 1977), p. 50-61.

[8] Podemos ver essa mesma ligação "diagonal" nos primeiros escritos teológico-políticos de Hegel, baseados numa dupla oposição: religião (institucional) subjetiva *versus* religião (institucional) objetiva; religião privada *versus* religião popular (*Volksreligion*). Não temos a esperada dupla religião privada subjetiva *versus* religião popular objetiva: a ligação é "diagonal", ou seja, a religião moderna é privada e objetiva (presa na oposição entre privacidade e instituição imposta de fora), em contraste com a religião grega antiga, que era popular (penetrava na vida sociopolítica pública) e ao mesmo tempo "subjetiva", ou seja, experimentada como substância espiritual (e não alienígena) do próprio sujeito. Da mesma maneira, a interconexão entre os dois pares de fórmulas nas "fórmulas de sexuação" de Lacan se dá diagonalmente: o não-todo sem exceção *versus* a universalidade com exceção. E a ligação é até mesmo imanente: o Universal masculino é "objetivo", e o privado, a sua exceção, ao passo que o domínio feminino é não-todo, ou seja, subjetivo e simultaneamente sem exceção, isto é, popular.

namento de *suas próprias* condições de possibilidade. Depois, com a virada "pós--moderna", o filosofar torna-se "experimental", deixa de fornecer respostas incondicionais, porém brinca com diferentes "modelos", combinando diferentes abordagens que, de antemão, levam em conta seu próprio fracasso – tudo o que podemos formular de maneira apropriada é a pergunta, o enigma, enquanto as respostas são apenas tentativas fracassadas de preencher a lacuna desse enigma.

Talvez o melhor exemplo de como essa reflexividade afeta nossa experiência cotidiana da subjetividade seja o *status* universalizado do vício: hoje, podemos ser "viciados" em qualquer coisa – não só em álcool e drogas, mas também em comida, cigarro, sexo, trabalho... Essa universalização do vício significa a incerteza radical de qualquer posição subjetiva atual: não existem padrões firmes predeterminados, tudo tem de ser (re)negociado repetidas vezes. E isso atinge até o suicídio. Albert Camus, em *O mito de Sísifo**, um texto irremediavelmente ultrapassado, está certo em ressaltar que o suicídio é o único problema filosófico real, mas *quando* isso aconteceu? Somente na sociedade reflexiva moderna, quando a própria vida deixa de "seguir por si própria", como uma característica "não marcada" (para usar o termo criado por Roman Jakobson), mas é "marcada", tem de ser especialmente motivada (e é por isso que a eutanásia está começando a ser aceita). Antes da modernidade, o suicídio era simplesmente o sinal de algum tormento, desespero ou mau funcionamento patológico. Com a reflexivização, no entanto, o suicídio se torna um ato *existencial*, o resultado de uma decisão pura, irredutível ao sofrimento objetivo ou à patologia física. Eis o outro lado da redução, feita por Émile Durkheim, do suicídio a um fato social que pode ser quantificado e previsto: as duas atitudes, a objetificação/quantificação do suicídio e sua transformação em ato existencial puro, são estritamente correlatas[9].

Como o mito é afetado por esse processo? Talvez seja mais que uma coincidência temporal que, justamente na época em que Sergei Eisenstein desenvolvia (e praticava) sua noção de "montagem intelectual", de justaposição de fragmentos heterogêneos para gerar não um contínuo narrativo, mas um novo significado,

---

* 5. ed., São Paulo, Record, 2008. (N. E.)

[9] Outro exemplo: na década de 1930, na União Soviética, os jornais estavam cheios de propagandas de novos produtos, associada à recente abundância, de perfumes a sorvetes (ver Sheila Fitzpatrick, *Everyday Stalinism*, Oxford, Oxford University Press, 1999). O problema não era como vender esses produtos: via de regra, eles ficavam disponíveis por curtos períodos e em algumas lojas das grandes cidades, como Moscou. Então, por que essa explosão de propagandas? Não se tratava de propagandas destinadas a ajudar a vender os produtos, mas de um tipo de metapropaganda ou propaganda reflexiva, que anunciava o fato de que esses produtos *estavam* à venda (mesmo que, na verdade, fossem difíceis de encontrar). Longe de ser específica do stalinismo, essa dimensão reflexiva está em qualquer propaganda: a propaganda é também, simultaneamente, publicidade declarada para si mesma, para um estilo de vida dentro do qual ela aparece.

26 / Alguém disse totalitarismo?

T. S. Eliot fez algo semelhante em "A terra desolada"*, justapondo fragmentos de diferentes domínios da vida cotidiana a fragmentos de antigos mitos e obras de arte. O feito de "A terra desolada" foi colocar como "correlato objetivo" do sentimento/atmosfera do declínio universal, isto é, da desintegração do mundo, o crepúsculo da civilização, fragmentos da experiência banal cotidiana da classe média. Esses fragmentos comuns (bate-papos pseudointelectuais, conversas de bar, a impressão de um rio etc.) são "transubstanciados" de repente na expressão de um mal-estar metafísico em um estado que lembra o *das Man* [impessoal] de Heidegger[10]. Aqui, Eliot é o oposto de Wagner, que contou a história do *Crepúsculo dos deuses* por meio de figuras míticas descomunais: Eliot descobriu que a mesma história básica pode ser contada de maneira muito mais eficaz por meio de fragmentos da vida cotidiana extremamente comum da burguesia.

Talvez isso marque a passagem do fim do romantismo para o modernismo: os românticos tardios ainda acreditavam que se deve contar a grande história do declínio global nos termos de uma narrativa heroica descomunal, enquanto o modernismo afirmava o potencial metafísico dos fragmentos mais comuns e vulgares da experiência cotidiana – e talvez o pós-modernismo inverta o modernismo: os grandes temas míticos retornam, mas são destituídos de sua ressonância cósmica e tratados como fragmentos comuns a ser manipulados; em suma, no modernismo temos fragmentos da vida cotidiana expressando a visão metafísica global, enquanto no pós-modernismo temos figuras descomunais tratadas como fragmentos da vida comum.

Venho brincando há algum tempo com a ideia de escrever um livro no estilo das *CliffsNotes* (breve resumo de enredo, descrição de personagens, biografia do autor etc.) sobre um texto "clássico" inexistente – essa brincadeira com um centro ausente ainda é modernismo, como os famosos fotogramas feitos por Cindy Sherman de filmes em preto e branco inexistentes. O pós-modernismo propriamente dito seria o procedimento *oposto*: imaginar toda a narrativa por trás da pintura (ou fotografia), depois escrever uma peça ou rodar um filme sobre ela. Alguma coisa nessa mesma linha aconteceu recentemente em Nova York: a peça de Lynn Rosen, *Nighthawks* [Notívagos], que estreou no circuito off-Broadway em fevereiro de 2000, oferece exatamente o que o título promete: uma série de cenas que dá vida a

---

* Rio de Janeiro, Nova Fronteira, 1981. (N. E.)

[10] O interesse do conteúdo ideológico de "A terra desolada" está em sua própria inconsistência – o poema faz referência a três mitos incompatíveis: o mito pagão do Graal, a terra seca e sua regeneração; o mito cristão da ressurreição; e o mito budista do nirvana. Eliot anseia por uma regeneração cristã a partir da pobreza espiritual da vida moderna; no entanto, tende a reinscrevê-la no mito pagão da fecundidade recuperada da "terra desolada" e, ao mesmo tempo, pende para o anseio protobudista pela aniquilação total, e não pela regeneração.

O mito e suas vicissitudes / 27

quatro pinturas de Edward Hopper (*Verão*, *Conferência à noite*, *Luz do sol na cafeteria* e, obviamente, *Notívagos*), tentando imaginar a conversa nas cenas retratadas e o que juntava aquelas pessoas: anomia, isolamento, encontros fracassados, sonhos desesperados... Eis o pós-modernismo na sua forma mais pura, com uma simplicidade estonteante, ou até mesmo vulgaridade. É diferente daquele filme espanhol, lançado há algumas décadas, que tenta recriar as circunstâncias da produção de *As meninas*, de Velásquez: aqui, o que é elaborado e "avivado" não são as circunstâncias do processo de pintura de Hopper, mas a realidade ficcional da cena retratada na pintura. A intensão não é representar a gênese de uma obra-prima, mas aceitar ingenuamente seu conteúdo como a representação de uma realidade social qualquer e então oferecer uma fatia maior dessa realidade.

Isso nos leva àquilo que talvez seja o procedimento arquetípico pós-moderno: preencher as lacunas de textos clássicos. Se o modernismo usa o mito como quadro de referência interpretativo para sua narrativa contemporânea, o pós-modernismo reescreve diretamente o próprio mito, preenchendo suas lacunas. No conto "You Must Remember This" ["Você deve se lembrar disto"], Robert Coover descreve em detalhes, e usando termos pornográficos, o que aconteceu durante o decisivo *fade in* de três segundos e meio em *Casablanca*, que sucede o abraço apaixonado de Bergman e Bogart[11]. O escritor-leitor de hoje não está exposto à mesma tentação no conto mais famoso de Kleist, "A marquesa d'O", cujo primeiro parágrafo é chocante?

> Em M, importante cidade do norte da Itália, a viúva marquesa d'O, senhora de reputação imaculada, mãe de diversas crianças bem-criadas, publicou o seguinte anúncio nos jornais: que sem conhecimento de causa, ela acabou se encontrando naquela situação; que queria que o pai da criança que esperava revelasse a ela sua identidade; e que havia resolvido, por consideração à própria família, casar-se com ele.[12]

O choque obsceno dessas linhas está na identificação excessiva da heroína com o código moral: ela leva ao extremo ridículo sua obediência à propriedade sexual. A heroína não tem nenhuma lembrança da relação sexual: não há sintomas neuróticos que indicariam sua repressão (pois, como sabemos de Lacan, a repressão e o retorno do reprimido são a mesma coisa); mais que apenas reprimido, o fato da relação sexual é forcluído. Em *Homens de preto*, os agentes secretos que lutam contra alienígenas têm um pequeno aparelho luminoso semelhante a uma caneta que é usado quando pessoas não autorizadas encontram alienígenas: eles apontam o

---

[11] Robert Coover, "You Must Remember This", em *A Night at the Movies* (Nova York, Dalkey, 1987).
[12] Heinrich von Kleist, *The Marquise of O – and Other Stories* (Harmondsworth: Penguin, 1978), p. 68 [ed. bras.: *A marquesa d'O... e outras estórias*, Rio de Janeiro, Imago, 1992].

28 / Alguém disse totalitarismo?

aparelho para as pessoas e a lembrança do que aconteceu nos minutos anteriores é completamente apagada (para poupá-las do choque traumático). Algo da mesma ordem não ocorre no mecanismo da *Verwerfung* [forclusão]? A *Verwerfung* não é semelhante ao aparelho psíquico? E não é como se a marquesa d'O tivesse sido submetida a uma luz obliteradora semelhante? Essa obliteração radical da relação sexual é indicada pelo famoso travessão no meio da frase que descreve seu suplício: durante um ataque das forças armadas russas a uma cidadela comandada por seu pai, ela cai nas mãos de soldados inimigos que tentam violentá-la; é salva, então, por um jovem oficial russo, o conde de F, que, depois de salvá-la,

> ofereceu-lhe o braço e conduziu-a para a outra ala do palácio, que as chamas ainda não haviam atingido e onde, já tendo emudecido por conta do suplício, ela caiu num desmaio profundo. Então – o oficial pediu que as assustadas empregadas da marquesa, que chegaram num instante, chamassem um médico; assegurou-lhes que logo ela recobraria os sentidos, recolocou o chapéu e voltou para o combate.[13]

O travessão entre "então" e "o oficial" tem, é claro, exatamente o mesmo papel que a tomada noturna de três segundos e meio da torre do aeroporto, depois que Ilsa e Rick se abraçam apaixonadamente, e que se funde em seguida numa tomada externa da janela do quarto de Rick. O que aconteceu (como já indica nessa descrição o curioso detalhe do conde "recolocando o chapéu") é que o conde se rendeu à súbita tentação oferecida pelo desmaio da marquesa. O que acontece depois dessa busca por meio de anúncios em jornais é que o conde se oferece para se casar com a marquesa, embora ela não o reconheça como seu estuprador, apenas como seu salvador. Posteriormente, quando o papel dele na gravidez torna-se claro, ela ainda insiste em se casar com ele, contra a vontade dos pais, disposta a reconhecer seu salvador na figura do estuprador – assim como Hegel, no fim do prefácio à *Filosofia do direito**, seguindo os passos de Lutero, nos aconselha a reconhecer a Rosa (da esperança e salvação) na enfadonha Cruz do presente. A mensagem da história é a "verdade" da sociedade patriarcal, expressa no juízo especulativo hegeliano que postula a identidade do estuprador com o salvador, cuja função é proteger a mulher do estupro – ou, mais uma vez em termos hegelianos, afirmar como, ao parecer combater uma força exterior, o Sujeito luta consigo mesmo, com sua própria Substância mal reconhecida.

Kleist já é "pós-moderno" em seu procedimento da subversão ultraortodoxa da lei por meio de sua própria identificação excessiva. O caso exemplar, obviamente, é a longa

---

[13] Ibidem, p. 70.
* São Paulo, Martins Fontes, 2009. (N. E.)

novela *Michael Kohlhaas**, baseada em acontecimentos reais do século XVI: depois de sofrer uma pequena injustiça (dois de seus cavalos são maltratados por um nobre local, o corrupto barão Von Tronka), Kohlhaas, respeitoso vendedor de cavalos saxão, dá início a uma busca obstinada por justiça; depois de fracassar nos tribunais devido à corrupção, ele toma a lei nas próprias mãos, forma uma gangue armada, ataca e incendeia uma série de castelos e cidades onde acredita que Von Tronka esteja escondido – e insiste o tempo todo que não quer mais do que a retificação desse pequeno erro.

Em uma reversão dialética paradigmática, a adesão incondicional de Kohlhaas às regras, sua *violência mantenedora do direito* transforma-se em *violência instauradora do direito* (para usar a oposição clássica de Walter Benjamin[14]): aqui a sequência-padrão é revertida – não é a violência fundadora do direito que, uma vez estabelecida a regra, torna-se conservadora do direito; ao contrário, é a própria violência conservadora do direito que, levada ao extremo, transforma-se em violência fundadora de um novo direito. Uma vez que ele se convence de que a estrutura legal existente é corrupta, e sendo incapaz de se prender a suas próprias regras, ele lança o registro histórico em uma direção quase paranoica, proclamando sua intenção de criar um novo "governo mundial" como representante do Arcanjo Miguel, e convocando todos os bons cristãos a apoiar sua causa. (Embora essa história tenha sido escrita em 1810, alguns anos depois de *Fenomenologia do espírito*, de Hegel, é como se Kohlhaas, muito mais que os heróis de Schiller, fosse o caso paradigmático da "lei do coração e delírio da presunção"** em Hegel.

No fim da história acontece uma estranha reconciliação: Kohlhaas é condenado à morte, mas ele a aceita com tranquilidade, porque alcançou seu objetivo aparentemente frívolo: os dois cavalos lhe são devolvidos em plena forma e glória, e o barão Von Tronka é condenado a dois anos de prisão... Essa história de uma busca excessiva de justiça por um "defensor das regras", sem entendimento nenhum das regras tácitas que qualificam a aplicação do direito, termina em um crime: em um tipo de equivalente legal do chamado efeito borboleta, uma transgressão frívola desencadeia o curso dos eventos que inflige a todo o país um dano desproporcional. Não surpreende que Ernst Bloch tenha descrito Kohlhaas como "o Immanuel Kant da jurisprudência"[15].

---

* Porto, Antígona, 1984. (N. E.)

[14] Ver Walter Benjamin, "Para uma crítica da violência", em *Escritos sobre mito e linguagem* (trad. Susana Kampff e Ernani Chaves, São Paulo, Editora 34, 2011).

** G. W. F. Hegel, *Fenomenologia do espírito* (trad. Paulo Meneses, 2. ed., Petrópolis, Vozes, 1992), parte I, § 367, p. 231. (N. T.)

[15] Ernst Bloch, *Über Rechtsleidenschaft innerhalb des positiven Gesetzes* (Frankfurt, Suhrkamp, 1972), p. 96. Baseio-me aqui na notável dissertação de David Ratmoko, "Agency, Fiction and Act: Paranoia's Invisible Legacy" (Zurique, 1999).

30 / Alguém disse totalitarismo?

Os filmes de James Bond apresentam uma reversão simétrica dos dois textos de Kleist. De um lado, a maioria termina com a mesma cena estranhamente utópica do ato sexual, que é ao mesmo tempo íntimo e uma experiência coletiva compartilhada: enquanto Bond, finalmente sozinho e junto da mulher, faz amor com ela, a atividade do casal é observada (ouvida ou registrada de alguma maneira – digital, digamos) pelo grande Outro, encarnado pela comunidade profissional de Bond (M, Miss Moneypenny, Q etc.); em *O mundo não é o bastante* (1999), de Michael Apted, esse ato é muito bem representado na imagem térmica transmitida por satélite – o substituto de Q (John Cleese) desliga discretamente a tela do computador, impedindo que os outros matem sua curiosidade. Bond, que de modo geral atua como o grande Outro (a testemunha pressuposta ideal) para o Grande Criminoso, aqui precisa do grande Outro: somente essas testemunhas é que "fazem a relação sexual existir". (Tal utopia do ato sexual reconhecido pelo grande Outro da comunidade é evocada até mesmo por Adorno, em *Minima Moralia*: ele interpreta a cena proverbial do homem rico que expõe sua jovem amante em público, embora não tenha sexo com ela, como uma *fantasia* do sexo plenamente emancipado[16].) Por outro lado, esse mesmo final abre uma lacuna que pede uma reescrita pós-moderna. Ou seja, o enigma dos filmes de James Bond é o que acontece no intermédio, entre essa alegria final e o início do *próximo* filme, em que Bond é chamado mais uma vez por M para realizar uma missão? O filme pós-modernista de Bond, um tipo de drama existencial entediante de uma relação em declínio, talvez seja *este*: pouco a pouco Bond se entedia com a moça e pequenas brigas ocorrem; a moça quer se casar, Bond é contra o casamento etc., de modo que Bond é finalmente libertado quando o chamado de M lhe permite escapar da relação, que se torna cada vez mais sufocante.

Outra maneira de conceitualizar a oposição entre modernismo e pós-modernismo seria via tensão entre mito e "narrativa de uma história real". A atitude modernista paradigmática é representar um evento cotidiano comum de tal modo que uma narrativa mítica ressoe nele (outro exemplo óbvio, além de "A terra desolada", é *Ulisses**, de James Joyce); na literatura popular, pode-se dizer o mesmo das melhores histórias de Sherlock Holmes – todas elas contêm ressonâncias míticas claras[17]. A atitude pós-modernista seria o exato oposto: representar a própria narrativa mítica como uma ocorrência ordinária. Desse modo, ou reconhecemos, por trás do que pretende ser uma nítida narrativa realista, os contornos de um

---

[16] Ver Theodor W. Adorno, *Minima Moralia: Reflections from a Damaged Life* (Londres, Verso, 1978), p. 84 [ed. bras.: *Minima Moralia*, trad. Gabriel Cohn, Rio de Janeiro, Azougue, 2008].

* 15. ed., Rio de Janeiro, Civilização Brasileira, 2005. (N. E.)

[17] Ver Michael Atkinson, *The Secret Marriage of Sherlock Holmes and Other Eccentric Readings* (Ann Arbor, University of Michigan Press, 1996).

quadro mítico (no cinema, o caso exemplar é *O doce amanhã*, de Atom Egoyan, e sua referência ao mito do Flautista de Hamelin, o sedutor de crianças), ou interpretamos o próprio mito como uma "história real".

O procedimento pós-moderno, no entanto, é muito arriscado – a peça *Equus*, de Peter Schaffer (depois adaptada para o cinema com o ator Richard Burton) fornece o que talvez seja o exemplo supremo da falsidade que estou tentando criticar. O narrador da obra, um velho psiquiatra cínico que se interessa pelos mitos gregos antigos começa a tratar de um jovem que, em uma desesperadora *passagem ao ato* pela qual ele tenta resolver o impasse de sua situação libidinal, cegou com uma foice quatro cavalos de corrida caríssimos dos quais era encarregado; o grande momento de *insight* e verdade ocorre quando o psiquiatra se dá conta de que, enquanto se entrega à admiração intelectual asséptica pelos antigos mitos gregos, encontra-se diante de seus olhos uma pessoa cuja experiência de vida representa os rituais sacrificiais compulsivos de que tratam os grandes mitos – fascinado pelos mitos antigos, ele não via a realidade de uma pessoa cuja vida cotidiana *era* a experiência mitológica sagrada. Por que esse *insight* supostamente autêntico é falso? Será porque envolve um tipo de ilusão de perspectiva retroativa? Porque não existe a experiência plena do mito no presente – o mito, um quadro de referência mítico, sempre, por definição, surge como memória, como reconstituição retroativa de algo que, quando "realmente aconteceu", foi simplesmente uma representação comum e vulgar das paixões?

As razões efetivas para a falsidade de *Equus* podem ser vistas em qualquer lugar. *Equus* é uma variação do antigo tema de como perdemos, na vida contemporânea "seca", alienada, "desencantada", toda a mágica da experiência mítica do viver. Uma das características fundamentais do modernismo artístico propriamente dito, no entanto, é discernir no mesmo processo de modernização, em sua violência, o retorno dos padrões míticos bárbaros e pré-civilizados – em reação à montagem de *A sagração da primavera*, T. S. Eliot elogiou a música de Stravinsky pelo modo como metamorfoseava "o ritmo das estepes no barulho da buzina, no estrondo das máquinas, no ranger das rodas, na batida do ferro e do aço, no rugido do metrô e outros berros bárbaros da vida moderna"[18]. Em suma, a noção subjacente aqui não é a do conflito ou lacuna entre ritos e mitos antigos e o comportamento moderno desencantado, mas a continuidade entre o barbarismo primitivo e a modernidade. A ideia é que a modernização industrial, o movimento caótico das multidões nas grandes cidades etc., todos esses traços que simbolizam a desintegração do universo "civilizado" aristocrático ou burguês primitivo de costumes refinados, a dissolução

---

[18] T. S. Eliot, "'Ulysses', Order and Myth", em *Selected Prose of T. S. Eliot* (Nova York, Farrar, Straus & Giroux, 1975), p. 177.

32 / Alguém disse totalitarismo?

dos elos tradicionais, prenunciam um potencial mitopoético violento – como é bem sabido, a celebração do retorno da violência mitopoética bárbara no processo da modernização foi um dos principais temas do modernismo conservador nas artes. O advento das multidões caóticas das cidades modernas foi percebido como enfraquecedor da hegemonia dos primórdios do individualismo burguês racionalista-liberal, em nome de uma renovada estetização religiosa bárbara da vida social – novos rituais sagrados de massa estão se afirmando, pondo em prática novas formas de sacrifício bárbaro.

A atitude marxista padrão diante desse processo é dupla: por um lado, é fácil para um marxista interpretar essa "barbarização" como inerente à violenta dissolução capitalista de todos os elos orgânicos tradicionais "civilizados" – a ideia de que, por causa do impacto socialmente destrutivo e desintegrador do capitalismo, a forma de expressão necessária do desenvolvimento capitalista é a "regressão" ideológica a formas ritualizadas bárbaras de vida social; por outro lado, teóricos como Adorno ressaltam que essa regressão ao mito bárbaro é falsa – não estamos mais lidando com a autêntica forma de vida mítica orgânica, mas sim com um mito manipulado, uma fraude artificial que mascara seu próprio oposto, a racionalização e a reflexivização da vida moderna.

Não obstante, a verdade é que a reflexivização e a racionalização características da modernização promovem seu próprio modo de opacidade, que favorece uma experiência ideológica quase mítica. Assim, a ideia dessa remitologização não é simplesmente que o arcabouço mítico exterior seja "uma maneira de controlar, ordenar, dar forma e significado ao intenso panorama de futilidade e anarquia que é a história contemporânea", como afirma Eliot a propósito do *Ulisses*, de James Joyce, que estrutura a experiência de um único dia na vida de Leopold Bloom em torno da referência à *Odisseia*, de Homero[19]. A questão é mais radical: a própria violência caótica da vida industrial moderna, dissolvendo as estruturas "civilizadas" tradicionais, é vivenciada *diretamente* como retorno da violência bárbara mitopoética primordial "reprimida" pela armadura dos costumes civilizados. E talvez, em última instância, o "pós-modernismo" seja não tanto algo que sucede o modernismo, mas, de maneira muito simples, seu *mito* inerente.

Heidegger situou o passo revolucionário dos gregos, o gesto fundador do "Ocidente", na superação do universo mítico "asiático" pré-filosófico: o oposto do Ocidente é "o mítico em geral e o asiático em particular"[20]. No entanto, essa superação consiste não apenas em deixar o mítico para trás, mas em lutar constantemente com ele (e dentro dele): a filosofia precisa recorrer ao mito – não só

---

[19] Ibidem, p. 178.
[20] Martin Heidegger, *Schelling's Treatise on Human Freedom* (Athens, University of Ohio Press, 1985), p. 146.

por razões externas, para explicar seu ensinamento conceitual ao público inculto, mas, inerentemente, para "suturar" seu próprio edifício conceitual quando não consegue atingir seu núcleo mais íntimo, desde o mito da caverna em Platão até o mito do pai primordial em Freud e o mito da *lamela* em Lacan. Portanto, o mito é o Real do *lógos*: o intruso, impossível livrar-se dele, incapaz de permanecer. Essa é a lição da *Dialética do esclarecimento*, de Adorno e Horkheimer. O Esclarecimento sempre-já "contamina" a imediaticidade mítica ingênua; o Esclarecimento em si é mítico, ou seja, seu próprio gesto fundador *repete* a operação mítica. E o que é a pós-modernidade se não a derrota definitiva do Esclarecimento em seu próprio triunfo: quando a dialética do esclarecimento atinge seu apogeu, a sociedade pós-industrial dinâmica e desarraigada gera diretamente seu próprio mito.

"Economia, Horácio!"

Qual é, então, a natureza da ruptura da modernidade? Que lacuna ou impasse o mito se esforça para ocultar? Somos sempre tentados a voltar à antiga tradição moralista: o capitalismo se origina no pecado da economia [*thrift*], da personalidade avarenta – a noção freudiana há muito desacreditada do "caráter anal" e sua ligação com o acúmulo capitalista tem aqui um reforço inesperado. Em *Hamlet* (Ato I, Cena 2), o caráter desagradável da economia excessiva é resumido com precisão:

> **Horácio:** Senhor – eu vim para assistir aos funerais de seu pai.
> **Hamlet:** Ou seja: veio assistir aos esponsais de minha mãe.
> **Horácio:** É verdade, senhor; foram logo em seguida.
> **Hamlet:** Economia, Horácio! Os assados do velório
> Puderam ser servidos como frios na mesa nupcial
> Preferia ter encontrado no céu meu pior inimigo
> Do que ter visto esse dia!*

Aqui, a questão principal é que "economia" designa não só uma vaga frugalidade, mas também uma recusa específica de não dever nada ao próprio ritual do luto: a economia (nesse caso, o uso duplo da comida) transgride o *valor ritual*, o valor que, segundo Lacan, Marx negligenciou em sua explicação do valor:

> Esse termo [economia] é um lembrete de que, nas articulações elaboradas pela sociedade moderna entre valores de uso e valores de troca, talvez exista algo ignorado pela

---

* William Shakespeare, *Hamlet* (trad. Millôr Fernandes, Porto Alegre, L&PM, 2007), p. 25.

34 / Alguém disse totalitarismo?

análise marxiana da economia, análise esta predominante no pensamento da nossa época – algo cuja força e amplitude nós sentimos a todo momento: os valores rituais.[21]

Qual é, então, o *status* da economia como vício[22]? Seguindo o espírito aristotélico, seria simples situar a economia no extremo oposto da prodigalidade e, é claro, formular um meio-termo – a prudência, a arte do gasto moderado, para evitar ambos os extremos – como a verdadeira virtude. O paradoxo do Avarento, no entanto, é que *ele comete um excesso a partir da própria moderação*. Ou seja, a descrição-padrão do desejo concentra-se em seu caráter transgressor: a ética (no sentido pré-moderno da "arte de viver") é, em última instância, a ética da moderação, da resistência ao impulso de ultrapassar certos limites, de uma resistência contra o desejo que é, por definição, transgressor – a paixão sexual que me consome totalmente, a gula, a paixão destrutiva que não se satisfaz nem no assassinato... Em contraste com essa noção transgressora do desejo, o Avarento investe a moderação no desejo (e, assim, numa qualidade do excesso): não gaste, economize; guarde, em vez de soltar – todas as proverbiais qualidades "anais". E somente *esse* desejo, o próprio antidesejo, é desejo *par excellence*.

O uso da noção hegeliana de "determinação oposta [*gegensätzliche Bestimmung*]"[23] é plenamente justificado aqui: Marx afirmou que, na série produção-distribuição-troca-consumo, o termo "produção" é duplamente inscrito; ele é um dos termos na série e, ao mesmo tempo, o princípio estruturador de toda ela: na produção como um dos termos da série, a produção (como princípio estruturador) "encontra-se na sua determinação oposta"[24], como disse Marx, usando o termo hegeliano preciso. E o mesmo vale para o desejo: há diferentes tipos de desejo (ou seja, o apego excessivo que destrói o princípio de prazer); entre eles, o desejo "como tal" encontra-se em sua "determinação oposta" na forma do Avarento e sua economia, o exato oposto da ação transgressora do desejo. Lacan deixou isso claro a propósito de Molière:

O objeto da fantasia, imagem e *páthos*, é aquele outro elemento que toma lugar daquilo de que o sujeito é simbolicamente destituído. Assim, o objeto imaginário está em uma posição de condensar em si mesmo as virtudes ou a dimensão do ser e tornar-se aquele

---

[21] Jacques Lacan, "Desire and the Interpretation of Desire in *Hamlet*", em Shoshana Felman (org.), *Literature and Psychoanalysis* (Baltimore, Johns Hopkins University Press, 1982), p. 40. Em defesa de Marx, devemos acrescentar que esse "negligenciar" não é tanto um erro de Marx, mas da própria realidade capitalista – das "articulações elaboradas, pela sociedade moderna, entre valores de uso e valores de troca".

[22] Por toda esta seção, sou profundamente grato às conversas que tive com Mladen Dolar, que desenvolveu mais profundamente essas ideias, englobando também a gênese da figura antissemita do Judeu a partir desses paradoxos do Avarento.

[23] G. W. F. Hegel, *Hegel's Science of Logic* (Londres, George Allen & Unwin, 1969), p. 431.

[24] Karl Marx, *Grundrisse* (trad. Mario Duayer e Nélio Schneider, São Paulo, Boitempo, 2011), p. 202.

logro veraz do ser [*leurre de l'être*] do qual trata Simone Weil quando se refere à relação mais densa e mais opaca do homem com o objeto de seu desejo: a relação do Avarento de Molière com seu cofre. Eis a culminação do caráter de fetiche do objeto no desejo humano. [...] O caráter opaco do objeto *a* na fantasia imaginária determina-o em sua forma mais pronunciada como polo do desejo perverso.[25]

Sendo assim, se quisermos compreender o mistério do desejo, não devemos nos concentrar no amante ou no assassino dominado por sua paixão, pronto a arriscar absolutamente tudo por ela, mas na atitude do Avarento com relação a sua arca, o lugar secreto onde ele junta e guarda suas posses. Obviamente, o mistério é que, na figura do Avarento, o excesso coincide com a falta, o poder, com a impotência, a acumulação do avaro, com a elevação do objeto à Coisa proibida/intocável que só podemos observar, nunca gozar plenamente. A ária definitiva do Avarento não seria a do personagem Bartolo, "A un dottor della mia sorte", cantada no Ato I de *O barbeiro de Sevilha*, de Rossini? Sua loucura obsessiva expressa com perfeição o fato de ele ser totalmente indiferente à perspectiva de fazer sexo com a jovem Rosina – ele quer se casar com ela para possuí-la e guardá-la, assim como o Avarento possui seu cofre[26]. Em termos mais filosóficos, o paradoxo do Avarento é que ele une duas tradições éticas incompatíveis: a ética aristotélica da moderação e a ética kantiana da demanda incondicional que descarrilha o "princípio do prazer" – o Avarento eleva a máxima da própria moderação a uma demanda kantiana incondicional. Desse modo, a própria adesão à regra da moderação, a própria rejeição do excesso, gera um excesso – um mais-gozar – próprio.

O advento do capitalismo, no entanto, alterou sutilmente essa lógica: o capitalista não é mais o Avarento solitário que se agarra ao seu tesouro oculto, dando uma olhadela nele quando está sozinho, atrás de portas cuidadosamente fechadas, mas o sujeito que aceita o paradoxo básico de que a única maneira de preservar e multiplicar seu tesouro é gastá-lo. Aqui, a frase de Julieta na cena da sacada ("quanto mais dou, mais tenho") sofre uma virada perversa – essa também não seria a fórmula da aventura capitalista? Quanto mais o capitalista investe (e toma emprestado para investir), mais ele tem, de modo que, no fim, temos um capitalista puramente virtual, como Donald Trump, cujo "patrimônio líquido" é praticamente zero, ou mesmo negativo, e, no entanto, é considerado "abastado" por conta da perspectiva de lucros futuros. Sendo assim – voltemos à "determinação oposta" hegeliana –, o capitalismo inverte de certa forma a noção de economia como determinação oposta (a forma de aparência) de submissão ao desejo (ou seja, consumir o produto): o gênero, aqui, é a avareza, enquanto o consumo excessivo e sem limite é a própria avareza em sua forma de aparência (determinação oposta).

---

[25] Jacques Lacan, "Desire and the Interpretation of Desire in *Hamlet*", cit., p. 15.

[26] Devemos interpretar essa ária como parte de um triângulo, com as outras duas grandes apresentações, "Largo al factotum" e "La calunnia è un venticello".

36 / Alguém disse totalitarismo?

Esse paradoxo básico nos permite gerar fenômenos até mesmo como a mais elementar estratégia de marketing, que é apelar para o senso de economia do consumidor: a mensagem final dos comerciais não é "compre tal coisa, gaste mais e *estará economizando*, ganhará mais de graça!"? Tomemos a proverbial imagem machista--chauvinista da esposa que chega a casa depois de uma compra impulsiva e diz ao marido: "Acabei de economizar duzentos dólares! Eu queria comprar uma jaqueta, mas comprei três e ganhei um desconto de duzentos dólares!". A encarnação desse excedente é a embalagem de creme dental em que um terço é pintado de outra cor e onde está escrito em letras garrafais: "30% a mais grátis"; em situações como essa, sou tentado a dizer: "Tudo bem, então eu quero só esses 30% gratuitos!". No capitalismo, a *definição* de "preço apropriado" é o preço *com desconto*. A definição já gasta de "sociedade de consumo", portanto, só é válida se concebermos o consumo como um modo de aparência de seu próprio oposto, a economia[27].

Devemos retornar agora a *Hamlet* e ao valor ritual: em última instância, ritual é o ritual de sacrifício que abre espaço para o consumo generoso – depois de sacrificarmos aos deuses as partes mais íntimas do animal morto (coração, intestinos), podemos gozar da carne que resta em uma saborosa refeição. Em vez de permitir o livre consumo sem o sacrifício, a "economia total" moderna, que quer dispensar esse sacrifício ritualizado "supérfluo!", gera o paradoxo do Avarento: *não* existe consumo generoso, o consumo só é permitido na medida em que funciona como forma de aparência de seu oposto. E o nazismo não foi precisamente uma tentativa desesperada de devolver o valor ritual aos "deuses obscuros", como disse Lacan no *Seminário XI*[28]? Muito apropriadamente, o objeto sacrificado era o judeu, a própria encarnação dos paradoxos capitalistas da economia. O fascismo deve ser situado na série de tentativas de contra-atacar essa lógica capitalista: além da tentativa corporativista fascista de "restabelecer o equilíbrio", cortando o excesso incorporado no "Judeu", poderíamos mencionar as diferentes versões da tentativa de restabelecer o gesto soberano pré-moderno da pura despesa – recordemos a figura do *junkie*, o único verdadeiro "sujeito do consumo", o único que se consome totalmente, até chegar à morte, em sua livre *jouissance*[29].

---

[27] Exponho aqui outro aspecto do supereu capitalista, cuja lógica é desenvolvida de maneira mais completa no capítulo 3 de Slavoj Žižek, *The Fragile Absolute* (Londres, Verso, 2000) [ed. bras.: *O absoluto frágil*, São Paulo, Boitempo, no prelo].

[28] Jacques Lacan, *O seminário, livro 11: os quatro conceitos fundamentais da psicanálise* (trad. M. D. Magno, 2. ed., Rio de Janeiro, Zahar, 1996), p. 259.

[29] A preocupação atual com o vício em drogas como o grande perigo ao edifício social só pode ser facilmente compreendida contra o pano de fundo da economia [*economy*] subjetiva predominante do consumo como forma de aparência da economia [*thrift*]: em épocas anteriores, o consumo de drogas era apenas uma das práticas sociais semiocultas de personagens reais (De Quincey, Baudelaire) e ficcionais (Sherlock Holmes).

Ágape

Se essas duas saídas são falsas, como devemos romper o impasse do consumo econômico? Talvez a noção cristã de ágape nos mostre uma saída: "Pois Deus amou tanto o mundo, que entregou o seu Filho único, para que todo o que nele crê não pereça, mas tenha vida eterna" (João 3,16). Como exatamente devemos conceber esse princípio básico da fé cristã[30]? Os problemas surgem no momento em que entendemos essa "entrega do Filho único" – a morte de Cristo – como gesto sacrificial na troca entre Deus e o homem. Se afirmamos que, ao sacrificar o que lhe é mais precioso, seu próprio filho, Deus redime a humanidade, expiando seus pecados, então no fundo só há duas maneiras de explicar esse ato: ou o próprio Deus demanda essa retribuição – ou seja, Cristo se sacrifica como representante da humanidade para satisfazer a necessidade de retribuição de Deus, seu pai –, ou Deus não é onipotente, isto é, ele está subordinado a um Destino superior, assim como o herói grego trágico: seu ato de criação, assim como o feito decisivo do herói grego, produz consequências indesejadas terríveis, e a única saída para restabelecer o equilíbrio da Justiça é sacrificar o que lhe é mais sagrado, seu próprio Filho – nesse sentido, o próprio Deus é o Abraão supremo. O problema fundamental da cristologia é como evitar essas duas leituras do sacrifício de Cristo que se impõem como óbvias: "A ideia de que Deus 'precisa' de reparação, seja de nós, seja de nosso representante, deveria ser banida, assim como a ideia de que existe um tipo de ordem moral acima de Deus e à qual Deus deve se conformar ao exigir reparação"[31].

O problema, é claro, é *como exatamente* evitar essas duas opções, quando o próprio fraseado da Bíblia parece dar suporte a suas premissas comuns: o ato de Cristo é repetidamente classificado como "resgate" pelas palavras do próprio Cristo, por outros textos bíblicos e pelos comentadores mais famosos da Bíblia. O próprio Jesus diz que veio para "dar a sua vida em resgate por muitos" (Marcos 10,45); Timóteo fala de Cristo como o "mediador entre Deus e os homens [...] que se deu em resgate por todos" (1 Timóteo 2,5-6); o próprio Paulo, quando declara que os cristãos são escravos pelos quais alguém "pagou alto preço" (1 Coríntios 6,20), indica que a morte de Cristo deveria ser concebida como a compra de nossa liberdade.

Sendo assim, temos um Cristo que, pelo sofrimento e pela morte, paga o preço para nos libertar, redimindo-nos do fardo do pecado; então, se fomos libertados da escravidão do pecado e do medo da morte através da morte e ressurreição de Cristo, *quem exigiu esse preço? Para quem* foi pago o resgate? Os primeiros escritores cristãos, ao perceber esse problema, propuseram uma solução lógica, se bem que

---

[30] Sobre a leitura materialista dessa noção, ver os capítulos 11-15 de Slavoj Žižek, *The Fragile Absolute*, cit.

[31] Gerald O'Collins, *Christology* (Oxford, Oxford University Press, 1995), p. 286-7.

38 / Alguém disse totalitarismo?

herege: como o sacrifício de Cristo nos libertou do poder do Demônio (Satã), então a morte de Cristo foi o preço que Deus teve de pagar ao Demônio, nosso "possuidor" enquanto vivemos no pecado, para que ele nos libertasse. Mais uma vez, o impasse é: se Cristo é oferecido como sacrifício ao próprio Deus, por que Deus exige esse sacrifício? Ele ainda era o Deus ciumento e cruel que exigia um preço alto por sua reconciliação com a humanidade, que o traiu? Se o sacrifício de Cristo fosse oferecido a outro alguém (o Demônio), então teríamos o estranho espetáculo de Deus e o Demônio como parceiros de uma troca.

Obviamente, a morte sacrificial de Cristo é fácil de "entender", há uma "força psicológica" tremenda nesse ato. Quando somos perseguidos pela ideia de que as coisas estão fundamentalmente erradas e, em última análise, somos responsáveis por isso – existe um defeito profundo inerente à própria existência da humanidade, somos sobrecarregados por uma culpa tremenda, que jamais poderemos aliviar de maneira apropriada –, a ideia de Deus, o Ser absolutamente inocente, que se sacrifica por nossos pecados em razão de um amor infinito por nós e assim nos alivia de toda culpa, serve como demonstração de que não estamos sozinhos, nós somos *importantes* para Deus, ele *cuida* de nós e estamos protegidos pelo Amor infinito do Criador, ao mesmo tempo que estamos infinitamente em dívida com ele. Desse modo, o sacrifício de Cristo serve como eterno lembrete e estímulo para levarmos uma vida ética – independente do que façamos, devemos sempre nos lembrar de que o próprio Deus deu sua vida por nós... Essa explicação, no entanto, é obviamente inadequada, pois temos de explicar esse ato em termos teológicos *inerentes*, não em termos de mecanismos psicológicos. O enigma permanece, e até mesmo os mais sofisticados teólogos (como Anselmo de Cantuária) tenderam a recuar da armadilha do legalismo. Segundo Anselmo, onde há pecado e culpa tem de haver uma satisfação: para que a ofensa causada pelo pecado humano seja purgada, algo tem de ser feito. No entanto, a própria humanidade não é forte o bastante para fornecer a satisfação necessária – só Deus pode fazê-lo. A única solução, portanto, é a Encarnação, o surgimento de um Deus-homem, de uma pessoa que seja, ao mesmo tempo, plenamente divina e plenamente humana: como Deus, ele tem a *capacidade* de proporcionar a satisfação necessária; como homem, tem a *obrigação* de proporcioná-la[32].

O problema com essa solução é que a ideia legalística do caráter inexplorado da necessidade de pagar um pecado (a ofensa deve ser compensada) não é discutida, mas simplesmente aceita. A questão, aqui, é bastante ingênua: por que Deus não nos perdoa *diretamente*? Por que deve obedecer à necessidade de pagar o pecado? O princípio básico do cristianismo não é justamente o oposto: a suspensão dessa ló-

---

[32] Baseio-me aqui em Alister E. McGrath, *An Introduction to Christianity* (Oxford, Blackwell, 1997), p. 138-9.

gica legalística de retribuição, ou seja, a ideia de que, pelo milagre da conversão, é possível um novo começo pelo qual as dívidas passadas (pecados) são simplesmente apagadas? Seguindo uma linha aparentemente semelhante, mas com uma mudança de ênfase radical, Karl Barth fornece uma tentativa de resposta em seu ensaio "The Judge Judged in Our Place" ["O juiz julgado em nosso lugar"]: Deus, como juiz, primeiro julgou a humanidade, depois se tornou humano e pagou ele mesmo o preço, tomando a punição para si, "para que, dessa maneira, fosse produzida por ele nossa reconciliação com ele, e nossa conversão a ele"[33]. Assim – para explicar em termos um tanto inapropriados –, Deus se tornou homem e se sacrificou para estabelecer o exemplo definitivo que suscitaria nossa simpatia por ele e assim nos converteria a ele. Essa ideia foi expressa pela primeira vez por Abelardo: "O filho de Deus assumiu nossa natureza e assim se encarregou de nos ensinar pela palavra e pelo exemplo, inclusive no momento da morte, unindo-nos a ele pelo amor"[34].

Aqui, a razão por que Cristo teve de sofrer e morrer não é a noção legalística de retribuição, mas sim o efeito edificante religioso-moral de sua morte sobre nós, humanos pecadores: se Deus nos perdoasse diretamente, isso não nos transformaria, não nos tornaria pessoas novas e melhores – somente o sentimento de compaixão, gratidão e dívida evocado pela cena do sacrifício de Cristo tem o poder necessário para nos transformar... É fácil perceber que há algo de errado nesse raciocínio: não seria esse um Deus estranho que sacrifica o próprio Filho, o que mais lhe importa, apenas para impressionar os seres humanos? As coisas ficam ainda mais estranhas se nos concentrarmos na ideia de que Deus sacrificou seu filho para nos unir a ele pelo Amor: o que estava em jogo, então, não era só o amor de Deus por nós, mas também seu desejo (narcisista) *de ser amado* por nós, seres humanos – nessa leitura, não seria o próprio Deus estranhamente semelhante à governanta de "Heroine", de Patricia Highsmith, que põe fogo na casa da família para provar sua devoção, salvando corajosamente as crianças das chamas? Nessa mesma linha, Deus primeiro provoca a Queda (ou seja, cria uma situação em que precisamos dele) e depois nos redime (nos retira da bagunça pela qual ele mesmo é responsável).

Isso significa que o cristianismo *é* uma religião imperfeita? Ou é possível fazer uma leitura diferente da crucificação? O primeiro passo para sair do impasse é lembrar as palavras de Cristo, que perturbam – ou melhor, simplesmente *suspendem* – a lógica circular da vingança ou punição destinada a restabelecer o equilíbrio da Justiça: em vez de "olho por olho", temos: "Àquele que te fere na face direita oferece-lhe também a esquerda" (Mateus 5,39). A questão aqui não é o masoquismo estúpido, a humilde aceitação da humilhação, mas a tentativa de *interromper a*

---

[33] Citado em ibidem, p. 141.
[34] Citado em ibidem, p. 141-2.

lógica circular do equilíbrio restabelecido da justiça. Nessa mesma linha, o sacrifício de Cristo, com sua natureza paradoxal (a mesma pessoa *contra a qual* nós, seres humanos, pecamos, e cuja confiança nós traímos, é que expia e paga o preço de nossos pecados), suspende a lógica do pecado e da punição, da retribuição ética ou legal, do "acerto de contas", levando-a ao ponto da autorrelação. A única maneira de alcançar essa suspensão, romper a cadeia do crime e da punição/retribuição, é assumir a total disposição à anulação de si. E o *amor*, em sua forma mais elementar, não é nada mais que um gesto paradoxal de romper a cadeia de retribuição. Sendo assim, o segundo passo é se concentrar na terrível força da aceitação antecipada e da busca da própria aniquilação – Cristo não foi sacrificado por e para outro, mas sacrificou a *si mesmo*.

O terceiro passo é concentrar-se na ideia de Cristo como mediador entre Deus e a humanidade: para que a humanidade seja devolvida a Deus, o mediador deve se sacrificar. Em outras palavras, na medida em que Cristo existe, não pode haver Espírito Santo, que é a figura da reunificação de Deus e da humanidade. Cristo como mediador entre Deus e a humanidade é – nos termos desconstrucionistas de hoje – a condição de possibilidade *e* a condição de impossibilidade entre os dois: como mediador, ele é ao mesmo tempo o obstáculo que impede a plena mediação dos polos opostos. Ou – nos termos hegelianos do silogismo cristão – há duas "premissas" (Cristo é Filho de Deus, totalmente divino, e Cristo é filho do homem, totalmente humano), e para unir os polos opostos, para chegar à "conclusão" (a humanidade se une totalmente a Deus no Espírito Santo), o mediador tem de se retirar.

A morte de Cristo não faz parte do ciclo eterno da encarnação e morte divina, em que Deus aparece repetidas vezes e depois se recolhe em si mesmo, no seu Mais Além. Como diz Hegel, o que morre na Cruz não é a encarnação humana do Deus transcendente, mas o próprio *Deus do Além*. Pelo sacrifício de Cristo, Deus deixa de ser mais além e entra no Espírito Santo (da comunidade religiosa). Em outras palavras, se Cristo tivesse de ser o mediador entre dois entes separados (Deus e a humanidade), sua morte significaria que não há mais mediação, que os dois entes estão separados de novo. Sendo assim, obviamente, Deus tem de ser o mediador em um sentido mais forte: não é que, no Espírito Santo, não haja mais a necessidade de Cristo, já que os dois polos estão diretamente unidos; para que essa mediação seja possível, *a natureza de ambos os polos tem de ser radicalmente modificada* – isto é, os dois devem passar por uma transubstanciação em um único e mesmo movimento. Por um lado, Cristo é o mediador/meio evanescente por cuja morte Deus, o Pai, "entra" no Espírito Santo; por outro, ele é o mediador/meio evanescente por cuja morte a comunidade humana "entra" no novo estágio espiritual.

Essas duas operações não são separadas; elas são dois aspectos de um único movimento: o mesmo movimento pelo qual Deus perde o caráter de Além transcendente e passa para o Espírito Santo (o espírito da comunidade dos fiéis) *é igual* ao movimento pelo qual a comunidade humana "decaída" é elevada ao Espírito Santo. Em outras palavras, não é que, no Espírito Santo, os homens e Deus se comuniquem de maneira direta, sem a mediação de Cristo, mas sim que eles coincidem de maneira direta – Deus *não é senão* o Espírito Santo da comunidade dos fiéis. Cristo tem de morrer não para permitir a comunicação direta entre Deus e a humanidade, mas porque *não há mais um Deus transcendente com quem se comunicar.*

Como afirmou recentemente Boris Groys[35], Cristo é o primeiro e único Deus totalmente "já feito" na história da religião: é totalmente humano e, por isso, indistinguível de qualquer outro homem comum – não há nada em sua aparência física que o torne um caso especial. Portanto, do mesmo modo que o urinol ou a bicicleta de Duchamp são objetos de arte não por suas qualidades inerentes, mas pelo lugar que os fizeram ocupar, Cristo é Deus não por suas qualidades "divinas" inerentes, mas porque, precisamente como ser humano pleno, é filho de Deus. Por essa razão, a atitude propriamente cristã diante da morte de Cristo não é de apego melancólico ao falecido, mas de júbilo infinito: o horizonte definitivo da sabedoria pagã é a melancolia – no fundo, tudo retorna ao pó, então devemos aprender a nos desapegar, a renunciar ao desejo –, ao passo que, se alguma vez existiu uma religião que não foi melancólica, essa religião é o cristianismo, apesar da aparência enganadora do apego melancólico a Cristo como objeto perdido.

Desse modo, o sacrifício de Cristo, em sentido radical, *não tem significado*: não é um ato de troca, mas um gesto supérfluo, excessivo, injustificado, cujo objetivo é demonstrar seu amor por nós, pela humanidade caída – como quando, na nossa vida cotidiana, queremos demonstrar que realmente amamos alguém e só podemos fazê-lo realizando um gesto supérfluo de consumo. Cristo não "paga" pelos nossos pecados – como deixou claro são Paulo, *essa é mesma lógica do pagamento, da troca, que, de certa forma, é o pecado,* e a aposta do ato de Cristo é nos mostrar que *a cadeia da troca pode ser interrompida.* Cristo redime a humanidade não porque paga o preço de nossos pecados, mas porque nos mostra que podemos sair do círculo vicioso do pecado e do pagamento. Em vez de pagar por nossos pecados, Cristo literalmente os *apaga,* "desfazendo-os" retroativamente por meio do amor.

É contra esse pano de fundo que deveríamos avaliar a diferença radical que, apesar de suas semelhanças superficiais, separa o cristianismo do budismo[36]. Embora o cristianismo e o budismo afirmem a capacidade do indivíduo de estabelecer

---

[35] Conversa privada, outubro de 1999.
[36] O parágrafo seguinte pretende ser uma autocrítica com respeito a Slavoj Žižek, *The Fragile Absolute*, cit.

contato direto com o Absoluto (o Vazio, o Espírito Santo), contornando a estrutura hierárquica do cosmo e da sociedade, o budismo continua em débito com a ideia pagã de Grande Cadeia do Ser: mesmo o mais heroico de nós é como Gulliver, que os liliputianos amarraram com centenas de cordas – ou seja, não podemos escapar das consequências de nossos atos passados; eles nos seguem como sombras e mais cedo ou mais tarde nos alcançam: temos de pagar o preço. Esse é o cerne da visão trágica propriamente pagã da vida: nossa própria existência é, em última análise, a prova do nosso pecado, algo de que deveríamos ter culpa, algo que perturba o equilíbrio cósmico; e nós pagamos o preço disso na nossa aniquilação máxima, quando "o pó retorna ao pó". Aqui, é de extrema importância o fato de essa ideia envolver o curto-circuito, a sobreposição entre as dimensões "ontológica" e "ética", mais bem explorada na palavra grega *aitia* (causalidade): "causar alguma coisa" sempre significa "ser culpado/responsável por ela". Contra esse horizonte pagão, a "Boa Nova" (Evangelho) é que é possível eliminar o fardo do passado, cortar as amarras que nos prendem aos nossos atos passados, passar uma borracha no que ficou para trás e começar de novo a partir do zero. Não há nenhuma mágica sobrenatural nisso: essa libertação significa apenas a separação das dimensões "ontológica" e "ética": a Grande Cadeia do Ser pode ser rompida no nível *ético*; os pecados não só podem ser perdoados, como também podem ser apagados retroativamente sem deixar rastros – um novo começo é possível.

O paradoxo propriamente dialético do paganismo é que ele legitima a hierarquia social (todos/tudo em seu devido lugar), fazendo referência a uma ideia do universo segundo a qual todas as diferenças acabam se tornando sem valor, e cada ser acaba se desintegrando no Abismo primordial de onde surgiu. Em um contraste simétrico, o cristianismo prega a igualdade e o acesso direto à universalidade, justamente ao afirmar a mais radical Diferença/Ruptura. Esta é a lacuna que separa o cristianismo do budismo: segundo o budismo, nós podemos atingir a libertação dos nossos feitos passados, mas essa libertação só é possível pela renúncia radical da (ou do que percebemos como) realidade, libertando-nos do próprio ímpeto/florescimento ("desejo") que define a vida, apagando sua centelha e imergindo no Vazio primordial do Nirvana, no informe Um-Todo. Não há libertação na vida, pois é nesta vida (e não há outra) que estamos escravizados à ânsia que a define: o que somos hoje (um rei, um mendigo, uma mosca, um leão...) é determinado por nossos atos nas vidas anteriores, e, depois da morte, as consequências de nossa vida presente determinarão o caráter de nossa próxima reencarnação. Em contraste com o budismo, o cristianismo aposta na possibilidade da Ruptura radical, do rompimento da Grande Cadeia do Ser já *nesta* vida, enquanto estamos todos plenamente vivos. E a nova comunidade fundada nessa Ruptura é o corpo vivo de Cristo.

O *enigma* do/no *Outro*

Como se posiciona o judaísmo nessa oposição entre paganismo e cristianismo? Não há nenhum argumento irresistível para a ligação íntima entre judaísmo e psicanálise: em ambos os casos, o foco está no *encontro traumático com o abismo do Outro que deseja* – o encontro do povo judeu com seu Deus, cujo chamado impenetrável tira dos trilhos a rotina da existência humana cotidiana; o encontro da criança com o enigma da *jouissance* do Outro. Essa característica parece distinguir o "paradigma" judaico-psicanalítico não só de qualquer versão do paganismo e do gnosticismo (com sua ênfase na autopurificação espiritual interior, na virtude como realização do potencial mais íntimo do sujeito), mas também do cristianismo – o cristianismo não "supera" a Alteridade do Deus judeu pelo princípio do Amor, a reconciliação/unificação de Deus com o Homem no processo de Deus tornar-se homem?

Quanto à oposição básica entre paganismo e ruptura judaica, ela é definitivamente bem fundamentada: tanto o paganismo quanto o gnosticismo (reinscrição do posicionamento judaico-cristão no paganismo) enfatizam a "jornada interna" da autopurificação espiritual, o retorno ao nosso verdadeiro Eu interior, a "redescoberta" do eu, em claro contraste com a ideia judaico-cristã de um encontro traumático *externo* (o Chamado Divino do povo judeu; o chamado de Deus a Abraão; a Graça inescrutável – tudo isso é incompatível com nossas qualidades "inerentes", até mesmo com nossa ética inata "natural"). Kierkegaard estava certo nesse ponto: trata-se de Sócrates *versus* Cristo, a jornada interna da recordação *versus* o renascimento pelo choque do encontro externo. Essa também é a lacuna definitiva que separa Freud de Jung: enquanto o *insight* original de Freud diz respeito ao *encontro* traumático externo da Coisa que encarna a *jouissance*, Jung reinscreve o tema do inconsciente na problemática gnóstica padrão da jornada espiritual interna da descoberta de si.

Com o cristianismo, no entanto, as coisas se complicam. Em sua "teoria geral da sedução", Jean Laplanche apresentou uma fórmula incomparável do encontro com a Alteridade imperscrutável como fato fundamental da experiência psicanalítica[37]. É o próprio Laplanche, no entanto, que insiste na necessidade absoluta da passagem do enigma *de* para o enigma *em* – uma clara variação da famosa frase de Hegel a propósito da Esfinge: "Os enigmas dos antigos egípcios também eram enigmas para os próprios egípcios":

---

[37] Ver Jean Laplanche, *Novos fundamentos para a psicanálise* (trad. Claudia Berliner, São Paulo, Martins, 1992).

44 / Alguém disse totalitarismo?

Quando se fala, em termos freudianos, do enigma *da* feminilidade (o que é a mulher?), proponho, como Freud, que passemos para a função do enigma *na* feminilidade (o que quer uma mulher?). Da mesma maneira (mas Freud não faz essa passagem), o que ele chama de enigma do tabu nos leva de volta à função do enigma no tabu. E, ainda mais que isso, o enigma do luto nos leva à função do enigma no luto: o que quer a pessoa morta? O que ela quer de mim? O que quer me dizer?

O enigma leva de volta, portanto, à alteridade do outro; e a alteridade do outro é sua resposta ao seu inconsciente, ou seja, à sua alteridade para si próprio.[38]

Não seria crucial realizar essa passagem também a propósito da noção de *Dieu obscur*, o Deus esquivo e impenetrável? – esse Deus também tem de ser impenetrável para si mesmo; ele deve ter um lado obscuro, uma Alteridade em si mesmo, algo que nele seja mais do que ele mesmo. Talvez isso explique a passagem do judaísmo para o cristianismo: o judaísmo continua no nível do enigma *de* Deus, enquanto o cristianismo passa para o enigma *em* Deus. Longe de se opor à noção de *lógos* como Revelação no/pelo Verbo, a Revelação e o enigma em Deus são estritamente correlatos, são dois aspectos do mesmo gesto. Ou seja: é justamente porque Deus também é um enigma *em si e para si*, porque tem uma Alteridade imperscrutável em si mesmo, que Cristo tem de surgir para revelar Deus não só para a humanidade, mas *para o próprio Deus* – é somente através de Cristo que Deus se realiza plenamente como Deus.

Nessa mesma linha, devemos nos opor também à tese em voga sobre como nossa intolerância para com o Outro exterior (étnico, sexual, religioso) é a expressão de uma intolerância supostamente "mais profunda" com relação à Alteridade reprimida ou renegada em nós mesmos: odiamos ou atacamos estranhos porque não entramos em acordo com o estranho que existe dentro de nós... Contra esse *tópos* (que, de maneira junguiana, "interioriza" a relação traumática com o Outro na incapacidade do sujeito de realizar sua "jornada interior", ou seja, de entrar em pleno acordo com o que ele é), devemos ressaltar que a Alteridade verdadeiramente radical não é a Alteridade em nós, o "estranho em nosso coração", mas a Alteridade do Outro para consigo. É somente nessa passagem que o amor propriamente cristão pode surgir: como Lacan enfatizou repetidas vezes, o amor é sempre amor para o Outro na medida em que o Outro é faltoso – nós amamos o Outro *por causa* das suas limitações. A conclusão radical é que, se Deus tem de ser amado, ele deve ser *imperfeito*, inconsistente em si mesmo, tem de haver algo "nele mais do que ele mesmo".

O que dizer então da crítica de Laplanche a Lacan? Laplanche tem toda a razão de ressaltar que a intrusão traumática da mensagem enigmática do Outro nos per-

---

[38] Idem, *Essays on Otherness* (Londres, Routledge, 1999), p. 255.

mite romper o impasse epistemológico entre o determinismo e a hermenêutica[39]. Por um lado, tanto as orientações teóricas opostas quanto a hermenêutica e o desconstrucionismo discursivo antiessencialista dos estudos culturais compartilham a ideia do Inconsciente como retroativamente constituído pelo próprio gesto de sua interpretação: não existe um "inconsciente" substancial, só existem reescritas retroativas das "narrativas que somos nós". Por outro lado, há a ideia determinista de um Real pré-simbólico (seja o fato bruto da cena de sedução ou o Real biológico dos instintos) que é causalmente responsável pelo desenvolvimento do sujeito. A psicanálise nos mostra uma terceira via: a causalidade do encontro traumático, do sujeito exposto à mensagem sexualizada enigmática do Outro, a mensagem que ele tenta interiorizar em vão, deslindar seu significado, de modo que permaneça para sempre um núcleo duro excessivo, a Coisa interna que resiste à tradução. Em suma, embora exista algo, um núcleo duro, que resiste à simbolização, esse núcleo não é o Real imediato da causalidade instintiva ou outra causalidade qualquer, mas sim o Real de um encontro traumático indigesto, de um enigma que resiste à simbolização. E esse Real não é oposto à liberdade – ele é sua própria condição. O impacto chocante de ser afetado/"seduzido" pela mensagem enigmática do Outro descarrilha o *autômato* do sujeito, abre uma lacuna, e o sujeito é livre para preenchê-la com suas tentativas (fracassadas, em última análise) de simbolizá-la. No fundo, a liberdade *não é senão* o espaço aberto pelo encontro traumático, o espaço que deve ser preenchido por suas simbolizações/traduções contingentes/inadequadas. Como tal, esse encontro da mensagem enigmática, de um significante sem significado, é o "mediador evanescente" entre determinismo e hermenêutica: é o núcleo ex-timo* da significação – ao romper a cadeia causal determinista, ele abre o espaço para significação(ões):

> Com o conceito de *enigma*, surge uma ruptura no determinismo: na medida em que o originador da mensagem enigmática não tem ciência de grande parte do que quer

---

[39] Ver "Interpretation between Determinism and Hermeneutics", em Jean Laplanche, *Essays on Otherness*, cit. Além disso, devemos defender também a magnífica reconstrução de Laplanche do ponto em que Freud se perdeu em sua hipótese da "pulsão de morte": existe apenas uma pulsão, a pulsão sexual como pressão incessante e "não morta" que persiste para além do princípio de prazer; a hipótese freudiana da "pulsão de morte" é (não só) apenas o resultado da regressão de Freud à problemática evolucionista-determinista, que o compeliu a identificar a libido com a força vital unificadora, de modo que, depois, foi obrigado a inventar uma contrapulsão para explicar o impacto destrutivo/desestabilizador da sexualidade, que ele formulou por meio de uma referência totalmente confusa à tradição filosófica de Schopenhauer.

* Lacan faz uso de um neologismo para exprimir a articulação do interno com o externo: contrapõe o prefixo *ex* à palavra *intime* (íntimo) e cria *ex-time* (ex-timo) para representar o que há de mais íntimo no sujeito e, não obstante, lhe é exterior. (N. T.)

46 / Alguém disse totalitarismo?

dizer, e na medida em que a criança só possui maneiras imperfeitas e inadequadas de configurar ou teorizar sobre o que lhe é comunicado, não pode haver causalidade linear entre o inconsciente parental e o discurso, de um lado, e o que a criança faz com essas duas coisas, de outro. Todas as fórmulas lacanianas sobre o inconsciente como "discurso do Outro", ou da criança como "sintoma dos pais", desprezam a ruptura, a profunda remodelação que ocorre entre os dois e que pode ser ligada ao metabolismo que quebra o alimento em suas partes constituintes e as reúne em um ente completamente diferente.[40]

A crítica é válida para o Lacan "estruturalista", o Lacan que gostava de ressaltar que

é a lei própria a essa cadeia que rege os efeitos psicanalíticos determinantes para o sujeito, tais como a foraclusão, o recalque e a própria denegação –, acentuando com a ênfase que convém que esses efeitos seguem tão fielmente o deslocamento do significante que os fatores imaginários, apesar de sua inércia, neles não figuram senão como sombras e reflexos.[41]

Nessa lógica inexorável do automatismo simbólico, em que o grande Outro é quem "dirige o espetáculo" e o sujeito é apenas "falado", definitivamente não há espaço para uma ruptura no determinismo. No entanto, no momento em que Lacan muda a ênfase para o grande Outro "barrado" (inconsistente, faltoso), para a questão que surge do Outro ("Che vuoi?"), é precisamente esse enigma que surge, um Outro com Alteridade em si mesmo. Basta recordarmos a "tradução" do desejo da mãe no Nome-do-Pai[42]. O termo lacaniano para a mensagem enigmática é o desejo da mãe – o desejo imperscrutável que a criança percebe no carinho materno. A marca das "introduções a Lacan" equivocadas é conceber a decorrente função simbólica paterna como o intruso que perturba a felicidade da díade mãe-criança, introduzindo nela a ordem das proibições (simbólicas), ou seja, a ordem simbólica como tal. Diante dessa má interpretação, devemos insistir que, para Lacan, "pai" não é o nome de uma intrusão traumática, mas a *solução* para o impasse de tal in-

---

[40] Jean Laplanche, *Essays on Otherness*, cit., p. 160.

[41] Jacques Lacan, "Seminário sobre 'A carta roubada'", em *Escritos* (trad. Vera Ribeiro, Rio de Janeiro, Zahar, 1998), p. 13.

[42] A diferença entre Nome-do-Pai e "nomes do pai" consiste no fato de que o Nome-do-Pai representa a autoridade simbólica paterna, ao passo que os "nomes do pai" representam o pai *enquanto* Coisa Real, que somente pode ser abordada por meio de uma multiplicidade de nomes, como no misticismo, em que há uma estrita distinção entre o Nome de Deus e os "nomes de Deus". O Nome de Deus é, de certo modo, "a coisa em si", o próprio núcleo da autoridade simbólica de Deus, ao passo que a multiplicidade de nomes divinos indica a Coisa Divina que escapa à apreensão simbólica.

trusão, a resposta para o enigma. O enigma, obviamente, é o enigma do desejo da mãe (outro) (o que ela quer de mim, além de *mim*, visto que obviamente não sou suficiente para ela?); e "pai" é a *resposta* para esse enigma, a *simbolização* desse impasse. Nesse sentido preciso, "pai", para Lacan, é uma tradução e/ou um sintoma: uma solução de compromisso que alivia a ansiedade insuportável do confronto direto com o Vazio do desejo do Outro[43].

---

[43] O contra-argumento de Lacan a Laplanche seria que há algo *ausente* em sua explicação: por que a criancinha fica presa no enigma do/no Outro? Aqui não basta evocar o nascimento prematuro e o desamparo da criança – para que surja essa lacuna, para que os gestos parentais apareçam como mensagem enigmática, uma mensagem que é um enigma também para os pais, *a ordem simbólica já deve existir.*

2
HITLER IRONISTA?

*em que o leitor, além de descobrir o que se passava na mente de Hitler enquanto
planejava e cometia seus crimes hediondos, descobrirá por que nós, hoje, demonstramos
respeito às vítimas do Holocausto pela risada*

O Holocausto foi um Mal diabólico?

Se fizermos a ingênua pergunta "O que se passava na mente de Hitler enquanto
agia de maneira tão cruel contra os judeus?", podemos classificar as respostas em
quatro níveis que correspondem perfeitamente aos quatro níveis da leitura alegóri-
ca elaborada na hermenêutica medieval[1]:

- Primeiro, há a ideia de ódio puro e primitivo: Hitler odiava os judeus em suas
  entranhas, visceralmente, e seus fundamentos "teóricos" eram apenas racionali-
  zações secundárias dessa atitude "irracional" que o dominou para além de seu
  controle consciente.
- Segundo, há a ideia de Hitler como um "charlatão", um manipulador consciente, que fingia seu ódio pelos judeus, assim como outras convicções políticas, só
  para conquistar poder, seu único e verdadeiro objetivo.
- Terceiro, há a ideia de que Hitler e seu grupo fechado de colaboradores estavam
  "sinceramente" convencidos de que os judeus eram maus, e que os estavam ani-
  quilando pelo bem da raça ariana e da humanidade como tal. Mesmo o fato
  de que alguns dos carrascos sentissem vergonha de seus atos e a necessidade de
  escondê-los do público podem ser conciliados com essa "sinceridade": eles acreditavam que a maioria dos alemães não tinha plena consciência da necessidade
  de medidas severas (extermínio dos judeus) para garantir seu futuro – essa foi a
  linha adotada por Himmler em seu infame discurso diante das tropas especiais

---

[1] Baseio-me aqui em Ron Rosenbaum, *Para entender Hitler* (trad. Eduardo Francisco Alves, Rio de
Janeiro, Record, 2002). O livro é teoricamente ingênuo e jornalístico demais, porém interessante.

da SS em 1943. O mito da traição, a mentira fundadora e suprema de Hitler, também se encaixa nesse quadro: a ideia de que o Exército alemão estava longe da derrota no segundo semestre de 1918 – foram os "Criminosos de Novembro", os políticos corruptos (judeus, em sua maioria), que assinaram a rendição em novembro de 1918. A verdade, é claro, é que no segundo semestre de 1918, os exércitos alemães entraram em colapso e as fronteiras da Alemanha estavam prestes a ser invadidas; os generais, que depois afirmaram estar a um passo da vitória antes de serem apunhalados pelas costas, na verdade estavam aflitos para que os políticos os poupassem da humilhação pública de uma derrota militar e fizessem um acordo para que pudessem voltar para casa à frente das tropas, em vez de debandar sem a mínima honra. Os generais obrigaram os políticos a fechar um acordo que lhes salvou a pele e depois os apunhalaram pelas costas, afirmando que haviam sido traídos. Foi essa mentira que criou Hitler: naquele momento, Hitler teve um colapso mental e psíquico total, foi incapaz de aceitar a catástrofe nacional; encontrou uma solução em uma ordem alucinante – uma voz visionária lhe disse que a derrota era resultado da punhalada que os políticos lhe deram pelas costas, e que sua missão era reparar essa traição.

- Por fim, há a ideia de Hitler como um demoníaco "artista do mal", que procurou a aniquilação dos judeus não *apesar* de seu caráter mau (isso nos leva de volta ao segundo nível), mas *por causa* de seu caráter mau. O argumento fundamental contra a "sinceridade" da crença nazista é o tratamento que os judeus recebiam antes da aniquilação física: em um processo tortuoso de humilhação física e mental, os nazistas primeiro destituíam os judeus de sua dignidade humana, reduzindo-os a um nível sub-humano, e só *então* os matavam. Desse modo, reconheciam implicitamente a humanidade dos judeus: embora afirmassem que os judeus eram de fato ratos ou vermes, primeiro tinham de reduzi-los brutalmente a essa condição. O cinismo é expresso de maneira magistral em um documentário nazista sobre os judeus que mostra, como prova de sua condição sub-humana, cenas da sujeira e da decadência em que eles viviam no gueto de Varsóvia – em outras palavras, no horror que os próprios nazistas haviam criado. Outra prova é dada pela multiplicidade de práticas que só pioravam as coisas: as bandas tocando enquanto os judeus marchavam para as câmaras de gás ou para o trabalho, a famigerada inscrição "Arbeit macht frei!" [O trabalho liberta] na entrada de Auschwitz etc. – sinais inconfundíveis de que a "solução final" foi posta em prática como uma gigantesca piada, que submeteu as vítimas ao ato suplementar da humilhação gratuita, cruel e irônica. A consciência de alguns carrascos de que estavam fazendo algo terrível e vergonhoso, algo que deveria ser mantido longe das vistas do público, também se inclui nesse nível: a própria consciência de que o que faziam era um ato de transgressão dos mínimos padrões de decência não só estabelecia um vínculo secreto de solidariedade entre os executores, como fornecia a *jouissance* obscena suplementar – não é satisfatório fazer essas coisas terríveis sob a máscara do sacrifício pelo próprio país?

O estranho nessas quatro respostas é que, embora sejam mutuamente excludentes, cada uma delas é, de certo modo, absolutamente convincente. Para resolver esse impasse, primeiro devemos condicionar a segunda opção: e se Hitler fosse um falso manipulador que, não obstante, *caiu no próprio jogo* – começou a acreditar no próprio mito falso? Mesmo uma leitura superficial de *Mein Kampf* nos deixa perplexos quando tentamos responder a uma simples questão: Hitler acreditava em si mesmo ou não? A única resposta consistente é: *sim e não*. Por um lado, está claro que Hitler "manipula" conscientemente: algumas vezes – digamos, quando frisa que, para dominar as multidões e despertar suas paixões, devemos presenteá-las com uma imagem simplificada de um grande Inimigo sobre o qual recai toda a culpa – ele mostra claramente as cartas. Por outro lado, também está claro que Hitler mergulhou com paixão no próprio embuste.

Uma vez que admitimos esse paradoxo, podemos combiná-lo com a quarta opção: Hitler como seu próprio "revisionista", isto é, um ironista quase no sentido rortyano, para quem a "solução final" era uma piada estética cruel, que foi feita apenas por fazer, não por que ele tivesse um objetivo externo qualquer, como o poder, correspondendo assim à noção kantiana de "Mal diabólico". A linha que divide essas duas opções é menos clara do que parece: a solução para esse paradoxo é que, embora Hitler se considerasse o último ironista, ele não tinha consciência de que estava inteiramente preso ao próprio jogo. O perigo de fazer jogos com "o que se passava na mente de Hitler", no entanto, é que eles chegam perigosamente perto do que Lacan chamou de "tentação do sacrifício" – em nenhum lugar é mais urgente resistir a essa tentação do que a propósito do Holocausto.

O gesto sacrificial não visa simplesmente uma troca lucrativa com o Outro a quem sacrificamos: seu objetivo mais básico é antes certificar-se de que *existe* um Outro lá fora que seja capaz de responder (ou não) aos nossos rogos sacrificiais. Mesmo que o Outro não garanta minha vontade, posso ao menos ter certeza de que *existe* um Outro que talvez responda de modo diferente da próxima vez: o mundo lá fora, inclusive as catástrofes que possam se abater sobre mim, não é um autômato cego e insignificante, mas o parceiro de um diálogo possível, de modo que até mesmo uma consequência catastrófica é interpretada como uma resposta significativa, e não como o reino do cego acaso. É nesse contexto que devemos interpretar a necessidade desesperada dos historiadores do Holocausto de isolar uma causa determinada ou extrair um sentido dele: na verdade, quando procuram uma patologia "perversa" na sexualidade de Hitler, eles têm medo de não encontrar *nada*, medo de que Hitler, em um nível íntimo e privado, fosse uma pessoa como qualquer outra – tal resultado torna seus crimes monstruosos ainda mais horrorosos e sinistros. Nessa mesma linha, quando os pesquisadores procuram desesperadamente um *significado* secreto no Holocausto, qualquer um (inclusive a afirmação herética de que o próprio Deus é diabólico) é melhor do que reconhecer que uma catástrofe ética de tais proporções poderia ter ocorrido sem um propósito, apenas como um efeito cego.

A proibição de Claude Lanzmann de questionar as causas do Holocausto costuma ser mal interpretada – não existe contradição, por exemplo, no fato de ele proibir o "por quê?" e declarar que o Holocausto não foi um enigma indecifrável. O propósito da proibição de Lanzmann não é teológico; não é o mesmo, por exemplo, que a proibição religiosa de investigar o mistério das origens da vida e da concepção – essa última proibição está presa no paradoxo de proibir o impossível, ou "Você não deve porque não pode". Quando os católicos, por exemplo, afirmam que não devemos dar continuidade às explorações biogenéticas porque a humanidade não pode ser reduzida à interação entre os genes e o meio, o medo subjacente e inconfessado é que, se levássemos essas explorações até o fim, atingiríamos o impossível, ou seja, reduziríamos a dimensão espiritual específica a um mecanismo biológico. Lanzmann, ao contrário, não proíbe a exploração do Holocausto porque o Holocausto é um mistério cujo segredo está melhor se deixado no escuro; a questão é que o Holocausto não tem nenhum mistério secreto para trazermos à luz, não há enigma para resolver. Depois de explorar todas essas circunstâncias históricas e outras do Holocausto, o que devemos acrescentar é apenas o abismo do próprio ato: da livre *decisão*, em toda a sua monstruosidade.

A afirmação desse abismo não envolve de maneira nenhuma uma consonância com a característica predominante da indústria atual do Holocausto acadêmico, a elevação do Holocausto a um Mal metafísico diabólico, irracional, apolítico, incompreensível, abordável apenas por meio do silêncio respeitoso. O Holocausto é apresentado como um ponto traumático definitivo, em que o conhecimento histórico objetificante se decompõe e tem de reconhecer sua inutilidade diante de uma única testemunha; e é, ao mesmo tempo, o ponto em que as próprias testemunhas têm de reconhecer que as palavras as desapontam e, em última análise, só podem compartilhar seu próprio silêncio. Por isso o Holocausto é classificado como um mistério, o coração das trevas da nossa civilização; seu enigma nega de antemão todas as respostas (explicativas), desafiando o conhecimento e a descrição, não comunicável, estando de fora da historicização – ele não pode ser explicado, visualizado, representado, transmitido, pois assinala um Vazio, o buraco negro, o fim, a implosão do universo (narrativo). Por conseguinte, qualquer tentativa de situá-lo em seu contexto, de politizá-lo, equivale à negação antissemita de sua unicidade... Vejamos uma das versões comuns dessa isenção do Holocausto:

> Um grande mestre hassídico, o rabino de Kotsk, costumava dizer: "Há verdades que podem ser comunicadas pelo verbo; há verdades mais profundas que só podem ser

transmitidas pelo silêncio; e, em outro nível, há aquelas que não podem ser expressas, nem mesmo pelo silêncio".

E, ainda assim, devem ser comunicadas.

Este é o dilema enfrentado por qualquer pessoa que mergulhe no universo dos campos de concentração: como fazer um relato quando o evento – pela dimensão e peso do seu horror – desafia a linguagem?[2]

Não são esses os termos que designam o encontro lacaniano do Real? No entanto, essa mesma despolitização do Holocausto, sua elevação a um Mal propriamente *sublime*, a Exceção intocável para além do discurso político "normal", também pode ser um ato *político* de total manipulação cínica, uma *intervenção* política que visa legitimar certo tipo de relação política hierárquica. Primeiro, ela faz parte da estratégia pós-moderna de despolitização e/ou vitimação. Segundo, ela desqualifica as formas de violência do Terceiro Mundo pelas quais os Estados ocidentais são (cor)responsáveis secundários em comparação com o Mal Absoluto do Holocausto. Terceiro, ela serve para lançar uma sombra sobre cada projeto político radical – para reforçar o *Denkverbot* contra uma imaginação política radical: "Você tem consciência de que o que propõe, no fim das contas, leva ao Holocausto?". Em suma, apesar da sinceridade inquestionável de alguns de seus proponentes, *o conteúdo "objetivo" ideológico-político da despolitização do Holocausto, de sua elevação a um Mal absoluto e abissal, é o pacto político dos sionistas agressivos e dos antissemitas direitistas ocidentais à custa das possibilidades políticas radicais* de hoje. Nesse aspecto, o expansionismo israelense sobre os palestinos paradoxalmente dá as mãos à rejeição, por parte dos antissemitas ocidentais, da análise concreta das dinâmicas políticas do antissemitismo – de como essa mesma dinâmica é realizada hoje por outros meios (ou, antes, com outros objetivos, deslocada para outros alvos).

Morra de rir!

A verdade dessa elevação do Holocausto a um Mal indizível é a reversão inesperada em comédia: o advento recente das comédias sobre o Holocausto é estritamente correlato à elevação do holocausto ao Mal indizível – afinal, o material da comédia são as coisas que escapam à nossa apreensão; a risada é uma maneira de lidar com o incompreensível. Se nenhuma representação realista direta é adequada ao horror do Holocausto, então a única saída é se voltar para a comédia – ao menos ela aceita de antemão sua incapacidade de expressar o horror do Holocausto e, além disso,

---

[2] Prefácio de Elie Wiesel, em Annette Insdorf, *Indelible Shadows: Film and the Holocaust* (Cambridge, MA, Cambridge University Press, 1989), p. XI-XII.

projeta essa lacuna entre o representado e sua representação falha no próprio conteúdo narrativo, na forma de uma lacuna entre o horror supremo do que está acontecendo (o extermínio dos judeus) e o falso espetáculo (cômico) organizado pelos próprios judeus que lhes permite sobreviver[3]. O sucesso do filme *A vida é bela*, de Roberto Benigni, marca o início de uma série: na temporada de 1999/2000, ele foi seguido de *Um sinal de esperança*, com Robin Williams (refilmagem de um velho clássico da República Democrata Alemã sobre o proprietário de uma lojinha no gueto que finge ter um radiorreceptor escondido e conta regularmente a seus assustados concidadãos notícias animadoras sobre a iminente derrota da Alemanha, as quais ele supostamente ouve pelo rádio), e o lançamento nos Estados Unidos do filme romeno *The Train of Hope* [O trem da esperança] (a história dos moradores de uma pequena comunidade judaica que, quando os nazistas ocuparam o país e decidiram transportá-los para o campo de extermínio, prepararam um trem falso com os guardas nazistas, subiram nele e, é claro, em vez de seguir para o campo, rumaram para a liberdade). O interessante é que todos os três filmes se concentram numa *mentira* que permite aos judeus ameaçados sobreviver ao martírio.

A explicação dessa tendência é dada pelo óbvio fracasso de seu oposto, isto é, a *tragédia* sobre o Holocausto. Há uma cena que resume tudo que é falso em Steven Spielberg, embora muitos críticos a considerem a cena mais forte de *A lista de Schindler*, com uma atuação de Ralph Fiennes "digna do Oscar": trata-se da cena, é claro, em que o comandante do campo de concentração enfrenta uma bela judia, sua prisioneira. Ele faz um longo monólogo, quase teatral, enquanto a moça, assustada, simplesmente olha para a frente em silêncio, paralisada por um medo mortal: embora ela o atraia sexualmente, ele a considera inaceitável como objeto de amor por causa de suas origens judaicas. Em sua batalha entre a atração erótica humana e o ódio racista, o racismo acaba ganhando e ele se livra da moça.

A tensão dessa cena está na incomensurabilidade radical entre as duas perspectivas subjetivas: o que para ele é um flerte despreocupado com a ideia de um breve caso é para ela uma questão de vida ou morte. Vemos a moça como um ser humano totalmente aterrorizado, enquanto o homem nem mesmo se dirige a ela diretamente, mas trata-a como um objeto, um pretexto para seu estrondoso monólogo... O que é tão absolutamente falso aqui? O fato de a cena apresentar uma posição (psicologicamente) impossível de enunciação de seu sujeito: ela expressa a atitude de cisão do sujeito com relação à judia aterrorizada como uma *experiência psicológica*

---

[3] No entanto, é significativo que não haja comédias sobre o *gulag* ou filmes cuja ação se passe em um *gulag* – a ilustre exceção é a versão cinematográfica com Tom Courtney do livro *Um dia na vida de Ivan Denissovitch*, de Alexander Soljenitsin (trad. H. Silva Letra, Mem Martins, Europa-América, 2001), uma produção inglesa filmada no início da década de 1970, na Noruega, e que rapidamente caiu no esquecimento.

direta de si mesmo. A única maneira adequada de expressar essa cisão seria representar a cena ao estilo de Brecht, com o ator que interpreta o vilão nazista dirigindo-se diretamente ao público: "Eu, o comandante do campo de concentração, acho essa moça extremamente atraente; posso fazer o que quiser com meus prisioneiros, portanto posso violentá-la impunemente. No entanto, também estou imbuído da ideologia racista, que me diz que os judeus são imundos e indignos da minha atenção. E não sei como decidir...".

A falsidade de *A lista de Schindler*, portanto, é a mesma falsidade dos que procuram uma pista dos horrores do nazismo nos "perfis psicológicos" de Hitler e outras figuras do nazismo. Aqui, Hannah Arendt tinha razão em sua problemática tese sobre a "banalidade do Mal": se tomarmos Adolf Eichmann como um ente psicológico, uma pessoa, não encontraremos nada de monstruoso nele – ele não passava de um burocrata mediano; seu "perfil psicológico" não nos dá nenhuma pista dos horrores que ele executou. Não surpreende, portanto, que ninguém, nem mesmo os guardiões mais severos da chama do Mal Absoluto, tenha se ofendido com *A vida é bela*, a história de um judeu italiano que, em Auschwitz, adota uma estratégia desesperada para proteger o filho do trauma mostrando-lhe o que acontece como se fosse uma competição, na qual ele tem de seguir as regras (comer o mínimo possível etc.) – quem fizer mais pontos, no fim, verá a chegada de um tanque dos Estados Unidos.

Em contraste com Spielberg, portanto, o filme de Benigni renuncia à "profundidade psicológica", optando pelo ridículo. A natureza problemática dessa solução, no entanto, surge no momento em que simplesmente nos confrontamos com tipos mais antigos de comédia sobre o Holocausto: *O grande ditador*, de Chaplin (anterior à Segunda Guerra Mundial), *Ser ou não ser* (1942), de Lubitsch, e *Pasqualino sete belezas* (1975), a investida de Lina Wertmüller no campo da comédia sobre o Holocausto[4]. A primeira coisa que devemos notar é do que rimos aqui: obviamente os limites são respeitados em todos os filmes. Em princípio, poderíamos muito bem imaginar os chamados "muçulmanos" (os mortos-vivos dos campos, os prisioneiros que perdiam a vontade de viver e arrastavam-se pelo campo, reagindo passivamente ao entorno) como objeto de riso gerado por seus movimentos automáticos e irrefletidos; no entanto, também está absolutamente claro que essa risada seria totalmente inaceitável em termos éticos. Além disso, a pergunta que devemos fazer aqui é muito simples: nenhum desses filmes é cem por cento comédia; em determinado momento, a risada, ou a sátira, é suspensa e somos confrontados com o nível ou a mensagem "séria" – a pergunta é: em que momento?

---

[4]   Houve tentativas semelhantes no teatro: no fim da década de 1980, um cabaré soviético produziu um espetáculo de música e dança em que parte se passava em uma câmara de gás de um campo de concentração.

56 / Alguém disse totalitarismo?

Em *O grande ditador*, de Chaplin, esse momento é obviamente o discurso patético do pobre barbeiro judeu que se encontra no lugar de Hynkel (Hitler); em *A vida é bela* é – entre outras – a última cena do filme, depois da chegada do tanque, quando vemos o menino no campo, depois da guerra, abraçado feliz à mãe, enquanto em *off* ele agradece ao pai, que se sacrificou pela sobrevivência do filho... Nesses casos, temos um momento patético de redenção. Entretanto, isso é justamente o que falta em *Pasqualino sete belezas*: se Wertmüller tivesse feito *A vida é bela*, o filme acabaria provavelmente com o soldado do tanque norte-americano confundindo a criança com um atirador nazista e atirando nela. *Pasqualino sete belezas* mostra como, em um campo de concentração, Pasqualino, um italiano dinâmico e caricato, obcecado por uma patética honra familiar (Giancarlo Giannini, protegendo a honra de sete irmãs não muito bonitas), chega à conclusão de que, para sobreviver, precisará seduzir uma comandante rechonchuda e implacável, e assistimos a suas tentativas de oferecer seu corpo, mas a ereção é pré-requisito para o sucesso da empreitada... Depois da sedução bem-sucedida, ele é elevado ao posto de *kapo* e, para salvar os homens sob seu comando, tem de matar seis deles, inclusive seu único e melhor amigo, Francesco.

Como nos outros casos, a comédia fica presa aqui em uma tensão dialética – no entanto, não se trata de uma tensão com o *páthos* redentor. Como vimos, em todas as comédias sobre o Holocausto, em determinado momento a comédia é "suprassumida" e nos é dada uma mensagem patética "séria": a última fala do pobre barbeiro judeu confundido com Hynkel/Hitler em *O grande ditador*; a fala do ator polonês que interpreta Shylock em *Ser ou não ser*; a cena final de *A vida é bela*, quando o filho, junto da mãe, relembra o sacrifício supremo do pai. Em *Pasqualino sete belezas*, no entanto, a comédia fica presa em uma tensão com o horror humilhante da lógica cruel de sobrevivência da vida nos campos de concentração: a risada é exagerada para além do "bom gosto", é confrontada com e resvala em cenas de corpos queimados, de pessoas que se suicidam pulando em um reservatório de fezes humanas, do herói que tem de fazer uma escolha cruel e decide atirar em seu melhor amigo. Não estamos mais lidando aqui com a figura patética de um homem bom, que mantém sua dignidade heroica em condições horrendas, mas sim com uma vítima que se torna opressor e perde definitivamente sua inocência moral – desse modo, a mensagem final, redentora e sentimental, desaparece.

Em uma comédia sobre o Holocausto, quando não há mais risada, quando a representação cômica da persistência engenhosa da vida chega ao fim, somos confrontados, portanto, com a seguinte alternativa: ou a dignidade patética e trágica (ou melhor, melodramática) – o herói se transforma de repente em uma figura verdadeiramente heroica – ou a náusea – o herói mantém até o fim sua posição de sobrevivente, de modo que o próprio exagero da comédia se transforma em repugnância. É claro que, em termos lacanianos, essa alternativa é a alternativa entre o

Significante-Mestre e o *objet petit a* como "resto indivisível" do processo simbólico. Infelizmente, há uma terceira opção: e a posição do "muçulmano", do morto-vivo? Seria possível fazer uma comédia em que, quando a risada atinge o limite, chegamos ao muçulmano?

O muçulmano

O "muçulmano" é a principal figura do universo dos campos de extermínio nazistas[5]; embora haja um vago equivalente nos *gulags* stalinistas[6], eles parecem obedecer a uma lógica interna diferente. O funcionamento dos campos nazistas envolvia um tipo de "estética do Mal": a humilhação e a tortura dos reclusos, que era um fim em si mesmo, não servindo a nenhum propósito racional, indo diretamente contra os interesses da exploração máxima e eficiente dos reclusos. O *gulag* stalinista, ao contrário, ainda permanecia no horizonte da exploração implacável dos prisioneiros, considerados força de trabalho substituível – um exemplo de seus momentos mais tenebrosos é o famoso acidente com o navio *Kim*, que transportava 3 mil condenados para os campos de Kolyma. Durante a viagem, os condenados se amotinaram, e as autoridades do navio optaram por uma solução simples para acabar com o motim: a uma temperatura de 40 ºC abaixo de zero, eles deram um banho de mangueira nos prisioneiros. Quando o *Kim* chegou ao porto de Nagaevo em 5 de dezembro de 1947, a "carga" era um bloco de gelo gigante com 3 mil corpos congelados.

Nesse universo, milagres éticos de resistência em massa e solidariedade pública convincente ainda eram possíveis, como o lendário evento na Mina 29 em Vorkuta, em 1953. Alguns meses depois da morte de Stalin, irromperam algumas greves nos campos de trabalho de toda a Sibéria; as exigências eram modestas e "razoáveis": libertação dos mais velhos e dos mais jovens, proibição de tiros aleatórios vindos dos guardas que ficavam nas torres de vigilância etc. Um a um, os campos sucumbiram a ameaças ou falsas promessas de Moscou, e somente a Mina 29, em Vorkuta,

---

[5] Baseio-me aqui no capítulo 2 de Giorgio Agamben, *O que resta de Auschwitz* (trad. Selvino J. Assmann, São Paulo, Boitempo, 2008). A propósito, os traços de racismo antiárabe nessa designação são mais que evidentes: a designação "muçulmano" surgiu porque os prisioneiros identificaram o comportamento dos "mortos-vivos" como algo próximo da imagem ocidental padrão do "muçulmano", uma pessoa totalmente conformada com seu destino, que suporta passivamente todas as calamidades como se fossem fundamentadas na vontade de Deus. Hoje, no entanto, em virtude do conflito entre árabes e israelenses, essa designação recuperou sua efetividade: o "muçulmano" é o núcleo ex-timo, o nível zero, do próprio judeu.

[6] "Um raro sobrevivente os descreveu como robôs, com o rosto pálido e amarelado coberto de gelo e lágrimas frias de sangue. Eles comem em silêncio, ficam sempre grudados um ao outro, não veem ninguém" (Colin Thubron, *In Siberia*. Nova York, HarperCollins, 2000, p. 40).

58 / Alguém disse totalitarismo?

manteve-se firme, cercada por duas divisões de tropas do NKVD*, com tanques. Quando os soldados finalmente entraram pelo portão principal, eles viram os prisioneiros de pé em uma sólida linha de batalha, de braços dados e cantando. Depois de uma breve hesitação, as pesadas metralhadoras abriram fogo – os mineiros continuaram amontoados e eretos, cantando de maneira desafiadora, com os mortos apoiados pelos vivos. Depois de mais ou menos um minuto, a realidade prevaleceu e os corpos começaram a se espalhar pelo chão[7]. No entanto, esse breve minuto em que a defesa dos grevistas pareceu suspender as próprias leis da natureza, transubstanciando os corpos exauridos na aparência de um Corpo coletivo imortal, foi a ocorrência do Sublime em sua forma mais pura, o momento prolongado em que, de certo modo, o tempo parou. É difícil imaginar uma coisa desse tipo em um campo de extermínio nazista.

Podemos dividir a população dos campos de extermínio nazistas em três categorias amplas. A maioria sucumbiu e regrediu a um "egoísmo" quase animal, concentrando seus esforços na mera sobrevivência e fazendo coisas para sobreviver que, no mundo "normal", são consideradas antiéticas (roubar comida ou sapatos do vizinho). As memórias dos sobreviventes dos campos de concentração, no entanto, mencionam invariavelmente o Um, um indivíduo que *não sucumbiu* – um indivíduo que, nas condições insuportáveis que reduziram todos os outros à luta egoísta pela mera sobrevivência, milagrosamente manteve e irradiou uma generosidade e uma dignidade "irracionais": em termos lacanianos, estamos lidando aqui com a função do *Y'a de l'un*: mesmo aqui, *havia o Um* que servia de suporte para a mínima solidariedade que define o *vínculo social* propriamente dito como oposto à colaboração dentro do quadro da pura estratégia de sobrevivência.

Duas características são cruciais aqui: primeiro, esse indivíduo era sempre percebido como *único* (não havia nunca uma multidão deles, como se, seguindo uma necessidade obscura, esse excesso do milagre inexplicável da solidariedade tivesse de ser encarnado em um Um); segundo, o que importava não era tanto o que esse Um realmente *fazia* pelos outros, mas sua própria *presença* entre eles (o que permitia que os outros sobrevivessem era a consciência de que. mesmo que fossem reduzidos a máquinas de sobrevivência na maior parte do tempo, *havia o Um* mantendo a dignidade humana). De maneira parecida com a risada enlatada, temos aqui a *dignidade enlatada*, em que o Outro (o Um) mantém para mim a minha dignidade, em meu lugar – ou, mais precisamente, em que eu mantenho minha dignidade *por meio do* Outro: posso ser reduzido à luta cruel pela sobrevivência, mas a própria consciência de que existe o Um que mantém essa dignidade

---

*   Narodnyy Komissariat Vnutrennikh Del (Comissariado do Povo para Assuntos Internos). (N. E.)

[7]   Ibidem, p. 42-3.

me permite manter uma ligação mínima com a humanidade. Algumas vezes, quando esse Um sucumbia ou era desmascarado, os outros prisioneiros perdiam a vontade de sobreviver e se tornavam "muçulmanos", mortos-vivos indiferentes – paradoxalmente, a própria disponibilidade para lutar pela simples sobrevivência era sustentada pela exceção do Um, pelo fato de que havia o Um que *não* era reduzido a esse nível, de modo que, quando essa exceção desaparecia, a própria luta pela sobrevivência perdia a força. Obviamente, isso significa que esse Um não era definido exclusivamente por suas qualidades "reais" (nesse nível, é bem possível que tenha havido mais indivíduos como ele, ou pode até ser que ele não fosse de fato inquebrantável, mas uma fraude que apenas representava esse papel): seu papel excepcional era, antes, o da *transferência* – ou seja, ele ocupava um lugar construído (pressuposto) pelos outros.

Os muçulmanos são o "nível zero" da humanidade: as coordenadas heideggerianas do projeto (*Entwurf*) pelo qual o *Dasein* responde e assume, de modo engajado, seu ser-lançado-no-mundo (*Geworfenheit*), são suspensas aqui. Os muçulmanos são uma espécie de "mortos-vivos" que deixam até de reagir aos estímulos animais básicos, não se defendem quando atacados, deixam gradualmente de sentir sede e fome e passam a comer e beber mais pela força do hábito do que por uma necessidade animal elementar. Por essa razão, são o ponto do Real sem a Verdade simbólica – não há como "simbolizar" sua condição, organizá-la em uma narrativa de vida significativa. No entanto, é fácil perceber o perigo dessas descrições: elas reproduzem inadvertidamente, e portanto atestam, a própria "desumanização" imposta sobre eles pelos nazistas. É por isso que deveríamos insistir mais do que nunca em sua humanidade, sem nos esquecermos de que eles são, de certa forma, desumanizados, privados das características essenciais da humanidade: a linha que separa a dignidade humana "normal" e o engajamento da indiferença "inumana" dos muçulmanos é *inerente à humanidade*, o que significa que existe um tipo de núcleo traumático ou lacuna no centro da própria "humanidade" – em termos lacanianos, os muçulmanos são "humanos" de maneira ex-tima. Precisamente como "inumanos", destituídos de quase todas as características humanas positivas específicas, eles representam a humanidade "como tal": são o elemento "inumano" particular que dá imediatamente corpo ao gênero humano, no qual esse gênero adquire existência direta – o muçulmano é um homem *tout court*, sem quaisquer outras qualificações.

Somos tentados a dizer que o muçulmano, precisamente na medida em que, de certa forma, é "menos que animal", desprovido até mesmo da vitalidade animal, é o passo intermediário necessário entre o animal e o homem, o "nível zero" da humanidade no sentido preciso do que Hegel chamou de "a noite do mundo", o recuo da imersão engajada no ambiente do sujeito, a pura negatividade autorrelativa que, por assim dizer, "passa uma borracha no que ficou para trás" e abre espaço para o engajamento simbólico especificamente humano[8]. Em outras palavras, o muçulmano não está simplesmente fora da linguagem (como no caso do animal); ele é a ausência de linguagem *como tal*, o silêncio como fato positivo, como a rocha da impossibilidade, o Vazio, o pano de fundo contra o qual surge a fala. Nesse sentido preciso, podemos dizer que para "se tornar humano", para preencher a lacuna entre a imersão animal no ambiente e a atividade humana, *todos nós, em algum momento, tivemos de ser muçulmanos*, passar pelo nível zero designado por esse termo. Lacan repete diversas vezes a história de Edgar Allan Poe sobre o sr. Valdemar, que, depois de morrer e ressuscitar, murmura com uma voz apavorante: "Estou morto!". Essa mesma experiência limítrofe não foi vivenciada pelos poucos muçulmanos que sobreviveram ao seu martírio, voltaram à vida social "normal" e então puderam proferir as palavras insuportáveis: "Fui muçulmano"?

Como enfatiza corretamente Agamben, isso significa que as regras "normais" da ética estão suspensas aqui: não podemos simplesmente lamentar seu destino, lastimar que tenham sido privados da dignidade humana, pois *ser "decente", manter a "dignidade" diante de um muçulmano já é em si um ato de completa indecência*. Não podemos simplesmente ignorar o muçulmano: qualquer posicionamento ético que não enfrente o paradoxo horripilante do muçulmano é, por definição, antiético, uma caricatura obscena da ética – e uma vez que nos defrontamos de verdade com os muçulmanos, noções como "dignidade" são de certa forma destituídas de sua substância. Em outras palavras, o "muçulmano" não é apenas o "mais inferior" na hierarquia dos tipos éticos ("Além de não ter dignidade, eles perderam a vitalidade e o egoísmo animal"), mas sim o nível zero que torna insignificante toda a hierarquia. Não levar em conta esse paradoxo é participar do cinismo que os próprios nazistas praticaram quando reduziram brutalmente os judeus ao nível sub-humano e depois apresentaram essa imagem como prova de sua sub-humanidade – eles extrapolaram ao extremo o procedimento-padrão da humilhação, em que, digamos, eu arranco o cinto de uma pessoa digna, obrigando-a a segurar as calças com as mãos, e depois troço dela por ser indigna.

Há duas posições opostas em relação à morte na filosofia contemporânea: a de Heidegger e a de Badiou. Para Heidegger, a morte autêntica (em oposição ao anônimo "morre-se") é o pressuposto da possibilidade da suprema impossibilidade de que o ser do *Dasein* seja "meu"; para Badiou, a morte (finitude e mortalidade) é o que compartilhamos com os animais, e a dimensão verdadeiramente humana é a "imortalidade", é responder ao Chamado do Evento "eterno". Apesar da oposição, Heidegger e Badiou compartilham a mesma matriz: a oposição entre a existência

---

[8] A esse respeito, ver o capítulo 1 de Slavoj Žižek, *The Ticklish Subject* (Londres, Verso, 1999) [ed. bras.: São Paulo, Boitempo, no prelo].

autêntica engajada e a ânsia egoísta anônima, a participação em uma vida em que as coisas simplesmente "funcionam". A posição única dos muçulmanos desvirtua os dois polos dessa oposição: embora certamente eles não se engajem em um projeto existencial autêntico, apontá-los como líderes da vida inautêntica do *das Man* é, obviamente, um cinismo completo – eles são outra coisa, o terceiro termo, o nível zero que solapa a própria oposição entre a existência autêntica e o *das Man*. O "resto indivisível" inumano da humanidade, essa existência entre a liberdade e a dignidade, até mesmo por baixo da própria oposição entre Bem e Mal, é o que caracteriza a posição pós-trágica moderna, mais horrível do que qualquer tragédia clássica. Não obstante, nos termos das antigas tragédias gregas, o que explica a condição excepcional dos muçulmanos é o fato de eles serem aqueles que entraram no domínio proibido da *áte*, do horror indizível: eles encontraram a Coisa em si, cara a cara.

A prova dessa entrada é outra característica notada por todas as testemunhas: o olhar do muçulmano, um tipo de olhar dessubjetivado, paralisado, em que a indiferença impassível total (a extinção da "centelha de vida", da existência engajada) coincide com uma estranha e intensa fixidez, como se o olhar estivesse congelado na imobilidade por ter visto demais, por ter visto o que não deveria ser visto. Não surpreende que a cabeça da górgona seja mencionada com frequência a propósito desse olhar: além de seu cabelo de serpentes, suas principais características são a boca aberta (como em uma surpresa provocada pelo choque, paralisada, congelada) e o olhar fixo, os olhos arregalados e cravados na fonte inominada do horror cuja posição coincide com a nossa, os espectadores. Em um nível mais fundamental, estamos lidando aqui com a positivação de uma impossibilidade que dá origem ao objeto-fetiche. Por exemplo, como o olhar-objeto se torna fetiche? Pela reversão hegeliana da impossibilidade de ver o objeto em um objeto que dá corpo a essa mesma impossibilidade: como o objeto não percebe *isso* diretamente, a Coisa fatalmente fascinante, ele realiza um tipo de autorreflexão pela qual o objeto que o fascina se torna *o próprio olhar*. (Nesse sentido {embora não de maneira totalmente simétrica}, o olhar e a voz são objetos "reflexivos", que dão corpo a uma impossibilidade – nos "matemas" lacanianos: *a* sob menos pequeno *phi*.)

Talvez o exemplo cinematográfico mais conhecido seja o detetive Arbogast rolando pelas escadas quando é assassinado em *Psicose*, de Hitchcock: esse olhar paralisado da cabeça imobilizada, filmada contra um fundo que se movimenta de maneira dinâmica (em contraste com o que acontece na "realidade", em que o fundo permanece parado, enquanto a cabeça se move), e olhando fixamente, com uma alegria que supera o horror usual, para a Coisa que o está matando. Esse olhar tem precedentes: em *Um corpo que cai*, é a cabeça paralisada de Scottie durante a sequência do sonho, até *Assassinato*, uma antiga obra-prima esquecida, que mostra

62 / Alguém disse totalitarismo?

o olhar paralisado do assassino enquanto ele voa no trapézio[9]. Onde está o olhar-objeto aqui? Não é o olhar que vemos, mas o que ele está olhando – ou seja, o olhar da própria câmera, em última análise *nosso próprio* olhar (do espectador). E, mais uma vez, o nível zero em que não é mais possível distinguir claramente entre o olhar e o objeto que ele percebe, o nível em que o próprio olhar horrorizado torna-se o objeto definitivo do horror, é o que caracteriza o muçulmano.

Por baixo da tragédia e da comédia

Essa figura única do muçulmano nos permite entender por que, em última análise, nem a comédia nem a tragédia conseguem representar o universo dos campos de concentração. Tanto a comédia quanto a tragédia baseiam-se na lacuna entre a Coisa impossível e um objeto, parte de nossa realidade, elevado à dignidade da Coisa, funcionando como seu substituto – em outras palavras, tanto a comédia quanto a tragédia baseiam-se na estrutura da *sublimação*. A dignidade trágica nos mostra que um indivíduo comum frágil pode concentrar uma incrível força e pagar o preço mais alto por sua fidelidade à Coisa; a comédia procede na direção oposta, revelando a banalidade do objeto que pretende ser a Coisa – o herói público é desmascarado como um oportunista ridículo, presunçoso ou tosco... Não basta, no entanto, afirmar que a comédia mobiliza a lacuna entre a Coisa e o objeto ridículo que ocupa seu lugar; ao contrário, a característica crucial é que tanto a comédia quanto a tragédia envolvem tipos de imortalidade, embora opostos. Na situação trágica, o herói perde sua vida mundana para a Coisa, de modo que sua própria derrota é seu triunfo e lhe confere uma dignidade sublime, enquanto a comédia é o triunfo da vida indestrutível – não a vida sublime, mas a própria vida oportunista, comum, vulgar, terrena. Somos tentados a dizer que a cena cósmica suprema é a da falsa morte, da morte denunciada como farsa: por exemplo, a cena proverbial de um funeral solene, com todos os parentes reunidos, louvando e chorando o falecido, quando de repente o suposto morto acorda (afinal, ele não morreu de fato) e pergunta que diabos está acontecendo, o que é toda aquela confusão.

Há uma cena de *Depois do vendaval*, de John Ford, em que um velho está morrendo e padres já fazem suas últimas orações em volta de seu leito de morte. De repente, a majestosa tranquilidade é perturbada pelo som de uma briga violenta: do lado de fora, finalmente acontece a luta corpo a corpo entre os dois heróis do filme – e pela qual todo o vilarejo esperava; o moribundo abre os olhos, presta atenção nos sons, esquece-se de que está envolvido na própria morte, levanta-se, corre para fora

---

[9] Para uma análise mais detalhada dessa cena, ver Slavoj Žižek, "In His Bold Gaze My Ruin Is Writ Large", em *Everything You Always Wanted to Know About Lacan (But Were Afraid to Ask Hitchcock)* (Londres, Verso, 1992).

de casa de camisola e junta-se aos espectadores entusiasmados que observam a briga... (A cena cômica suprema do trinfo da vida seria, é claro, a de uma pessoa que vai ao próprio funeral, como Tom Sawyer e Huck Finn assistindo do fundo da igreja à missa dedicada à sua memória.) É dessa maneira que devemos interpretar a equação lacaniana da dimensão cômica do significante fálico:

> é preciso simplesmente lembrar que o que nos satisfaz na comédia, nos faz rir, [...] não é tanto o triunfo da vida quanto sua escapada, o fato de a vida escorregar, furtar-se, fugir, escapar a tudo o que lhe é oposto como barreira, e precisamente as mais essenciais, as que são constituídas pela instância do significante.
> O falo nada mais é do que um significante, o significante dessa escapada. A vida passa, assim mesmo triunfa, aconteça o que acontecer. Quando o herói cômico tropeça, cai no melaço, pois bem, o sujeitinho continua vivo.[10]

Imaginemos uma Antígona que, depois de responder solenemente a Creonte, pede para se retirar – por quê? Não porque deseja sair dignamente, mas por um propósito mais vulgar: uma vez fora dos aposentos de Creonte, ela se agacha e urina... E não é precisamente nesse aspecto cômico da sobrevivência que filmes como *A vida é bela* e *Pasqualino sete belezas* se baseiam? No fundo, o que torna esses filmes atraentes é a sobrevivência engenhosa de seus heróis: qualquer que seja a dificuldade, eles encontram um jeito para ela. O momento em que *A vida é bela* não deveria mais ser engraçado também pode ser identificado nessa linha: é o momento preciso em que a dignidade ressurge em um nível mais profundo – em termos patéticos: quando nós, espectadores, tomamos consciência de que os truques e engodos "indignos" com que o herói salva o próprio filho atestam uma dignidade básica subjacente, muito mais séria que a dignidade do heroísmo declamatório.

No entanto, há um aspecto ambivalente na equação lacaniana da dimensão cômica do significante fálico: se a dimensão cômica representa o triunfo da vida em seu recurso mais evasivo e oportunista, definido precisamente como a evasão ardilosa e bem-sucedida das barreiras constituídas pelo significante – em suma, o triunfo da vida sobre os cerceios das proibições e regulações simbólicas – por que então Lacan afirma que essa dimensão é expressa pelo falo como *significante*? Não basta afirmar aqui que o falo, como órgão de fertilidade, é precisamente o significante (símbolo) dessa dimensão da vida que sempre encontra uma maneira de sobreviver e se regenerar, o significante dessa reprodução e manutenção da vida pela luta constante e pela

---

[10] Jacques Lacan, *O seminário, livro 7: a ética da psicanálise* (trad. Antonio Quinet, Rio de Janeiro, Zahar, 2008), p. 367. Foi Simon Critchley que chamou a atenção para esse aspecto cômico da *Ding* em Lacan; ver Simon Critchley, "Comedy and Finitude: Displacing the Tragic-Heroic Paradigm in Philosophy and Psychoanalysis", em *Ethics–Politics–Subjectivety* (Londres, Verso, 1999).

64 / Alguém disse totalitarismo?

evasão engenhosa das barreiras simbólicas fixas – o enigma ainda persiste: como é que a vida, em sua persistência que supera as barreiras simbólicas, encontra seu equivalente no falo como significante "puro", o significante que – como afirma Lacan em "A significação do falo"* – representa a própria operação do *lógos*, da transposição da realidade pré-simbólica "crua" em uma realidade simbolizada?

A única maneira de sair dessa situação é deixar claro que a "vida" que sobrevive a todas as situações na comédia *não* é a simples vida biológica, mas uma vida espectral/etérea fantasmática, desimpedida da inércia do Real, *a vida cujo domínio já é sustentado pela ordem do significante*. Em suma, esse universo fálico da sobrevivência eterna é o universo da perversão – por quê? Reduzida ao seu esqueleto elementar, a perversão pode ser vista como uma defesa contra o Real da morte e da sexualidade, contra a ameaça da mortalidade, bem como a imposição contingente da diferença sexual: o cenário perverso representa uma "renegação da castração" – um universo no qual, como nos desenhos animados, o ser humano pode sobreviver a qualquer catástrofe; em que a sexualidade adulta é reduzida a um jogo infantil; em que somos obrigados a morrer ou a escolher um dos dois sexos. Recordemos aqui a cena-padrão dos desenhos de Tom e Jerry: Jerry é atropelado por um caminhão, dinamites explodem em sua boca, ele é cortado em tiras, e mesmo assim a história continua; na cena seguinte, ele está de volta sem nenhum traço da catástrofe anterior... Como tal, o universo do pervertido é o universo da ordem simbólica pura, do jogo do significante seguindo seu curso, desimpedido do Real da finitude humana. A imortalidade do pervertido é imortalidade *cômica*; o material da comédia é exatamente o surgimento súbito, engenhoso e repetitivo da vida – seja qual for a catástrofe, não importa quão obscura seja a situação, podemos ter certeza antecipadamente de que o coleguinha *encontrará* uma saída.

No universo dos campos de concentração considerado em seu aspecto mais horripilante, no entanto, não é mais possível sustentar essa lacuna entre a realidade em sua inércia material e o domínio etéreo da Vida infinita – essa mesma lacuna é suspensa, ou seja, a própria realidade tende a coincidir com a Coisa monstruosa. De um lado, o muçulmano é tão desamparado que sua atitude não pode mais ser considerada "trágica": nele não há nada da dignidade crucial para a posição trágica – ou seja, ele não mantém mais o mínimo de dignidade contra o pano de fundo em que sua posição miserável efetiva apareceria como trágica; ele é reduzido simplesmente à casca de uma pessoa, esvaziada da centelha do espírito. Se tentarmos apresentá-lo como trágico, o efeito será *cômico*, como quando tentamos ver na dignidade trágica uma persistência idiota sem significado. Por outro lado, embora o muçulmano seja "cômico" de certa maneira, embora aja de uma maneira que

---

* Em *Escritos*, cit., p. 692-703. (N. T.)

geralmente é o material da comédia e da risada (seus gestos automáticos, irrefletidos e repetitivos, sua busca impassível de comida), a total miséria de sua condição tolhe qualquer tentativa de apresentá-lo e/ou percebê-lo como um "personagem cômico" – do mesmo modo, se tentarmos apresentá-lo como cômico, o efeito será precisamente *trágico*, como a triste visão de alguém troçando uma vítima indefesa (digamos, pondo obstáculos no caminho de um cego para ver se ele tropeça), que, em vez de provocar riso em nós, observadores, gera compaixão pela situação trágica da vítima. Nesse mesmo sentido, não acontece algo semelhante com os rituais de humilhação nos campos, desde a inscrição "Arbeit macht frei!" sobre os portões de Auschwitz até a banda que acompanha os prisioneiros ao trabalho ou às câmaras de gás?

O paradoxo é que é somente por meio desse horror cruel que o sentimento trágico pode ser gerado. O muçulmano, portanto, é o ponto zero em que a própria oposição entre tragédia e comédia, sublime e ridículo, dignidade e escárnio, é suspensa; o ponto em que um polo passa diretamente para seu oposto: se tentarmos apresentar a situação do muçulmano como trágica, o resultado é cômico, uma paródia trocista da dignidade trágica; se o tratamos como um personagem cômico, surge a tragédia. Aqui entramos no domínio que de algum modo está fora – ou, antes, por baixo – da própria oposição elementar entre estrutura digna hierárquica da autoridade e sua transgressão carnavalesca – entre o original e sua paródia, sua repetição trocista, na qual se concentra a obra de Bakhtin.

Hoje é costume ressaltar que, apesar do tom trágico-heroico que geralmente ressoa em Lacan, principalmente em seus escritos da década de 1950, essa ética heroico-trágica não é a última palavra de Lacan: Jacques-Alain Miller demonstrou que, na última década de seus ensinamentos, Lacan realizou a passagem do *tragique* para o *moque-comique*: da identificação heroica com o Significante-Mestre para a identificação com o semblante do resto excrementoso, do *páthos* à ironia[11]. O duplo exemplo do muçulmano e da vítima stalinista não aponta, no entanto, para um domínio *sob* essa oposição como nível máximo da experiência ética – o nível da ética para além da estética, para além do belo? Costuma-se dizer que Wagner, na magnífica composição *Parsifal*, "abusa" da beleza musical para incutir em nós uma série de ideias reacionárias (misóginas, racistas...) – entretanto, e se nos aventurássemos a dar um passo adiante e afirmássemos que *a beleza, "como tal", em sua própria noção, já é algo estranhamente abusivo*, ou seja, o abuso do sofrimento que ela usa (encena) para evocar em nós a chamada "resposta estética"? Esse abuso não seria o próprio núcleo do efeito satisfatório da tragédia? E não é verdade que esse abuso

---

[11] Ver Jacques-Alain Miller, "The Desire of Lacan", *lakanian ink* 14, 1. sem. 1999. De uma perspectiva teórica diferente, Simon Critchley percebeu essa mesma passagem; ver Simon Critchley, *Ethics–Politics–Subjectivety*, cit.

66 / Alguém disse totalitarismo?

estético não é mais possível, que chega ao seu limite, no caso do Holocausto? Se tentarmos representá-lo de maneira estética, o abuso torna-se manifesto e, portanto, torna ineficaz o efeito estético. Essa talvez seja uma forma de entender a frase frequentemente citada de Adorno, "não existe poesia depois de Auschwitz"?

A diferença entre nazismo e stalinismo, entre os campos de extermínio e o *gulag*, é resumida na oposição entre as duas figuras que ocupam o espaço "além da tragédia": o muçulmano e a vítima do julgamento-espetáculo que sacrifica sua "segunda vida" pela Coisa. O tratamento nazista gera o muçulmano; o tratamento stalinista gera o acusado que confessa. O que os une é o fato de que ambos se encontram no Vazio, privados de vida terrena e sublime: eles estão além do egoísmo, não gozam mais da vida, são indiferentes às satisfações mundanas, inclusive as mais "elevadas", como ser respeitado pelos colegas; *e* estão além de se importar com a própria dignidade moral, com a forma como serão lembrados pelo grande Outro, inscritos na tessitura da Tradição – nesse sentido, ambos são uma espécie de morto-vivo, cascas cuja centelha de vida se extinguiu. No entanto, existe uma diferença fundamental entre os dois: enquanto o muçulmano é simplesmente reduzido pelo terror psicológico à existência vegetativa apática de uma vida morta, a vítima do julgamento-espetáculo tem de participar do próprio aviltamento público, abandonando ativamente sua dignidade.

3
QUANDO O PARTIDO COMETE SUICÍDIO

em que o leitor primeiro será iniciado nos segredos dos expurgos stalinistas; no final, no entanto, ele se surpreenderá ao descobrir que até mesmo o mais obscuro stalinismo abriga uma dimensão redentora

"O poder dos impotentes"

A crença é uma noção que exibe o impasse característico do Real. De um lado, ninguém pode assumir totalmente a crença na primeira pessoa do singular. Um exemplo disso é a série evasiva de Fausto em uma dúzia de perguntas quando, depois que eles consumam seu amor, Margarida faz a famosa pergunta "Qual é a sua visão da religião?": precisamos mesmo *ter* fé? Quem poderia dizer que acredita em Deus? Etc. (Ver *Fausto*, de Goethe, linha 3.415 e seguintes). Por outro lado, no entanto, ninguém escapa realmente da crença – eis uma particularidade que merece ser enfatizada, sobretudo hoje em dia, numa época supostamente sem deus. Em outras palavras, em nossa cultura secular oficialmente ateísta, hedonista, pós-tradicional, em que ninguém está pronto para confessar sua crença em público, a estrutura subjacente da crença é extremamente universal – secretamente, todos nós acreditamos. Aqui, a posição de Lacan é clara e inequívoca: "Deus é inconsciente", ou seja, é natural que o ser humano sucumba à tentação da crença.

Esse mesmo predomínio da crença, o fato de que a necessidade de crer é consubstancial com a subjetividade humana, é o que torna problemático o argumento-padrão evocado pelos crentes para desarmar seus oponentes: só quem crê pode entender o que significa crer, portanto os ateus são, *a priori*, incapazes de argumentar contra nós. O que há de falso nesse raciocínio é sua premissa: o ateísmo não é o nível zero que qualquer pessoa pode entender, pois significa apenas a ausência de (crença em) Deus – talvez não haja nada mais difícil do que sustentar essa posição, do que ser um verdadeiro materialista. Na medida em que a estrutura da crença é a da cisão e da denegação fetichistas ("Sei que o grande Outro não existe, mas mesmo assim... {secretamente acredito Nele}), somente o psicanalista que defende a não existência do grande Outro é o verdadeiro ateu. Até mesmo os stalinistas eram crentes, na medida em que sempre evocavam o Juízo Final da História que determinará o "significado objetivo" dos nossos atos. Nem mesmo um transgressor radical como Sade era um ateu consistente; a lógica secreta de sua transgressão é um ato de desafio a Deus, ou seja, a reversão da lógica-padrão da cisão fetichista ("Sei que o grande Outro não existe, mas mesmo assim..."): "Embora eu saiba que Deus existe, estou pronto para desafiá-lo, para infringir suas proibições, agir *como se* Ele *não* existisse!". Afora a psicanálise (freudiana, em contraste com o afastamento junguiano), talvez só Heidegger, que, em *Ser e tempo* *, desenvolveu a consistente noção ateísta da existência humana, lançada em um horizonte contingente finito, em que a morte é sua derradeira possibilidade. É fundamental levar em consideração esses paradoxos da crença quando lidamos com o *status* da ideologia "oficial" nos regimes socialistas.

The Power of Powerless [O poder dos impotentes] (1978), de Václav Havel, fornece o melhor relato do funcionamento do "socialismo efetivamente existente" na vida cotidiana dos sujeitos: o que importava não era a crença interior nas proposições da ideologia dominante, mas seguir os rituais e as práticas exteriores, nos quais essa ideologia ganhava existência material[1]. Por mais que Louis Althusser seja considerado protostalinista entre os marxistas, seria produtivo fazer uma leitura de Havel com Althusser e interpretar o famoso exemplo do verdureiro, dado por Havel no início de *The Power of Powerless*, como o exemplo supremo de como funcionam os aparelhos ideológicos de Estado.

O verdureiro, um homem modesto e comum, é profundamente indiferente à ideologia oficial; ele apenas segue mecanicamente os rituais – nos feriados, decora a janela da quitanda com lemas oficiais como "Vida longa ao socialismo!"; participa impassivelmente das reuniões de massa etc. Embora reclame em privado da corrupção e da incompetência "dos que estão no poder", ele recorre ao mesmo tempo a uma série de ditos populares ("O poder é sempre corrupto...") que lhe permitem legitimar esse posicionamento aos seus próprios olhos e assim manter a falsa aparência de dignidade. Quando alguém tenta envolvê-lo em uma atividade dissidente, ele pode até protestar com indignação: "Quem é *você* para me envolver em coisas que certamente arruinarão as chances profissionais dos meus filhos? É realmente *meu* dever pôr o mundo em ordem?".

Se existe um mecanismo "psicológico" em ação na ideologia socialista tardia, não é o da crença, mas sim o da *culpa compartilhada*: na "normalização" tcheca que se seguiu à invasão soviética de 1968, o regime tomou cuidado para que, de um jeito ou de outro, a maioria do povo fosse moralmente desacreditada, obrigada a transgredir seus próprios padrões morais. Quando um indivíduo era chantageado

---

* Trad. Fausto Castilho, Petrópolis, Vozes, 2012. Edição bilíngue. (N. T.)
[1] Ver Václav Havel, *The Power of Powerless* (Londres, Faber & Faber, 1990).

para assinar uma petição contra um dissidente (digamos, condenando o próprio Havel), ele sabia que estava mentindo e contribuindo para uma campanha contra um homem honesto, e foi justamente essa traição ética que o transformou no sujeito ideal do stalinismo tardio. Desse modo, temos um regime que ativamente perdoou a falência moral de seus sujeitos e se valeu dela. Essa culpa efetiva compartilhada possibilita o fundamento renegado do espectro da "culpa objetiva" evocada pelo regime comunista. Por isso, a noção de Havel de um autêntico "viver na verdade" não envolve nenhuma metafísica da verdade ou autenticidade: ela simplesmente designa o ato de suspensão da nossa participação no jogo, rompendo o círculo vicioso da "culpa objetiva".

Com o terrorismo que caracteriza cada posição ética autêntica, Havel isola e critica, sem a menor piedade, todas as saídas falsas, todos os modos de se distanciar da ideologia dominante, inclusive o cinismo e a busca de refúgio no nicho apocalíptico dos "pequenos prazeres da vida cotidiana" – tais atos de indiferença, de ridicularização dos rituais oficiais em círculos privados, são o próprio modo de reprodução da ideologia oficial. Um crente "sincero" da ideologia socialista oficial era potencialmente muito mais perigoso que o cínico: ele estava a um passo da dissidência. Havia o paradoxo fundamental do socialismo autogestor da ex-Iugoslávia: a ideologia oficial exortava o povo a participar ativamente do processo de autogestão, a dominar suas condições de vida fora do Partido "alienado" e das estruturas estatais; a mídia oficial lamentava a indiferença das pessoas, sua fuga para o privado etc.; no entanto, era justamente um evento desse tipo, a articulação verdadeiramente autogerida e a organização dos interesses do povo, que o regime mais temia. Toda uma série de indicadores transmitia nas entrelinhas a injunção de que essa exortação oficial não deveria ser tomada tão ao pé da letra, que o regime queria na verdade uma atitude cínica em relação à ideologia oficial – a maior catástrofe para o regime seria que sua própria ideologia fosse levada a sério e realizada por seus sujeitos.

Havel é especialmente arguto ao condenar a hipocrisia inerente do marxismo ocidental, assim como a "oposição socialista" nos próprios países comunistas. Não podemos deixar de nos surpreender com a ausência quase completa de confronto teórico com o stalinismo na tradição da Escola de Frankfurt, em um claro contraste com sua obsessão permanente pelo antissemitismo fascista. As verdadeiras exceções a essa regra são marcantes: *Behemoth*, de Franz Neumann, um estudo do socialismo nacional que, no estilo típico do fim da década de 1930 e na década de 1940, sugere que os três grandes sistemas mundiais – o capitalismo do New Deal, o fascismo e o stalinismo – tendem à mesma sociedade "administrada", burocrática e globalmente organizada; *Marxismo soviético**, o

---

* Rio de Janeiro, Saga, 1969. (N. E.)

70 / Alguém disse totalitarismo?

último livro apaixonado de Herbert Marcuse e talvez o pior, uma análise estranhamente neutra da ideologia soviética, sem nenhum comprometimento claro; e, por fim, as tentativas de alguns habermasianos que, refletindo sobre os fenômenos dissidentes que estavam surgindo, procuraram elaborar a noção de sociedade civil como lugar de resistência ao regime comunista – politicamente interessantes, mas longe de oferecer uma teoria global satisfatória da especificidade do "totalitarismo" stalinista.

A desculpa comum (os autores clássicos da Escola de Frankfurt não queriam se opor tão abertamente ao comunismo, pois, com isso, fariam o jogo de seus soldados da Guerra Fria) é obviamente insuficiente – a questão não é que esse medo de ser posto a serviço do anticomunismo oficial prove que eles eram secretamente pró-comunistas, mas o oposto: se eles se preocupassem de fato e perguntassem que lugar ocupavam na Guerra Fria, teriam escolhido a democracia liberal ocidental (como fez explicitamente Max Horkheimer em alguns de seus últimos escritos). Para a Escola de Frankfurt, portanto, o "stalinismo" (socialismo realmente existente) era um assunto traumático sobre o qual eles tinham de permanecer em silêncio – o silêncio era sua única saída para manter a inconsistente posição de solidariedade subjacente com a democracia liberal ocidental, sem perder a máscara oficial da crítica "radical" de esquerda. Se reconhecessem abertamente essa solidariedade, seriam privados de sua aura "radical" e transformados em outro tipo de liberais esquerdistas anticomunistas da Guerra Fria. Por outro lado, se demonstrassem simpatia demais pelo "socialismo realmente existente", seriam obrigados a revelar seu comprometimento básico não confessado.

Essa solidariedade suprema com o sistema ocidental quando ele estava de fato ameaçado mostra uma simetria clara com a atitude da "oposição socialista democrática" na República Democrática Alemã (RDA). Embora criticassem o governo do Partido Comunista, os oposicionistas defendiam a premissa básica do regime da RDA: a tese de que a República Federal da Alemanha era um Estado neonazista, herdeira direta do regime nazista, e, portanto, a existência da RDA como baluarte antifascista tinha de ser protegida a todo custo. Por essa razão, no momento em que a situação se tornou realmente séria e o sistema socialista foi efetivamente ameaçado, eles apoiaram publicamente o sistema (Brecht a propósito das manifestações dos trabalhadores em Berlim Oriental, em 1953; Christa Wolf a propósito da Primavera de Praga, em 1968). Eles sustentavam sua crença na possibilidade inerente de reforma do sistema – mas, para que essa reforma verdadeiramente democrática acontecesse, era preciso tempo e paciência – ou seja, uma desintegração muito rápida do socialismo teria levado a Alemanha de volta ao regime capitalista-fascista e estrangulado a utopia da Outra Alemanha, que, apesar de todos os horrores e falhas, ainda era defendida pela RDA. Daí a profunda desconfiança desses intelectuais contra o "povo" como oposto ao Poder: em 1989, eles se opuseram abertamente às eleições livres, cientes de que, se fossem realizadas, a maioria escolheria o desprezado consumismo capitalista. Heiner Müller acertou em cheio quando afirmou, em 1989, que eleições livres também haviam levado Hitler ao poder... (Alguns sociais-democratas ocidentais entraram no jogo, sentindo-se muito mais próximos dos comunistas "de mente reformista" do que dos dissidentes – de certa maneira, estes os constrangiam, pois surgiam como obstáculo ao processo de trégua.)

Nessa mesma linha, também estava claro para Havel que a invasão soviética *salvou*, de certa forma, o mito da Primavera de Praga de 1968 – a noção utópica de que, se os tchecos fossem deixados em paz, eles fariam surgir o "socialismo com rosto humano", uma alternativa autêntica tanto ao socialismo real quanto ao capitalismo real. Ou seja: o que teria acontecido se as forças do Pacto de Varsóvia não tivessem intervindo em agosto de 1968? Ou a liderança comunista tcheca teria imposto limites, e a Tchecoslováquia continuaria sendo um regime comunista (mais liberal, é verdade), ou ela teria se transformado em uma sociedade capitalista ocidental "normal" (talvez com um toque social-democrático escandinavo mais acentuado).

Desse modo, Havel nos permite discernir a falsidade do que somos tentados a chamar de *socialismo interpassivo* da esquerda acadêmica ocidental: o que esses esquerdistas transferem para o Outro não é sua atividade, mas sua experiência passiva autêntica. Eles se permitem seguir carreiras acadêmicas bem pagas no Ocidente, enquanto usam o Outro idealizado (Cuba, Nicarágua, a Iugoslávia de Tito) como material de seus sonhos ideológicos: eles sonham através do Outro e o atacam quando ele perturba seu sonho complacente (abandonando o socialismo e optando pelo capitalismo liberal). De especial interesse aqui é a má compreensão básica, a falta de comunicação, entre a esquerda ocidental e os dissidentes do socialismo tardio – é como se fosse impossível encontrar uma linguagem comum. Embora sentissem que, de alguma maneira, deveriam estar do mesmo lado, uma lacuna inapreensível parecia separá-los para sempre: para os esquerdistas ocidentais, os dissidentes orientais eram todos ingênuos demais em sua crença na democracia – ao rejeitar o socialismo, sem saber eles jogavam fora o bebê com a água do banho; aos olhos dos dissidentes, a esquerda ocidental fazia joguinhos complacentes com eles, negando a verdadeira aridez do regime totalitarista – a acusação de que os dissidentes eram culpados de certa maneira, porque não aproveitaram a única oportunidade de destruir o socialismo e inventar uma alternativa autêntica ao capitalismo, era uma acusação em sua forma mais pura. E se, no entanto, essa falta de comunicação fosse na verdade um exemplo de comunicação bem-sucedida no sentido lacaniano do termo? E se cada uma das duas posições recebesse de seu Outro a sua própria mensagem reprimida em sua forma verdadeira e invertida?

O sacrifício comunista

A análise de Havel, no entanto, por mais perspicaz que seja, pertence ao socialismo real tardio "estagnado", em que mais uma vez os dissidentes podiam assumir a posição heroica da vítima trágica. Qualquer coisa desse tipo era simplesmente impensável durante o zênite do stalinismo "autêntico"; a melhor maneira de descrever a posição pós-trágica da vítima stalinista seria confrontá-la com a posição trágica em sua manifestação mais sublime, a de Antígona, que sacrifica tudo (todas as coisas "patológicas": casamento, felicidade mundana...) pela Coisa-Causa que é mais importante para ela do que a própria vida, isto é, o enterro apropriado de seu falecido irmão. Quando é condenada à morte, Antígona enumera todas as coisas que *não* poderia viver por causa de sua morte prematura (casamento, filhos...) – essa é a "falsa infinidade" que sacrificamos por meio da Exceção (a Coisa pela qual nos sacrificamos e que, precisamente, não é sacrificada). A estrutura é a do Sublime kantiano: a infinidade irreprimível dos objetos empíricos sacrificados esclarece de maneira negativa a enorme e incompreensível dimensão da Coisa pela qual nos sacrificamos. Sendo assim, Antígona é sublime na triste enumeração daquilo que está sacrificando – essa lista, em sua enormidade, indica os contornos transcendentes da Coisa à qual ela mantém sua fidelidade incondicional. Ela morre, mas, em sua morte biológica, ela sobrevive na memória coletiva como caso exemplar da vida dignificada, de uma fidelidade que vai além da vida e da morte (biológicas).

O que poderia ser mais trágico que isso? Ser obrigado, em nome da fidelidade à Coisa (*não* por causa do simples egoísmo patológico), a sacrificar essa Segunda Vida ("Eterna"), a dignidade que nos eleva para além da mera vida biológica. É isso que se pede do acusado revolucionário no julgamento-espetáculo: que mostre sua suprema fidelidade à Revolução pela confissão pública, pela admissão de que é a escória, a borra da sociedade. Se fizer isso, talvez lhe seja permitido sobreviver e levar uma vida (relativamente) confortável: um homem alquebrado, que não é mais capaz de gozar dos prazeres mundanos porque a Traição fundamental de sua existência os tornou inúteis.

Talvez o caso supremo dessa posição pós-trágica seja encontrado no governo do Khmer Vermelho no Camboja, onde não havia julgamentos públicos ou autoacusações públicas ritualizadas, comparáveis aos julgamentos-espetáculo stalinistas: as pessoas simplesmente desapareciam à noite – eram levadas à força e ninguém ousava falar ou perguntar sobre o assunto[2]. O que é fundamental nisso é que, até o fim de 1976, *a própria existência do Partido Comunista e de sua estrutura de liderança*

---

[2] Para os dados históricos, baseio-me aqui no relato jornalístico liberal padrão de Elizabeth Becker, *When the War Was Over: Cambodia and the Khmer Rouge Revolution* (Nova York, PubblicAffairs, 1998).

era tratada como um grande segredo: o partido funcionava mais ou menos como *Lohengrin*, de Wagner – ele seria todo-poderoso, desde que continuasse sendo a anônima Angka (Organização), desde que seu nome (Partido Comunista) não fosse publicamente pronunciado e reconhecido. O regime só reconheceu que o partido existia em 1977, e Pol Pot foi apresentado como seu líder ("Irmão n. 1"). Assim, até 1977, tínhamos o paradoxo do edifício de poder no qual a estrutura pública e seu duplo obsceno oculto *se sobrepunham*: em vez da estrutura público-simbólica de poder, sustentada pela rede obscena invisível dos aparelhos, temos a estrutura pública de poder que *se trata diretamente como um corpo anônimo, secreto e oculto*. Como tal, o regime do Khmer Vermelho era um tipo de equivalente político da famosa descrição publicitária da personagem de Linda Fiorentino, uma *femme fatale* absolutamente má, em *O poder da sedução*, de John Dahl: "Quase todas as pessoas têm um lado obscuro... ela não tinha nada além disso". Da mesma maneira, quase todos os regimes políticos têm um lado obscuro representado por aparelhos e rituais secretos obscenos, já o regime do Khmer Vermelho não tinha nada além disso... Esse é provavelmente o "totalitarismo" em sua pureza incomparável – como isso aconteceu?

O principal ato do Partido Comunista Stalinista é a consagração oficial de sua história (não surpreende que *o livro stalinista* tenha sido o infame *História do Partido Comunista [bolchevique] da URSS**) – é somente nesse ponto que o partido começa simbolicamente a existir. O Partido Comunista do Camboja, no entanto, teve de permanecer "ilegal" enquanto o principal problema de sua história não era resolvido. *Quando* ocorreu seu congresso fundador? Em 1951, o Partido Comunista do Camboja foi estabelecido como parte do Partido Comunista Indochinês, controlado pelo Vietnã; em 1960, foi formado o Partido Comunista Cambojano "autônomo". Que escolha fazer aqui? Até meados da década de 1970, o Khmer Vermelho, embora já fosse intensamente autônomo e nacionalista, ainda precisava do apoio do Vietnã; assim, seu historiador oficial, Keo Meas, estabeleceu uma solução de compromisso quase freudiana, proclamando o dia 30 de setembro de 1951 como data oficial de nascimento do partido – o *ano* da fundação da ala cambojana do Partido Comunista Indochinês e o *dia* de abertura do congresso de 1960 do Partido Comunista Cambojano autônomo. (Obviamente, a história é tratada aqui como puro domínio do *significado*, sem considerar os fatos: a data escolhida reflete o equilíbrio político da época, não a precisão histórica.) Em 1976, no entanto, o Camboja do Khmer Vermelho era forte o bastante para se libertar da tutela vietnamita – havia melhor maneira de marcar essa libertação do que *mudar a data* de fundação do partido, ou seja,

---

* Rio de Janeiro, Vitória, 1945. (N. E.)

74 / Alguém disse totalitarismo?

reescrever a história e reconhecer como data verdadeira a da constituição do Partido Comunista Cambojano autônomo, 30 de setembro de 1960?

É aqui, no entanto, que surge o verdadeiro impasse stalinista: como eles poderiam explicar o fato desconcertante de que, até aquele momento, o partido tivesse dado publicamente *outra* data como seu momento de fundação? É claro que reconhecer publicamente a data anterior como uma manobra pragmática e politicamente oportuna era impensável – logicamente, a única solução era *revelar uma conspiração*. Não admira, portanto, que Keo Meas tenha sido preso e torturado para confessar (em um ato de suprema ironia, sua confissão foi datada de 30 de *setembro* de 1976) que havia proposto a data de compromisso para disfarçar a existência de um Partido Comunista Cambojano clandestino *paralelo*, controlado pelo Vietnã e destinado a subverter de dentro o verdadeiro e autêntico Partido do Camboja... Não seria esse o exemplo perfeito da duplicação propriamente paranoica – o partido tem de permanecer uma organização secreta e clandestina, e só pode aparecer publicamente quando rejeitar/exteriorizar essa existência clandestina em seu duplo estranho, em *outro* partido secreto paralelo? Agora entendemos também a lógica do maior sacrifício comunista: ao confessar sua traição, Keo Meas permitiu que o partido apresentasse uma história consistente de suas origens, assumindo para si a culpa pelos compromissos oportunistas do passado. Esses compromissos foram sempre necessários: sendo assim, o verdadeiro herói é aquele que faz o compromisso necessário, sabendo que, no momento subsequente, esse compromisso será denunciado como traição e ele, pessoalmente, será exterminado – *esse* é o maior serviço que se pode prestar ao partido.

Nesse universo paranoico, a noção de *sintoma* (no sentido de um sinal ambíguo que indica um conteúdo oculto) é universalizada: no discurso stalinista, o "sintoma" era não apenas o sinal de uma aflição (ideológica) ou desvio da linha correta do partido, mas também o sinal de uma orientação correta; nesse sentido, era possível falar de "sintomas saudáveis", como nesta crítica do compositor arquistalinista Isaac Dunayevsky à Quinta Sinfonia de Shostakovich: "A brilhante maestria da Quinta Sinfonia [...] não exclui o fato de que ela não ostenta, de maneira nenhuma, todos os sintomas saudáveis do desenvolvimento da música sinfônica soviética"[3]. Por que usar o termo "sintoma"? Precisamente porque nunca podemos ter certeza de que uma característica positiva é o que pretende ser: e se alguém apenas *finge* seguir fielmente a linha do partido para esconder sua verdadeira atitude contrarrevolucionária?

Percebemos um paradoxo semelhante na dialética cristã superegoica da Lei e sua transgressão (pecado): essa dialética não surge apenas do fato de que a própria

---

[3] Citado em Elizabeth Wilson, *Shostakovich: A Life Remembered* (Princeton, NJ, Princeton University Press, 1995), p. 134.

Lei encoraja sua transgressão, gera o desejo de transgredi-la; nossa obediência à própria Lei não é "natural", espontânea, mas *sempre-já mediada pelo desejo (ou por sua repressão) de transgredir a Lei*. Quando obedecemos à Lei, nós o fazemos como parte de uma estratégia desesperada para lutar contra nosso desejo de transgredi-la; portanto, quanto mais rigorosamente *obedecemos* à Lei, mais atestamos o fato de que, bem no fundo, sentimos a pressão do desejo de pecar. Por isso, o sentimento de culpa do supereu é correto: quanto mais obedecemos à Lei, mais *somos* culpados, porque essa obediência *é*, com efeito, uma defesa contra nosso desejo pecaminoso, e, no cristianismo, o *desejo* (intenção) de pecar é igual ao próprio *ato* – se apenas cobiçamos a esposa do vizinho, já estamos cometendo adultério. Essa atitude superegoica cristã talvez seja mais bem representada por uma frase de *Crime na catedral*, de T. S. Eliot*: "a mais suprema das traições: fazer a coisa certa pela razão errada" – mesmo quando fazemos a coisa certa, nós a fazemos para neutralizar, e assim ocultar, a vilania da nossa verdadeira natureza[4].

Talvez uma referência a Nicolas Malebranche nos permita lançar mais luzes sobre esse procedimento. Na versão comum da modernidade, a experiência ética é restrita ao domínio dos "valores subjetivos" em oposição aos "fatos objetivos". Ao mesmo tempo que endossou essa linha moderna de separação entre "subjetivo" e "objetivo", entre "valores" e "fatos", Malebranche a modificou *dentro* do próprio domínio ético, como a cisão entre Virtude "subjetiva" e Graça "objetiva" – posso ser "subjetivamente" virtuoso, mas isso não garante minha salvação "objetiva" aos olhos de Deus; a distribuição da Graça que decide minha salvação depende de leis totalmente "objetivas", estritamente comparáveis às leis da Natureza material. Por acaso não encontramos outra variante dessa mesma objetivação nos julgamentos-espetáculo stalinistas: posso ser subjetivamente honesto, mas se não sou tocado pela Graça (da percepção da necessidade do comunismo), toda a minha integridade ética fará de mim apenas um honesto filantropo pequeno-burguês, contrário à Causa Comunista e, apesar da minha honestidade subjetiva, continuarei para sempre "objetivamente culpado"? Esses paradoxos não podem ser descartados como simples maquinações do poder "totalitário" – eles abrigam uma dimensão trágica genuína, sobrepujada pelas diatribes liberais contra o "totalitarismo".

---

* Rio de Janeiro, Opera Mundi, 1970. (N. E.)

[4] Essa lógica foi muito bem formulada por Ayn Rand a propósito das leis antitruste: tudo que o capitalista faz se torna crime – se os preços que ele pratica são mais altos que os do outro, ele está explorando sua posição monopolista; se são mais baixos, ele está fazendo concorrência injusta; se são iguais, trata-se de conluio e conspiração para destruir a verdadeira concorrência... E isso não é semelhante ao momento em que o paciente chega à sessão de psicanálise? Se ele está atrasado, é uma provocação histérica; se está adiantado, é uma compulsão obsessiva; se chega exatamente na hora, é um ritual perverso.

76 / Alguém disse totalitarismo?

Stalin-Abraão contra Bukharin-Isaac

Então como essa posição horripilante é *subjetivada*? Como indicou Lacan, a falta de tragédia propriamente dita na condição moderna torna essa condição ainda mais horripilante: o fato é que, apesar de todos os horrores do *gulag* e do Holocausto, não há mais tragédias propriamente ditas do capitalismo em diante – as vítimas nos campos de concentração ou as vítimas dos julgamentos-espetáculo não faziam parte de uma situação propriamente trágica; sua situação tinha aspectos cômicos – ou pelo menos ridículos –, e por esse mesmo motivo era ainda mais horripilante: o horror que existe é tão profundo que não pode mais ser "sublimado" em dignidade trágica, e, por essa razão, só é possível abordá-lo por uma estranha duplicação/imitação da própria paródia. Talvez tenhamos *o* caso exemplar dessa comicidade obscena do horror para além da tragédia no discurso stalinista. A qualidade kafkiana da risada estranha que irrompeu na plateia durante o último discurso de Bukharin antes do Comitê Central, em 23 de fevereiro de 1937, toca no conflito radical entre a seriedade do orador (ele fala de seu possível suicídio e por que não o cometerá, pois poderia ferir o partido, mas prosseguirá a greve de fome até morrer) e a reação dos membros do Comitê Central:

Bukharin: Não vou atirar em mim mesmo porque as pessoas vão dizer que me matei para prejudicar o partido. Mas se eu morrer, digamos, de uma doença, o que vocês vão perder com isso? (Risos.)

Vozes: Chantagista!

Voroshilov: Seu canalha! Cale a boca! Isso é golpe baixo! Como ousa falar desse jeito?

Bukharin: Mas você tem de entender, é difícil demais para mim continuar vivendo.

Stalin: E por acaso é fácil para nós?

Voroshilov: Vocês ouviram isso? "Não vou atirar em mim, mas vou morrer"!?

Bukharin: Para você, é fácil falar de mim. O que você vai perder, afinal? Veja bem, se eu sou um sabotador, um filho da puta, então por que me poupar? Não estou reivindicando nada. Estou apenas dizendo o que penso, falando do que tenho passado. Se isso, de alguma maneira, implica qualquer dano político, o menor que seja, então nem vou questionar, farei o que me mandarem. (Risos.) Por que estão rindo? Não tem nada de engraçado nisso...[5]

---

[5] J. Arch Getty e Oleg V. Naumov, *The Road to Terror: Stalin and the Self-Destruction of the Bolsheviks, 1932-39* (New Haven, Yale University Press, 1999), p. 370. A mesma risada estranha aparece em outros lugares: "Bukharin: O que quer que estejam testemunhando contra mim, não é verdade. (Risos, barulho no recinto.) Por que estão rindo? Não há nada de engraçado nisso" (idem, p. 394).

Não temos aqui, encenada na vida real, a estranha lógica do primeiro inquérito de Josef K. em *O processo*?

– Muito bem – fez o juiz de instrução; folheou a caderneta e num tom de constatação disse: – O senhor é pintor de paredes?
– Não – disse K. – Sou primeiro procurador de um grande banco.
Essa resposta foi acompanhada por uma gargalhada tão cordial do partido da direita que K. teve de rir junto. As pessoas se apoiavam com as mãos nos joelhos e se sacudiam como se acometidas por violentos ataques de tosse.[6]

O conflito que provoca a risada é radical: do ponto de vista stalinista, o suicídio era desprovido de qualquer autenticidade subjetiva; era simplesmente instrumentalizado, reduzido a uma das formas "mais astutas" de conspiração contrarrevolucionária. Molotov deixou isso claro em 4 de dezembro de 1936: "O suicídio de Tomsky foi uma conspiração, um ato premeditado. Tomsky combinou, não com uma pessoa, mas com várias, cometer suicídio e assim dar mais uma bofetada no Comitê Central"[7]. E Stalin repetiu a mesma coisa na sessão plenária do Comitê Central: "Temos aqui um dos meios definitivos mais astutos e fáceis de cuspir no partido e enganá-lo uma última vez antes de morrer, antes de deixar este mundo. O camarada Bukharin é a razão subjacente desses últimos suicídios"[8]. Essa completa negação da subjetividade é explicitada na resposta kafkiana de Stalin a Bukharin:

Stalin: Acreditamos em você, condecoramos você com a Ordem de Lenin, promovemos você e erramos. Não é verdade, camarada Bukharin?
Bukharin: Sim, é verdade, eu disse a mesma coisa.
Stalin [aparentemente parafraseando e troçando Bukharin]: *Você pode atirar em mim, se quiser. Não é da minha conta. Mas não quero que minha honra seja manchada.* E que testemunho ele nos dá hoje? É isso que acontece, camarada Bukharin.
Bukharin: Mas não posso admitir, seja hoje, amanhã ou depois de amanhã, algo de que não sou culpado. (Barulho no recinto.)
Stalin: Não estou dizendo nada pessoal sobre você.[9]

Em tal universo, é claro, não há espaço nem sequer para o mais formal e vazio direito de subjetividade, no qual Bukharin continua insistindo:

---

[6] Franz Kafka, *O processo* (trad. Modesto Carone, São Paulo, Brasiliense, 1990), p. 47-8.
[7] J. Arch Getty e Oleg V. Naumov, *The Road to Terror*, cit., p. 315-6.
[8] Ibidem, p. 322.
[9] Ibidem, p. 321. [No original, Žižek inseriu, entre colchetes, depois de "você", o pronome "ty" para frisar o uso, na frase, de um tratamento informal. (N. T.)]

78 / Alguém disse totalitarismo?

Bukharin: [...] Confessei que, de 1930 a 1932, cometi muitos crimes políticos. Hoje entendo isso. Mas, com a mesma força que uso para confessar minha verdadeira culpa, nego a culpa que me imputam, e negarei para sempre. E não porque ela tem apenas um significado pessoal, mas porque acredito que ninguém, em nenhuma circunstância, deve assumir algo supérfluo, principalmente quando é algo de que o partido não precisa, de que o país não precisa, de que eu não preciso. (Barulho no recinto, risos.) [...] Toda a tragédia da minha situação consiste nisto, em que Piatakov e outros como ele envenenaram tanto a atmosfera, e a atmosfera cresceu de tal modo que ninguém acredita nos sentimentos humanos – nem nas emoções, nem nos impulsos do coração, nem nas lágrimas. (Risos.) Muitas manifestações do sentimento humano, que antes representavam uma forma de prova – e não havia nada de vergonhoso nisso –, hoje perderam sua validade e força.

Kaganovich: Você praticou fraudes demais!

Bukharin: Camaradas, deixem-me dizer o seguinte a respeito do que aconteceu...

Khlopliankin: Está na hora de colocar você na cadeia!

Bukharin: O quê?

Khlopliankin: Você já deveria ter sido preso há muito tempo!

Bukharin: Muito bem, me prendam. Então você acha que o fato de gritar: "Coloquem-no na cadeia!" vai me fazer falar diferente? Não, não vai.[10]

O Comitê Central não estava preocupado com o valor de verdade objetivo, tampouco com a sinceridade subjetiva das declarações de inocência de Bukharin; ele estava interessado apenas em que tipo de "sinal" era transmitido ao partido e ao público por sua relutância em confessar: um "sinal" de que, em última instância, todo o "julgamento trotskista-zinovievista" era um ritual de farsa. Ao se recusar a confessar, Bukharin e Rykov

> davam sinais aos amigos de que compartilhavam sua opinião, a saber: trabalhe com mais sigilo. Se for pego, não confesse. Essa é a política deles. Ao buscar sua defesa, eles não puseram em dúvida apenas a investigação; ao se defender, eles também puseram em dúvida necessariamente o julgamento trotskista-zinovievista.[11]

Não obstante, Bukharin agarrou-se heroicamente à sua subjetividade até o fim – em uma carta para Stalin datada de 10 de dezembro de 1937, embora deixasse claro que obedeceria ao ritual *em público* ("Para evitar mal-entendidos, digo desde o início que, no que se refere ao *mundo em geral* {sociedade} [...], não tenho inten-

---

[10] Ibidem, p. 399.

[11] Ibidem, p. 404-5.

ção de abjurar nada do que apontei por escrito {confessei}")[12], ele ainda se dirige desesperadamente a Stalin como pessoa, declarando sua inocência:

> Oh, Senhor, se pelo menos existisse um recurso que te possibilitasse ver minha alma esfolada e dilacerada! Se pelo menos conseguisses ver como estou ligado a ti, de corpo e alma. [...] Enfim, esqueçam a psicologia, me perdoem. Nenhum anjo vai aparecer agora para tirar a espada da mão de Abraão. Meu destino fatal será realizado.
> [...] Tenho a consciência limpa diante de ti, Koba. Peço seu perdão pela última vez (apenas em seu coração, nada mais). Por essa razão, eu o aceito em minha alma. Adeus, e lembre-se gentilmente de seu desprezível N. Bukharin.[13]

O que provoca esse trauma em Bukharin não é o ritual público de humilhação e punição, mas a possibilidade de que Stalin tenha de fato acreditado nas acusações feitas contra ele:

> Há algo *grandioso e ousado na ideia política* de um expurgo geral. [...] Sei muito bem que *grandes* planos, *grandes* ideias e *grandes* interesses têm precedência sobre tudo, e sei que seria mesquinho da minha parte colocar em seus ombros a questão da minha própria pessoa *no mesmo nível* da tranquilidade *histórica universal*. Mas é aqui que sinto minha *mais profunda* agonia e me vejo diante de meu principal e doloroso paradoxo.
> [...] *Se* eu tivesse certeza absoluta de que suas ideias passam exatamente por esse caminho, eu me sentiria bem mais em paz comigo mesmo. Mas o que importa? Se tiver de ser assim, que seja! Mas, acredite, meu coração transborda quando penso que você poderia *acreditar* que sou culpado desses crimes, e que, no fundo, *você* pensa que sou realmente culpado de todos esses horrores. *Nesse caso*, o que significaria isso?[14]

Devemos prestar bastante atenção no significado dessas linhas. Dentro da lógica-padrão da culpa e da responsabilidade, Stalin poderia ter perdoado, se realmente acreditasse na culpa de Bukharin, ao passo que o fato de acusar Bukharin, no caso de sabê-lo inocente, seria um pecado ético imperdoável. Bukharin inverte essa relação: se Stalin acusa Bukharin de crimes monstruosos, tendo plena consciência de que as acusações são falsas, ele está se comportando como o próprio bolchevique, colocando as necessidades do partido acima das necessidades do indivíduo, o que é totalmente aceitável para Bukharin. O que lhe é absolutamente insuportável, ao contrário, é a possibilidade de que Stalin *realmente acredite* em sua culpa.

---

[12] Ibidem, p. 556.
[13] Ibidem, p. 558-60.
[14] Ibidem, p. 558.

80 / Alguém disse totalitarismo?

Jouissance *stalinista*

Embora Bukharin ainda se prenda à lógica da *confissão* desenvolvida por Foucault – como se a demanda stalinista por uma confissão visasse, na verdade, a um profundo exame de consciência do acusado, o que traria à tona seu segredo mais íntimo. Mais precisamente, o erro fatal de Bukharin foi pensar que poderia se beneficiar, de certo modo, dos dois lados: no fim, enquanto declarava total devoção ao partido e, pessoalmente, a Stalin, ele não estava pronto para renunciar nem ao mínimo de autonomia subjetiva. Ele estava pronto para admitir a culpa *em público*, se o partido precisasse de sua confissão, mas queria deixar claro em seu grupo, entre seus camaradas, que ele não era realmente culpado, mas que apenas concordava em representar o papel necessário no ritual público. Isso, precisamente, o partido não poderia lhe garantir: o ritual perde seu poder performativo no momento em que é designado explicitamente como mero ritual. Não admira que, quando Bukharin e outros acusados insistiram em sua inocência, o Comitê Central percebeu isso como um tormento inadmissível para o partido por parte dos acusados: não são os acusados que são atormentados pelo partido, mas a liderança do partido é que é atormentada por aqueles que se recusam a confessar seus crimes – e alguns membros do Comitê Central até elogiaram a "paciência angelical" de Stalin, o que permitiu que os acusados continuassem atormentando o partido durante anos, em vez de reconhecerem que eram a escória, víboras que deviam ser exterminadas:

> **Mezhlauk:** Devo dizer que não estamos atormentando você. É você que está nos atormentando da maneira mais básica e ilegítima.
>
> **Vozes:** É isso mesmo! É isso mesmo!...
>
> **Mezhlauk:** Você atormenta o partido há muitos, muitos anos, e é apenas graças à paciência do camarada Stalin que não fizemos você politicamente em pedaços por seu trabalho vil e terrorista... Covardes patéticos e desprezíveis. Não há lugar para você no Comitê Central ou no partido. O único lugar para você é nas mãos dos órgãos de investigação, onde sem dúvida você falará de modo diferente, porque aqui, no plenário, lhe falta a coragem mais básica, que um de seus próprios discípulos, de nome Zaitsev – pervertido por você –, teve quando disse, ao falar de si mesmo e de você: "Sou uma víbora e peço que o poder soviético me extermine como uma víbora".[15]

Assim, até certo ponto, a culpa de Bukharin é puramente formal: não é a culpa por cometer crimes dos quais ele é acusado, mas a culpa de insistir na posição da autonomia subjetiva a partir da qual a culpa pode ser discutida no nível dos fatos – na

---

[15] Ibidem, p. 387-8.

Quando o partido comete suicídio / 81

posição que proclama abertamente a lacuna entre a realidade e o ritual de confissão. Para o Comitê Central, a maior forma de traição é *a própria adesão ao mínimo de autonomia pessoal*. A mensagem de Bukharin para o Comitê Central era: "Estou pronto para dar tudo, *menos isso* (a forma vazia de minha autonomia pessoal)!" – e, é claro, era exatamente isso que o Comitê Central queria dele, mais do que qualquer coisa.

Interessante aqui é como a autenticidade subjetiva e o exame de fatos objetivos não estão em oposição, mas sim juntos, como dois lados do mesmo comportamento traiçoeiro, ambos opostos ao ritual do partido. E a prova derradeira de que esse descaso pelos fatos tem certa dignidade ética paradoxal é que também o encontramos no caso "positivo" oposto – por exemplo, de Ethel e Julius Rosenberg, que, embora *fossem* culpados de espionagem, como demonstraram documentos que vieram a público recentemente, insistiram de maneira heroica em sua inocência até a sala de execução, totalmente cientes de que a confissão teria lhes poupado a vida. De certa forma, eles "mentiram sinceramente": embora fossem factualmente culpados, não o eram em um sentido "mais profundo" – *precisamente no sentido em que os acusados nos julgamentos stalinistas eram culpados, mesmo que fossem factualmente inocentes.*

Portanto, para colocar em uma perspectiva adequada: em última instância, de acordo com a crítica dos membros do Comitê Central a Bukharin, ele não era suficientemente *rude*, conservava traços da fraqueza humana, tinha "coração mole":

Voroshilov: Bukharin é um homem sincero e honesto, mas não temo por ele menos do que por Tomsky e Rykov. Por que temo por Bukharin? Porque ele tem o coração mole. Não sei se isso é bom ou ruim, mas na situação presente essa moleza não é necessária. Ela é de pouca ajuda e orientação em questões políticas, porque pode destruir não só a própria pessoa que tem coração mole, mas também a causa do partido. Bukharin é uma pessoa de coração muito mole.[16]

Em termos kantianos, essa "moleza de coração" (na qual é fácil distinguir um eco distante da reação de Lenin contra a *Appassionata*, de Beethoven: não se deve ouvir muito esse tipo de música porque ela nos amolece e, de repente, queremos abraçar nossos inimigos, em vez de destruí-los sem piedade...) é, obviamente, o resto do sentimentalismo "patológico" que turva a posição ética pura do sujeito. E aqui, nesse ponto-chave, é crucial resistir à tentação "humanista" de opor a essa rude autoinstrumentalização stalinista qualquer tipo de bondade natural "bukhariniana", qualquer entendimento sensível ou compaixão pela fragilidade humana comum, como se o problema dos stalinistas fosse sua rude e autodestruidora dedi-

---

[16] Ibidem, p. 100.

cação à causa comunista, o que os transformou em monstruosos autômatos éticos e os fez esquecer as compaixões e os sentimentos humanos. Ao contrário, o problema com os stalinistas era o fato de eles *não* serem "puros" o bastante e permanecerem presos à economia *perversa* do dever: "Sei que isso é pesado e pode ser doloroso, mas o que eu posso fazer? É o meu dever...".

O lema do rigor ético é: "Não há desculpas para não cumprir o próprio dever!"; por mais que o *"Du kannst, denn du sollst!"* [Você pode porque tem de!] kantiano pareça oferecer uma nova versão desse lema, ele o complementa implicitamente com uma versão muito mais estranha: "Não há desculpas para *cumprir* o próprio dever!"[17]. A referência ao dever como desculpa para cumprir nosso dever deveria ser considerada hipócrita; basta lembrarmos o exemplo proverbial do professor sádico e severo que sujeita seus alunos à tortura e à disciplina impiedosa. É claro, a desculpa que dá para si mesmo (e para os outros) é: "Eu mesmo acho difícil fazer tanta pressão sobre essas pobres crianças, mas o que posso fazer? É meu dever!". O exemplo mais pertinente é justamente o do stalinista que ama a humanidade, mas mesmo assim realiza execuções e expurgos horrendos; seu coração se parte durante tais ações, mas ele não pode evitar, é seu Dever para com o Progresso da Humanidade... O que temos aqui é a atitude propriamente *perversa* de adotar a posição do instrumento puro da Vontade do grande Outro: não é minha responsabilidade, não sou eu que estou fazendo de fato, sou apenas o instrumento de uma necessidade histórica superior. A *jouissance* obscena dessa situação é gerada pelo fato de que concebo a mim mesmo como isento de culpa pelo que faço: não é legal ser capaz de infligir dor nos outros, tendo total consciência de que não sou responsável por isso, que não passo de um agente da Vontade do Outro...? É *isso* que a ética kantiana proíbe. Essa posição do perverso sádico nos dá a resposta à questão: como o sujeito pode ser culpado quando apenas realiza uma necessidade "objetiva", imposta de fora? Assumindo subjetivamente essa "necessidade objetiva" – obtendo *gozo* do que lhe é imposto[18]. Desse modo, em sua forma mais radical, a ética kantiana *não* é "sádica", mas precisamente o que nos proíbe de assumir a posição do algoz sadiano.

O que isso nos diz sobre a respectiva condição de frieza em Kant e Sade? A conclusão a que chegamos não é que Sade se atém à frieza cruel, enquanto Kant, de certo modo, tem de levar em conta a compaixão humana, mas sim o oposto: apenas o sujeito kantiano é, de fato, totalmente frio (apático), ao passo que o sádico não é *suficientemente* "frio"; sua "apatia" é falsa, um engodo que esconde um engajamento demasiado apaixonado em nome da *jouissance* do Outro. E, é claro, o mesmo vale para a passagem de Lenin a Stalin: o contraponto político revolucioná-

---

[17] Para uma explicação mais detalhada dessa característica fundamental na ética de Kant, ver o capítulo 2 de Slavoj Žižek, *The Indivisible Remainder* (Londres, Verso, 1996).

[18] Ver Alenka Zupančič, *Ethics of the Real: Kant, Lacan* (Londres, Verso, 1999).

rio a *Kant avec Sade*, de Lacan, é, sem dúvida, *Lenin avec Stalin* – é somente com Stalin que o sujeito leninista revolucionário se transforma no instrumento-objeto perverso da *jouissance* do grande Outro.

Lenin versus *Stalin*

Deixemos claro o ponto a propósito de *História e consciência de classe**, de Lukács, *a* tentativa de desenvolver a posição filosófica da prática leninista revolucionária. Lukács pode realmente ser descartado como defensor de uma afirmação tão pseudo-hegeliana do proletariado como Sujeito-Objeto absoluto da História? Concentremo-nos no pano de fundo político concreto de *História e consciência de classe*, em que Lukács ainda fala como revolucionário totalmente engajado. Para colocar em termos um pouco grosseiros e simplificados: a escolha das forças revolucionárias na Rússia em 1971, numa situação difícil em que a burguesia era incapaz de pôr um fim à revolução democrática, era a seguinte:

- De um lado, a posição menchevique era de obediência à lógica das "etapas objetivas do desenvolvimento": primeiro a revolução democrática, depois a revolução do proletariado. No turbilhão de 1917, em vez de capitalizar a desintegração gradual do aparelho de Estado e aproveitar o descontentamento popular generalizado e a resistência contra o Governo Provisional, todos os partidos radicais deveriam resistir à tentação de levar o movimento muito adiante e, em vez disso, unir forças com os elementos burgueses democráticos para primeiro realizar a revolução democrática, esperando pacientemente por uma situação revolucionária "madura". Desse ponto de vista, uma tomada do poder em 1917, quando a situação ainda não havia "amadurecido", desencadearia uma regressão ao terror primitivo... (Embora esse medo das consequências catastróficas de um levante "prematuro" pareça pressagiar a sombra do stalinismo, a ideologia do stalinismo marca, na verdade, um *retorno* a essa lógica "objetivista" das etapas necessárias do desenvolvimento.)[19]
- De outro lado, a posição leninista era dar um salto, lançando-se no paradoxo da situação, aproveitando a oportunidade e *intervindo*, mesmo que a situação fosse "prematura", apostando que *a própria intervenção "prematura" mudaria radical-*

---

* São Paulo, Martins Fontes, 2003. (N. E.)

[19] Recordemos também que, nas semanas anteriores à Revolução de Outubro, quando fervilhava o debate entre os bolcheviques, Stalin foi *contra* a proposta de Lenin sobre a tomada imediata de poder pelos bolcheviques, argumentando, em linhas mencheviques, que a situação ainda não estava "madura", e que, em vez de defender um "aventureirismo" tão perigoso, seria melhor defender uma coalizão ampla de todas as forças anticzaristas.

84 / Alguém disse totalitarismo?

mente a relação "objetiva" das forças, dentro da qual a situação inicial parecia "prematura" – ou seja, que ela destruiria o próprio padrão cuja referência nos informava que a situação era "prematura".

Aqui, devemos tomar cuidado para não deixar escapar o principal: não é que Lenin, em contraste com os mencheviques e os próprios bolcheviques que se mostravam céticos, pensasse que a complexa situação de 1917 – a insatisfação crescente das massas com a política indecisa do Governo Provisional – oferecia uma chance única de "pular" uma fase (a revolução democrática burguesa), "condensar" em uma só as duas etapas consecutivas necessárias (revolução democrática burguesa e revolução proletária). Tal noção ainda aceita a lógica fundamental subjacente, objetivista e "reificada", das "etapas necessárias do desenvolvimento"; ela simplesmente permite um ritmo diferente desse curso em diferentes circunstâncias concretas (isto é, em alguns países, a segunda etapa pode vir imediatamente depois da primeira). Em contraste, a posição de Lenin é muito mais forte: no fundo, *não existe lógica objetiva das "etapas necessárias do desenvolvimento"*, pois "complicações" que surgem da intricada tessitura das situações concretas e/ou dos resultados imprevistos das intervenções "subjetivas" sempre perturbam o fluxo sereno das coisas.

Como astutamente observou Lenin, o fato do colonialismo e das massas superexploradas na Ásia, na África e na América Latina afeta e "desloca" radicalmente a luta de classes "direta" nos países capitalistas desenvolvidos – falar em "luta de classes" sem levar em conta o colonialismo é uma abstração vazia que, traduzida em políticas práticas, só pode resultar na aceitação do papel "civilizador" do colonialismo e, assim, pela subordinação da luta anticolonialista das massas asiáticas à "verdadeira" luta de classes nos Estados ocidentais desenvolvidos, aceitar *de facto* que a burguesia define os termos da luta de classes... (Mais uma vez, discernimos aqui uma proximidade inesperada com a "sobredeterminação" althusseriana: não há regra definitiva para que, com referência a ela, possamos mensurar "exceções" – de certo modo, na história efetiva há *apenas exceções*.) Somos tentados aqui a recorrer aos termos lacanianos: o que está em jogo nessa alternativa é *a (não) existência do grande "Outro"*: os mencheviques baseavam-se no fundamento oniabrangente da lógica positiva do desenvolvimento histórico, enquanto os bolcheviques (Lenin, pelo menos) tinham consciência de que "o grande Outro não existe" – uma intervenção política propriamente dita não ocorre dentro das coordenadas de uma matriz global subjacente, pois o que faz é justamente o "rearranjo" dessa matriz.

É por isso que Lukács tinha tanta admiração por Lenin: para ele, Lenin foi aquele que, a propósito da separação da social-democracia russa em bolcheviques e mencheviques, quando as duas facções brigaram por causa da formulação precisa de quem podia ser membro do partido, tal como definido em seu programa, escreveu: "Algumas vezes o destino de todo o movimento da classe trabalhadora, durante longos anos por vir, pode ser decidido por uma ou duas palavras no programa do partido"[20]. Ou o Lenin que, quando viu a possibilidade da tomada revolucionária do poder em 1917, disse: "A história jamais nos perdoará se perdermos essa oportunidade!"[21]. Em um nível mais geral, a história do capitalismo é uma longa história de como o quadro político-ideológico predominante foi capaz de conciliar os (e amenizar o vigor subversivo dos) movimentos e demandas que pareciam ameaçar sua própria sobrevivência.

Durante muito tempo, por exemplo, os libertários sexuais acreditaram que a repressão sexual monogâmica era necessária para a sobrevivência do capitalismo – hoje sabemos que os capitalistas não só toleram, como às vezes incitam e exploram ativamente formas de sexualidade "perversa", sem mencionar a satisfação promíscua nos prazeres sexuais. A conclusão a que devemos chegar *não* é, no entanto, que o capitalismo tem a capacidade infindável de integrar, e assim tolher, o vigor subversivo de todas as demandas particulares – a questão do *timing*, do "aproveitar o momento", é crucial aqui. Uma demanda particular específica tem, em determinado momento, um poder detonador global; ela funciona como um substituto metafórico para a revolução global: se insistirmos nela incondicionalmente, o sistema explodirá; se, no entanto, esperarmos tempo demais, o curto-circuito metafórico entre essa demanda particular e a derrocada global é dissolvido, e o Sistema pode, com uma satisfação hipócrita e sarcástica, fazer o gesto do "Não era isso que você queria? Aí está!", sem que nada de realmente radical esteja acontecendo.

A arte do que Lukács chamou de *Augenblick* (o *momento* em que há brevemente uma abertura para o *ato* de intervir em uma situação) é a arte de aproveitar o momento certo, de piorar o conflito, *antes* que o Sistema possa se acomodar à nossa demanda. Assim, temos aqui um Lukács muito mais "gramsciano" e conjecturalista/contingentista do que se supõe geralmente – o *Augenblick* lukácsiano está surpreendentemente mais próximo daquilo que, hoje, Alain Badiou se empenha em formular como Evento: uma intervenção que não pode ser explicada nos termos de suas "condições objetivas" preexistentes[22]. O aspecto essencial da argumentação de Lukács é rejeitar a redução do ato a suas "circunstâncias históricas": não existem "condições objetivas" neutras – isso quer dizer (em hegelês) que todos os pressupostos já são minimamente postos.

---

[20] Vladimir Ilitch Lenin, "The Draft Rules of the RSDLP", em *Collected Works* (Moscou, Progress Publishers 1960-70), v. 6, p. 476.

[21] Idem, "Letter to Central Committee Members", em *Collected Works*, cit., v. 26, p. 234.

[22] Ver Alain Badiou, *O ser e o evento* (trad. Maria Luiza X. de A. Borges, Rio de Janeiro, Zahar, 1996).

86 / Alguém disse totalitarismo?

Quando o discurso implode

A chave para a dinâmica social do stalinismo reside em sua *exceção*: no momento único em que, por alguns meses do segundo semestre de 1937, o discurso ritualístico fracassou. Ou seja: até 1937, expurgos e julgamentos seguiram um padrão de regras claras, solidificando a *nomenklatura*, cimentando sua unidade, fornecendo uma explicação das causas das falhas na forma de bodes expiatórios ritualizados (há fome, caos na indústria etc. *por causa* dos sabotadores trotskistas...). No auge do terror no segundo semestre de 1937, no entanto, as regras discursivas implícitas foram quebradas pelo próprio Stalin: em uma orgia de destruição de "todos contra todos", a *nomenklatura*, inclusive os mais altos escalões, começou a devorar e destruir *a si própria* – processo devidamente batizado de "Autodestruição dos Bolcheviques" ("A tempestade de 1937: o partido comete suicídio", segundo o título de um dos capítulos de *The Road to Terror* [A estrada para o terror]) – esse período, "do 'terror cego', marca o eclipse temporário da estratégia discursiva. É como se os stalinistas, prisioneiros de seus medos e da disciplina férrea, tivessem resolvido que não poderiam mais governar por meios retóricos"[23].

Por essa razão, os textos sobre os tiroteios em massa desse período deixaram de ser os costumeiros sortilégios normativos/prescritivos, cujo objetivo era disciplinar o vasto público de "soldados rasos" do Partido e a população em geral. Até mesmo os símbolos vazios dos inimigos ("trotskistas"), que, a cada estágio prévio do terror, eram preenchidos com um novo conteúdo, foram largamente abandonados – o que permaneceu foi apenas a mira flutuante em novos grupos arbitrários: diferentes nacionalidades "suspeitas" (alemães, poloneses, estonianos...), colecionadores de selos com contatos no exterior, cidadãos soviéticos que estudavam esperanto e até lamas mongóis – tudo isso para ajudar os algozes a cumprir a quota de extermínio que cada distrito tinha de atingir (essas quotas eram decididas pelo politburo em Moscou como um tipo de meta de produção simulada no planejamento central – depois de uma discussão, por exemplo, a quota semanal do extremo oriente soviético foi elevada de 1.500 para 2.000, e a quota da Ucrânia caiu de 3.500 para 3.000). Aqui, até mesmo a referência paranoica à conspiração antissoviética foi instrumentalizada com respeito ao cumprimento das quotas de extermínio – primeiro havia o ato formal e apriorístico de determinação das quotas, e as subsequentes categorizações flutuantes dos inimigos (espiões ingleses, trotskistas, sabotadores...) eram reduzidas depois a um procedimento que permitia aos algozes identificar os indivíduos que seriam presos e mortos:

---

[23] J. Arch Getty e Oleg V. Naumov, *The Road to Terror*, cit., p. 480.

Não se tratava de definição dos inimigos, mas sim de pânico e violência cega. Isso era o reflexo não do controle dos eventos, mas do reconhecimento de que o regime carecia de mecanismos regularizados de controle. Não era política, mas o fracasso da política. Era um sinal da incapacidade de governar com qualquer coisa que não a força.[24]

Desse modo, nesse ponto único, passamos do discurso como *linguagem*, como elo social, para a linguagem como puro *instrumento*. E o que devemos enfatizar repetidas vezes, contrariando a visão demonizante liberal de Stalin como um Mestre perverso que segue sistematicamente um plano diabólico de assassinatos em massa, é que esse exercício do poder, extremamente brutal e violento, como poder sobre a vida e a morte, coincidia com – ou melhor, era a expressão ou o modo de existência de – seu exato oposto, a total incapacidade de governar o país por meio da autoridade "normal" e de medidas executivas. Durante o terror stalinista, o politburo agiu em pânico, tentando desesperadamente controlar e regular os eventos, manter a situação sob controle.

Esse reconhecimento implícito da impotência também é a verdade oculta da divinização do Líder stalinista como um Gênio supremo que pode dar conselhos sobre quase todos os assuntos, desde como consertar um trator até como cultivar flores: essa intervenção do Líder na vida cotidiana significa que as coisas não funcionam no nível mais cotidiano – que tipo de país é esse em que o próprio Líder supremo tem de dar conselhos sobre como consertar tratores? É aqui que devemos trazer à tona a (supracitada) condenação stalinista do suicídio (do indivíduo acusado) como conspiração para desferir o último golpe no partido: talvez devêssemos interpretar o suicídio do próprio partido no fim de 1937 de maneira oposta – não como um "sinal", mas como um ato autêntico por parte do sujeito coletivo, para além de qualquer instrumentalidade.

Na análise da paranoia do juiz alemão Schreber, Freud nos mostra que o que geralmente consideramos loucura (o cenário paranoico da conspiração contra o sujeito) na verdade já é uma tentativa de recuperação: depois de um surto psicótico, o constructo paranoico é uma tentativa, por parte do sujeito, de restabelecer um tipo de ordem em seu universo, um quadro de referência que lhe permita um "mapeamento cognitivo"[25]. Nessa mesma linha, somos tentados a dizer que, quando o discurso paranoico stalinista chegou ao apogeu no fim de 1937 e desencadeou sua própria disso-

---

[24] Ibidem, p. 481.

[25] Ver Sigmund Freud, "Psychoanalytic Notes on an Autobiographical Account of a Case of Paranoia", em *The Pelican Freud Library* (Harmondsworth, Penguin, 1979), p. 211 [ed. bras.: *Observações psicanalíticas sobre um caso de paranoia relatado em autobiografia ("O caso Schreber"), artigos sobre técnica e outros textos* (1911-1913), trad. Paulo César de Souza, São Paulo, Companhia das Letras, 2010, Obras Completas, v. 10].

88 / Alguém disse totalitarismo?

lução como elo social, a prisão do próprio Yezhov em 1938 (principal algoz de Stalin em 1937) e sua morte foram, na verdade, uma tentativa de recuperação, de estabilização do furor descontrolado de autodestruição que eclodiu em 1937: o expurgo de Yezhov foi um tipo de metaexpurgo, um expurgo para acabar com todos os expurgos (ele foi acusado precisamente de matar milhares de bolcheviques inocentes em nome de potências estrangeiras – a ironia é que a acusação era verdadeira: ele *organizou* o assassinato de milhares de bolcheviques inocentes...). O ponto crucial, no entanto, é que, apesar de atingirmos aqui os limites do Social, ou seja, o nível em que o próprio elo sociossimbólico se aproxima de sua dissolução autodestrutiva, esse mesmo excesso foi gerado por uma dinâmica precisa da luta *social*, por uma série de alinhamentos e realinhamentos cambiantes entre as autoridades superiores do regime (Stalin e seu grupo fechado), a alta *nomenklatura* e os soldados rasos do partido:

> Desse modo, em 1933 e 1935, Stalin e o politburo se uniram a todos os níveis da elite da *nomenklatura* para encobrir, ou expurgar, os desamparados soldados rasos. Os líderes regionais usaram então esses expurgos para consolidar suas máquinas e expulsar pessoas "inconvenientes". Isso, por sua vez, provocou outro alinhamento em 1936, em que Stalin e a *nomenklatura* de Moscou apoiaram os soldados rasos, que reclamavam da repressão por parte das elites regionais. Em 1937, Stalin mobilizou abertamente as "massas do partido" contra a *nomenklatura*; isso gerou um elemento importante na destruição da elite durante o Grande Expurgo. Mas, em 1938, o politburo modificou os alinhamentos e reforçou a autoridade da *nomenklatura* regional como parte da tentativa de restabelecer a ordem no partido durante o terror.[26]

A situação explodiu quando Stalin deu um passo arriscado e apelou diretamente para os próprios soldados rasos, encorajando-os a articular sua queixa contra o domínio arbitrário dos chefes locais do partido (um passo semelhante à Grande Revolução Cultural de Mao) – a fúria contra o regime, incapaz de se expressar diretamente, explodiu da maneira mais rancorosa contra os alvos substitutos. Como, ao mesmo tempo, a alta *nomenklatura* manteve o poder executivo nos próprios expurgos, isso pôs em movimento um círculo vicioso autodestrutivo, em que praticamente *todos* estavam ameaçados (dos 82 secretários distritais do partido, 79 foram executados a bala).

Outro aspecto dessa espiral cruel eram as próprias variações das ordens vindas de cima quanto à exatidão dos expurgos: as autoridades exigiam medidas rigorosas, mas ao mesmo tempo alertavam contra os excessos, de modo que os algozes se viam numa posição insustentável. No fim, qualquer coisa que fizessem era errada: se não

---

[26] J. Arch Getty e Oleg V. Naumov, *The Road to Terror*, cit., p. 14.

prendessem um número suficiente de traidores e não descobrissem um número suficiente de conspirações, eram considerados lenientes e partidários da contrarrevolução; sob pressão para atingir as quotas, por assim dizer, eles tinham de criar provas e inventar conluios, expondo-se assim à crítica de que eles próprios eram sabotadores que matavam milhares de comunistas honestos em nome de potências estrangeiras... Portanto, a estratégia de Stalin de abordar diretamente as massas do partido, cooptando suas atitudes antidemocráticas, era muito arriscada:

> Isso ameaçou não só expor a política da elite à análise pública, como também desacreditar o regime bolchevique, do qual o próprio Stalin fazia parte. [...] Por fim, em 1937, Stalin quebrou todas as regras do jogo – na verdade, arruinou completamente o jogo – e desencadeou um terror de todos contra todos.[27]

A situação instável que surgiu dessa "quebra de todas as regras" não ocorreu sem momentos horripilantemente cômicos: no primeiro semestre de 1937, quando Dmitri Shostakovich foi chamado à sede do NKVD, ele foi recebido por Zanchevsky, um investigador que, depois de um preâmbulo amigável, começou a indagar sobre seus contatos com Mikhail Tukhachevsky, que já estava preso: "É impossível que você tenha ido à casa dele e não tenham conversado sobre política. Por exemplo, o plano de assassinar o camarada Stalin?". Como Shostakovich continuou negando qualquer conversa sobre política, Zanchevsky lhe disse: "Tudo bem, hoje é sábado, você pode ir. Mas só lhe dou até segunda-feira. Até lá você se lembrará de tudo, sem falta. Você se lembrará de cada detalhe da conversa sobre o plano contra Stalin do qual foi testemunha". Shostakovich passou um fim de semana de pesadelo e retornou à sede do NKVD na segunda-feira de manhã, pronto para ser preso. No entanto, quando deu seu nome na entrada e disse que tinha ido ver Zanchevsky, ele foi informado de que Zanchevsky não viria naquele dia – no mesmo fim de semana, ele havia sido preso como espião.[28]

Excurso: Shostakovich e a resistência ao stalinismo

Então, como Shostakovich se posicionava em relação ao discurso oficial do partido? Depois das memórias problemáticas de Shostakovich publicadas por Volkov, tornou-se moda elogiar Shostakovich como o maior e mais heroico dissidente secreto, uma prova viva de como, mesmo nas condições mais terríveis no auge do stalinismo, era possível transmitir uma mensagem radicalmente crítica. O proble-

---

27 Idem.
28 Ver Elizabeth Wilson, *Shostakovich: A Life Remembered*, cit., p. 124-5.

90 / Alguém disse totalitarismo?

ma com essa leitura é que ela pressupõe uma cisão impossível: quando sabemos, por exemplo, que o "verdadeiro significado" do final da Quinta Sinfonia é sarcástico – escarnece da proibição stalinista de ser feliz (as batidas ritmadas e triunfantes são na verdade as batidas de muitas unhas dentro de um caixão, como afirma Rostropovich) –, ou que o "verdadeiro significado" do primeiro movimento da sinfonia *Leningrado* é retratar a marcha terrorista da conquista *comunista* (e não do Exército da Alemanha), ou que o "verdadeiro significado" da Sinfonia n. 11 é retratar a explosão não da Revolução de 1905, mas do levante húngaro em 1956 (e supostamente por isso, ao ouvi-la ao piano, Maxim, filho de Shostakovich, disse ao pai: "Eles vão matar você por causa disso!") etc.

A ideia é que essa mensagem verdadeira era *absolutamente transparente* para todos os colegas dissidentes, inclusive para os milhares de pessoas comuns que reagiram com entusiasmo à música (qualquer pessoa "com ouvidos para ouvir", como se diz em geral)[29], mas ao mesmo tempo, de alguma maneira misteriosa, *absolutamente opaca* para os detentores do poder e para a *nomenklatura* cultural e política. Será que a *nomenklatura* era tão inacreditavelmente estúpida a ponto de não possuir o que centenas de milhares de pessoas comuns possuíam? Talvez a solução seja muito mais simples e devêssemos apenas concluir que *um mesmo* ouvinte é capaz de se mover nos dois níveis, do mesmo modo como a Hollywood clássica, controlada pelo Código Hayes, mobilizou dois níveis: a tessitura explícita e ideologicamente inocente e a mensagem subjacente (sexualmente) transgressora[30].

Infelizmente, a noção de "dissidente secreto" é um oximoro: a própria essência de um ato dissidente é o fato de ser *público*; assim como a criança proverbial de *A roupa nova do imperador*, de Andersen*, ele diz abertamente para o grande Outro o que os outros apenas sussurram em privado. Desse modo, é a própria distância interior entre Shostakovich e a leitura socialista "oficial" de suas sinfonias que o torna um compositor soviético prototípico – essa distância é constitutiva da ideologia, enquanto autores que se (super)identificaram com a ideologia oficial, como Alexander Medvedkin, cineasta soviético retratado no documentário *Elegia a Alexandre*, de Chris Marker, encontram problemas. Cada funcionário do partido, até o próprio Stalin, era um "dissidente secreto" de certa maneira, falando em privado de temas proibidos em público.

---

[29] A propósito, Heidegger recorreu a essa mesma formulação ao defender seu envolvimento com o nazismo: quando ministrou seu seminário sobre o *lógos* em Heráclito em meados da década de 1930, estava claro para todos "com ouvidos para ouvir" que ele estava dando um golpe arrasador na ideologia nazista!

[30] Para uma análise mais detalhada desses dois níveis, ver Slavoj Žižek, *The Art of the Ridiculous Sublime* (Seattle, University of Washington Press, 2000).

* São Paulo, Martins, 2001. (N. E.)

Além disso, essa celebração de Shostakovich como um heroico dissidente secreto não só é factualmente falsa, como também oblitera a verdadeira grandeza de suas últimas composições. Até mesmo para um ouvinte com o mínimo de sensibilidade, está claro que seus quartetos de cordas (merecidamente famosos) não são declarações heroicas que desafiam o regime totalitário, mas uma observação desesperada sobre a covardia e o oportunismo do próprio Shostakovich: sua integridade artística reside no fato de ele ter expressado plenamente na música sua desordem interna: uma mistura de desespero, letargia melancólica, acessos de fúria impotente e até mesmo a autodepreciação, em vez de se apresentar como um herói secreto. O fato de ter composto seu famoso Quarteto de Cordas n. 8 na época em que finalmente cedeu à pressão e se tornou membro do Partido Comunista – compromisso que quase o levou a um desespero suicida – é crucial: trata-se da música de um homem destroçado, se é que existe um.

O conhecido clichê sobre a oscilação russa entre a depressão melancólica e acessos de fúria impotente, portanto, perde seu caráter a-histórico de "arquetípico" e torna-se fundamentado em uma constelação sociopolítica concreta dos compromissos morais impostos aos artistas na era stalinista. O Quarteto n. 8, por exemplo, com seu movimento de sombria depressão ("tristeza melancólica eslava") para um louco acesso de fúria, e depois de volta à depressão, enquadra-se perfeitamente nesse clichê eslavo. (Na verdade, é como se o movimento interno padrão da forma clássica da sonata – o começo harmonioso, a explosão e o desenvolvimento do conflito, a resolução final da tensão e o retorno à harmonia – fosse repetido aqui de maneira estranhamente trocista: da letargia melancólica ao acesso impotente, e depois de volta ao princípio (a letargia inicial). No entanto, a tão elogiada riqueza ascética dos quartetos de Shostakovich, seu suave amargor, é o resultado paradoxal da (sua reação à) intervenção traumática da política stalinista, que cortava sua jocosidade satírico-experimental.

O grande corte traumático na vida de Shostakovich foi a rejeição brutal de sua ópera *Lady Macbeth do distrito de Mtsensk*, em 1936, estreada pelo próprio Stalin, que abandonou furioso a apresentação depois do segundo ato. O resultado dessa rejeição foi que Shostakovich se afastou da cena durante dois anos e então recuperou a mercê política com a protossocialista-realista Quinta Sinfonia. Aqui testemunhamos uma verdadeira mudança de paradigma: do antigo Shostakovich, experimentador e satirista musical brilhante, para o tragediógrafo musical épico que inverteu as formas tradicionais e progrediu da tristeza lírica em escala menor para a cacofonia pouco sonora do final vitorioso da "parada da Praça Vermelha". O Shostakovich antigo, no entanto, não desaparece simplesmente, mas ressurge transformado como um duplo sombrio do tardio. Até mesmo suas grandes obras "stalinistas" (por exemplo, a Quinta Sinfonia) são profundamente ambíguas: sim, elas são impostas, escritas sob encomenda, para agradar ao Mestre, em contraste às obras "íntimas". Preci-

92 / Alguém disse totalitarismo?

samente como tais, entretanto, essas obras parecem satisfazer uma certa necessidade "perversa" do compositor que era absolutamente autêntica. O próprio Shostakovich afirmou que o final da Quinta Sinfonia expressa a aceitação ironicamente distorcida/exagerada da ordem (superego) de "ser feliz e aproveitar a vida", como se reproduzisse musicalmente as batidas repetitivas de um martelo cravando dentro de nós a injunção obscena "Seja feliz! Seja feliz!". Contudo, essa aceitação, em sua própria distorção exagerada, gera uma satisfação própria. Assim, ainda que aceitemos a afirmação de Shostakovich de que o final da Quinta Sinfonia é irônico, não é a ironia que ele tem em mente (um retrato crítico do otimismo oficial), mas sim o reconhecimento muito mais ambíguo do poder obsceno da injunção de ser feliz que nos afeta por dentro, assombrando-nos como um espectro diabólico.

A ambiguidade radical do stalinismo

Na ideia de antagonismo social, as diferenças *intrassociais* (tema da análise social concreta) se sobrepõem às diferenças entre o social como tal e o Outro. Essa sobreposição torna-se evidente no apogeu do stalinismo, quando o inimigo é explicitamente designado como não humano, como excremento da humanidade: a luta do partido stalinista contra o inimigo torna-se a luta da própria humanidade contra seu excremento não humano. (Em um nível diferente, o mesmo vale para o antissemitismo nazista; é por isso que os judeus também têm sua humanidade básica negada.)

Precisamente como marxistas, não deveríamos ter medo de reconhecer que os expurgos sob o stalinismo de certa forma eram mais "irracionais" que a violência fascista: paradoxalmente, esse mesmo excesso é um sinal inconfundível de que o stalinismo, em contraste com o fascismo, era um caso de revolução perversa *autêntica*. No fascismo, mesmo na Alemanha nazista, as pessoas podiam sobreviver, manter a aparência de uma vida cotidiana "normal", se não se envolvessem em nenhuma atividade política de oposição (e, é claro, se não tivesse origem judaica...); já no stalinismo do fim da década de 1930, ninguém estava seguro, *todo mundo* podia ser denunciado de uma hora para a outra, ser preso e morto como traidor. Em outras palavras, a "irracionalidade" do nazismo estava "condensada" no antissemitismo, em sua crença na conspiração judaica, ao passo que a "irracionalidade" stalinista perpassava todo o corpo social. Por essa razão, os investigadores nazistas ainda buscavam provas e traços de atividade efetiva contra o regime, enquanto os investigadores stalinistas se envolviam em invenções claras e inequívocas (inventavam conspirações e sabotagens etc.).

No entanto, essa mesma violência infligida pelo poder comunista aos seus membros atesta a contradição radical do regime, o fato de que, nas origens do regime, havia um projeto revolucionário "autêntico": expurgos incessantes eram necessários não só para apagar os traços das próprias origens do regime, mas também como um tipo de "retorno do reprimido", um lembrete da negatividade radical no cerne no regime. Os expurgos stalinistas nos baixos escalões do partido baseavam-se nessa traição fundamental: na verdade, os acusados eram culpados na medida em que, como membros da nova *nomenklatura*, traíam a Revolução. Desse modo, o terror stalinista não é apenas a traição da Revolução – a tentativa de apagar os traços do passado revolucionário autêntico –, mas ele atesta um tipo de "diabinho da perversidade" que obriga a nova ordem pós-revolucionária a (re)inscrever em si própria sua traição da Revolução, a "remarcá-la" na forma de prisões e mortes arbitrárias que ameaçavam todos os membros da *nomenklatura* – assim como na psicanálise, a confissão stalinista da culpa esconde a verdadeira culpa. (Como é notório, Stalin recrutou sabiamente para o NKVD pessoas de origens sociais mais baixas, que, por esse motivo, eram capazes de exprimir o ódio que sentiam pela *nomenklatura* prendendo e torturando os antigos *apparatchiks*.)

Essa tensão inerente entre a estabilidade do governo da nova *nomenklatura* e o pervertido "retorno do reprimido" na forma de repetidos expurgos nas fileiras da *nomenklatura* é o cerne do fenômeno stalinista: os expurgos são a verdadeira forma na qual a herança revolucionária traída sobrevive e assombra o regime. O sonho de Guennadi Ziuganov, candidato comunista à Presidência em 1996 (as coisas teriam dado certo na União Soviética se Stalin tivesse vivido pelo menos mais cinco anos e realizado seu projeto final de deter o cosmopolitismo e promover a reconciliação entre o Estado russo e a Igreja Ortodoxa – em outras palavras, se ao menos tivesse colocado em prática seu expurgo antissemita...), tem como alvo exatamente o ponto de pacificação em que o regime comunista se livraria de sua tensão inerente e se estabilizaria – o paradoxo, obviamente, é que, para alcançar essa estabilidade, o último expurgo de Stalin, a planejada "mãe de todos os expurgos", que deveria ter sido posto em prática no primeiro trimestre de 1953 e foi impedido por sua morte, teria de ter sido bem-sucedido.

Aqui, talvez, a análise clássica de Trotski do "Termidor" stalinista não é de todo adequada: o verdadeiro Termidor só aconteceu depois da morte de Stalin (ou melhor, depois da queda de Khrushchev), com os anos de "estagnação" de Brejnev, quando finalmente a *nomenklatura* se estabilizou em uma "nova classe". O stalinismo propriamente dito é, antes, o "mediador evanescente" e enigmático entre a autêntica explosão revolucionária leninista e seu Termidor. Por outro lado, Trotski *estava* certo quando predisse na década de 1930 que o regime soviético só podia terminar de duas maneiras: ou os trabalhadores se revoltariam contra ele, ou a *nomenklatura* não se satisfaria mais com o poder político e se converteria em capitalistas que teriam a posse direta dos meios de produção. E – como diz o último parágrafo de *The Road to Terror*, numa referência direta a Trotski[31] – essa segunda

---

[31]   J. Arch Getty e Oleg V. Naumov, *The Road to Terror*, cit., p. 586.

94 / Alguém disse totalitarismo?

opção foi o que realmente aconteceu: como a grande maioria dos novos proprietários dos meios de produção nos países ex-socialistas, principalmente na União Soviética, faz parte da *ex-nomenklatura*, podemos dizer que o principal evento da desintegração do "socialismo realmente existente" foi a transformação da *nomenklatura* em uma classe de proprietários privados. A grande ironia, no entanto, é que as duas opções opostas previstas por Trotski parecem ter se combinado de uma maneira estranha: o que permitiu que a *nomenklatura* se transformasse nos proprietários diretos dos meios de produção foi a resistência a seu domínio político, cujo principal componente – pelo menos em alguns casos (como o Solidariedade, na Polônia) – foi a revolta dos trabalhadores contra a *nomenklatura*.

Como indicou Alain Badiou[32], apesar de seus horrores e fracassos, o "socialismo realmente existente" foi a única força política que – durante décadas, pelo menos – pareceu ameaçar de maneira *efetiva* o domínio global do capitalismo, assustando de fato seus representantes, levando-os a uma reação paranoica. Como hoje o capitalismo define e estrutura a *totalidade* da civilização humana, cada território "comunista" foi e é – repetimos, apesar de seus horrores e fracassos – um tipo de "território livre", como afirma Fredric Jameson a propósito de Cuba[33]. Estamos lidando aqui com a velha noção estrutural da lacuna entre o Espaço e o conteúdo positivo que o preenche: embora os regimes comunistas, em seu conteúdo positivo, tenham sido sobretudo um fracasso deplorável, que gerou terror e miséria, abriram ao mesmo tempo um espaço específico, o espaço das expectativas utópicas que, entre outras coisas, permitiu mensurar o fracasso do próprio socialismo realmente existente. O que os dissidentes anticomunistas tendem a ignorar, via de regra, é que o próprio espaço a partir do qual eles criticaram e condenaram o terror e a miséria cotidianos foi aberto e sustentado pela reviravolta comunista, por sua tentativa de escapar à lógica do capital. Em suma, quando dissidentes como Havel condenaram o regime comunista existente em nome da autêntica solidariedade humana, eles falavam (em grande parte, sem saber) do lugar aberto pelo próprio comunismo – é por isso que tendem a se frustrar tanto quando o "capitalismo realmente existente" não corresponde às altas expectativas de sua luta anticomunista. Talvez Václav Klaus, duplo pragmático de Havel, estivesse certo quando tachou Havel de "socialista".

Desse modo, a difícil tarefa é enfrentar a ambiguidade radical da ideologia stalinista, que, mesmo em seu aspecto mais "totalitário", ainda exala um potencial emancipatório. Da minha juventude, lembro-me da memorável cena de um filme soviético sobre a guerra civil de 1919 na qual os bolcheviques organizam o julga-

---

[32] Ver Alain Badiou, *Saint Paul ou la naissance de l'universalisme* (Paris, PUF, 1997), p. 41 [ed. bras.: *São Paulo, a fundação do universalismo*, trad. Wanda Caldeira Brant, São Paulo, Boitempo, 2009].

[33] Ver Fredric Jameson, *Signatures of the Visible* (Nova York, Routledge, 1997), p. 137 [ed. bras.: *As marcas do visível*, trad. Ana Lúcia de Almeida Gazolla et al., Rio de Janeiro, Graal, 1995].

mento público de uma mãe com um filho doente que é acusada de ser espiã do Exército Branco contrarrevolucionário. Logo no início do julgamento, um velho bolchevique acaricia seu longo bigode branco e diz: "A sentença deve ser severa, mas justa!". A corte revolucionária (o coletivo dos combatentes bolcheviques) estabelece que a causa da atividade inimiga da mulher foram suas condições sociais difíceis; a sentença, portanto, é que ela deveria ser totalmente integrada no coletivo stalinista, aprender a ler e escrever e ter uma educação apropriada, enquanto seu filho seria entregue a cuidados médicos adequados. Quando a mãe, surpresa, incapaz de compreender a benevolência da corte, tem um acesso de choro, o velho bolchevique acaricia de novo seu bigode e balança a cabeça em sinal de aprovação: "Sim, é uma sentença severa, mas justa!".

É fácil dizer, com uma precipitação pseudomarxista, que essas cenas eram simplesmente a legitimação ideológica do terror mais brutal. No entanto, não importa quão manipuladora seja a cena, não importa quão contraditória tenha sido pela aridez arbitrária da "justiça revolucionária" efetiva, ela deu aos espectadores novos padrões éticos pelos quais a realidade seria medida – o resultado chocante desse exercício da justiça revolucionária, a inesperada recanalização da "severidade" em severidade" para com as circunstâncias sociais e em *generosidade* para com as pessoas, não deixa de gerar um efeito sublime. Em suma, temos aqui um caso exemplar do que Lacan chamou de "ponto de estofo" (*point de capiton*), de uma intervenção que muda as coordenadas do próprio campo do significado: em vez de implorar pela tolerância generosa contra a justiça severa, o velho bolchevique *redefine o significado da própria "justiça severa" em termos de perdão e generosidade em excesso*. Mesmo que essa manifestação seja enganadora, de certa forma existe mais verdade nessa manifestação do que na dura realidade social que ela gera.

No entanto, havia algo ainda mais crucial em jogo na fracassada aventura "socialista real": a ideia – cujo impacto mais forte ocorreu na RDA – de trabalho (produção material, industrial) como lugar privilegiado da comunidade e da solidariedade: o envolvimento no esforço coletivo de produção não traz apenas satisfação em si; os próprios problemas privados (do divórcio à doença) inserem-se em sua perspectiva apropriada quando são discutidos no coletivo de trabalho. Essa ideia, cujo foco é supostamente tratado no maior romance da RDA, *Divided Heaven* [Paraíso dividido], de Christa Wolf[34], não deve ser confundida com a noção pós-moderna de trabalho como atividade realizada em comunidade, tampouco com a celebração nostálgica de antigas formas industriais de produção (digamos, o pseudorromantismo da autenticidade da vida dos mineiros galeses

---

[34] Baseio-me a seguir na dissertação de Charity Scribner, *Working Memory* (Columbia University, Nova York, 2000).

96 / Alguém disse totalitarismo?

ao estilo de *Como era verde meu vale*) e muito menos com a celebração protofascista do trabalho manual artesanal: o grupo de produção é um *coletivo* de indivíduos modernos que discutem seus problemas racionalmente, não uma *comunidade* arcaica ritualizada.

Talvez seja essa a causa definitiva da *Ostalgie*, do contínuo apego nostálgico pelo falecido "socialismo real" – da ideia de que, apesar de todos seus fracassos e horrores, algo precioso foi perdido com seu colapso. Na percepção ideológica de hoje, o próprio trabalho (trabalho manual em oposição à atividade "simbólica"), e não o sexo, torna-se o lugar da indecência obscena que deve ser escondida dos olhos do público. A tradição que remonta a *O ouro do Reno*, de Wagner, e *Metropolis*, de Lang, a tradição na qual o processo de trabalho ocorre no subsolo, em cavernas escuras, culmina hoje com a "invisibilidade" de milhões de trabalhadores anônimos dando duro em fábricas no Terceiro Mundo, desde *gulags* chineses até linhas de montagem indonésias ou brasileiras – o Ocidente pode se permitir a tagarelice sobre a "classe trabalhadora em desaparição", mesmo quando seus traços são prontamente discerníveis ao redor de todos nós: tudo que devemos fazer é observar a pequena inscrição "Made in... (China, Indonésia, Bangladesh, Guatemala)" nos bens produzidos em massa, desde calças jeans até *walkmans*. Mas o que é crucial nessa tradição é a equação de trabalho e *crime*: a ideia de que o trabalho duro é originalmente uma atividade criminosa indecente, que deve ser escondida dos olhos do público.

Hoje, as duas superpotências, Estados Unidos e China, são referidas cada vez mais como Capital e Trabalho. Os Estados Unidos estão se transformando em um país de administração de planejamento, atividades bancárias, serviços etc., enquanto sua "classe trabalhadora em desaparição" (com exceção dos migrantes *chicanos* e outros que trabalham predominantemente no setor terciário) está ressurgindo na China, onde uma grande parcela dos produtos dos Estados Unidos, de brinquedos a artigos eletrônicos, é manufaturada em condições ideais para a exploração capitalista: não há greves, a liberdade de movimento é limitada pela força de trabalho, os salários são baixos... Longe de ser apenas antagônica, portanto, a relação entre a China e os Estados Unidos é também profundamente simbiótica. A ironia da história é que a China é mais do que merecedora do título de "Estado da classe trabalhadora": ela é o Estado da classe trabalhadora para o capital norte-americano.

Nos filmes hollywoodianos, os únicos momentos em que vemos o processo de produção em toda a sua força é quando o herói penetra no domínio secreto do grande vilão e encontra o lugar do trabalho intenso (refino e embalagem de drogas, construção de um foguete que destruirá Nova York...). Nos filmes de James Bond, quando o grande vilão captura Bond e depois o leva, em geral, para fazer um passeio por sua fábrica ilegal, isso não é o mais próximo que Hollywood chega da orgulhosa apresentação socialista-realista da produção em uma fábrica? E a função da intervenção de Bond, é claro, é explodir esse local de produção em uma bola de fogo, permitindo que retornemos ao semblante diário de nossa existência em um mundo com a "classe trabalhadora em desaparição".

O que explode nessa orgia final de violência em um filme de James Bond é, portanto, um certo momento utópico único na história ocidental: o momento em que a participação no processo coletivo do trabalho material foi percebido como o lugar que pode gerar um verdadeiro senso de comunidade e solidariedade. O sonho não era se livrar do trabalho físico, mas encontrar satisfação nele como experiência coletiva, modificando a velha definição bíblica do trabalho como punição pela Queda de Adão.

Em uma de suas últimas obras, um livro curto sobre Alexander Soljenitsin, György Lukács faz um elogio entusiástico de *Um dia na vida de Ivan Denissovitch**, romance que, pela primeira vez na literatura soviética, retratou a vida diária no *gulag* (e cuja publicação teve de ser aprovada por Nikita Khrushchev, secretário--geral do Partido Comunista)[35]. Lukács concentra-se na cena em que, ao fim de um longo dia de trabalho, Ivan Denissovitch se apressa para terminar uma parte do muro que estava sendo construído; quando ouve os guardas chamando todos os prisioneiros para se reagrupar e marchar de volta para o campo, ele não resiste à tentação de colocar rapidamente os dois últimos tijolos, embora se arriscasse à fúria dos guardas. Lukács interpreta esse ímpeto de terminar o trabalho como indicador de como, mesmo nas condições brutais do *gulag*, a noção especificamente socialista de produção material como lugar de satisfação criativa sobreviveu: à noite, quando repassa mentalmente o dia que se passou, Ivan Denissovitch percebe com satisfação que estava construindo um muro e gostava de fazê-lo. Lukács está correto em sua afirmação paradoxal de que *Um dia na vida de Ivan Denissovitch*, esse texto dissidente seminal, encaixa-se perfeitamente na definição rigorosa de realismo socialista.

Essa referência à produção (material) é essencial hoje em dia, no contexto da constante digitalização de nossa vida. Vivemos em meio a uma árdua revolução das "forças de produção", cujos efeitos tangíveis mais anunciados (novos e mais novos *gadgets* que invadem nossa vida) ofuscam repercussões de alcance muito maior. A verdadeira questão do ciberespaço e da realidade virtual não é "O que acontece com a nossa experiência da realidade?" (isto é, todas as enfadonhas variações em voga de "A realidade verdadeira está se transformando em nada mais que outra janela do ciberespaço?"), mas sim "Como a interposição da rede mun-

---

* São Paulo, Siciliano, 1995. (N. E.)
[35] Ver György Lukács, *Solzhenitsyn* (Cambridge, MA, MIT Press, 1971).

98 / Alguém disse totalitarismo?

dial de computadores afeta o *status* da intersubjetividade?". O verdadeiro "horror" do ciberespaço não é o fato de interagirmos com entes virtuais como se fossem humanos – tratando não pessoas virtuais como pessoas reais –, mas sim o oposto: ao interagirmos com pessoas "reais", que são cada vez mais acessíveis apenas por meio de seus substitutos no ciberespaço, nós as tratamos como entes virtuais que podem ser maltratados e assassinados impunemente, pois interagimos com eles somente na realidade virtual.

Nessas condições, somos tentados a ressuscitar a antiga, vergonhosa e quase esquecida dialética marxista entre forças produtivas e relações de produção: como essa transformação afeta não só as relações de produção no sentido estrito do termo, mas também todo nosso corpo social, nossa prática e nossa experiência (ideológica) da interação social? Marx gostava de opor as mudanças revolucionárias no processo de produção à revolução política; seu tema recorrente é que a máquina a vapor e outras inovações tecnológicas fizeram muito mais para revolucionar o todo da vida social do que todos os espetaculares eventos políticos do século. Esse tema não é mais relevante hoje do que nunca, quando mudanças sem precedentes na produção são acompanhadas por um tipo de letargia no domínio da política? Enquanto assistimos a uma transformação radical na sociedade, parecendo incapazes de identificar claramente suas consequências, muitos pensadores radicais (de Alain Badiou a Jacques Rancière) argumentam que a época dos atos políticos propriamente ditos, pelo menos neste momento, acabou.

Talvez esse paradoxo indique a necessidade de repetir na direção oposta o passo – comum *tanto* a Habermas *quanto* a seus oponentes "desconstrucionistas" – da produção para a atividade simbólica e de focalizar de novo a *produção (material) como oposta à participação na troca simbólica*[36]. Para dois filósofos tão diferentes quanto Heidegger e Badiou, a produção material não é o lugar do Evento-Verdade "autêntico" (como é a política, a filosofia, a arte...); em geral os desconstrucionistas partem da afirmação de que a produção também faz parte do regime discursivo, e não que está fora do domínio da cultura simbólica – e prosseguem até ignorá-la e se concentrar de maneira mais ou menos exclusiva na cultura. E essa "representação" da produção não está refletida na própria esfera de produção, na forma da divisão entre o lugar virtual/simbólico do plano/programação "criativo" e sua execução, sua realização material, concretizada cada vez mais em empresas do Terceiro Mundo que exploram a força de trabalho, da Indonésia ou Brasil à China? Essa divisão – de um lado, planejamentos puros e "sem atrito", realizados em *campi* de pesquisa ou prédios corporativos "abstratos", revestidos de vidro; de outro, a execução suja

---

[36] O crédito é de Fredric Jameson, que insiste nesse ponto.

e "invisível", levada em conta pelos urbanistas quase sempre na forma de "custos ambientais" etc. – é cada vez mais comum hoje em dia; e os dois lados até costumam ser separados por milhares de quilômetros.

É óbvio que estamos no meio de um processo em que toma forma uma nova constelação de forças produtivas e relações de produção; no entanto, os termos que usamos para designar esse novo que vem surgindo ("sociedade pós-industrial", "sociedade da informação" etc.) ainda não são *conceitos* verdadeiros. Assim como a noção de "totalitarismo", trata-se de *tapa-buracos* teóricos: em vez de nos fazer pensar a realidade histórica que designam, eles nos eximem do dever de pensar – ou até nos *impedem* ativamente de pensar. A resposta comum dos formadores de opinião pós-modernos, de Alvin Toffler a Jean Baudrillard, é: não podemos pensar esse novo porque ainda estamos presos ao velho paradigma "industrial". Contra esse clichê, somos tentados a afirmar que o exato *oposto* é verdadeiro: e se todas essas tentativas de *deixar para trás*, de tirar de cena a produção material, conceitualizando a mutação atual como a passagem da produção para a informação, ignoram a dificuldade de pensar como essa mutação afeta *a estrutura da própria produção coletiva*? Em outras palavras: e se a verdadeira tarefa for precisamente conceber o surgimento do novo nos termos da produção material coletiva?

É fundamental notar que essa suspensão da importância da esfera da produção (material) é compartilhada pelos ideólogos liberais conservadores da "sociedade pós-industrial" e seus aparentes opositores, os poucos verdadeiros "radicais" políticos que restam. O "extremismo" político ou "radicalismo excessivo" deveria sempre ser interpretado como fenômeno do *deslocamento* ideológico-político: como indicativo de seu oposto, de uma limitação, de uma recusa, na verdade, de "ir até o fim". O que foi o recurso dos jacobinos ao "terror" radical se não um tipo de atuação histérica que atesta sua incapacidade de perturbar os próprios fundamentos da ordem econômica (propriedade privada etc.)? E o mesmo não vale também para os chamados "excessos" do politicamente correto? Eles também não simbolizam um recuo da perturbação das causas (econômicas etc.) reais do racismo e do sexismo?

Talvez tenha chegado a hora de problematizar o *tópos* padrão, compartilhado por praticamente todos os esquerdistas "pós-modernos", e segundo o qual o "totalitarismo" político resulta de certa maneira do predomínio da produção material e da tecnologia sobre a comunicação intersubjetiva e/ou a prática simbólica, como se a raiz do terror político estivesse no fato de que o "princípio" da razão instrumental, da exploração tecnológica da natureza, também se estendesse à sociedade, de modo que as pessoas são tratadas como matéria-prima a ser transformada em um Novo Homem. E se verdadeiro for exatamente o *oposto*? E se o "terror" político indica precisamente que a esfera da produção (material) é *negada* em sua autonomia e *subordinada* à lógica política? Será que todo "terror" político, desde os jaco-

100 / Alguém disse totalitarismo?

binos até a Revolução Cultural maoista, pressupõe a forclusão da própria produção, sua redução ao terreno de uma batalha política[37]?

Então onde devemos procurar o "proletário" hoje, na era do suposto "desaparecimento da classe trabalhadora"? Talvez a maneira mais apropriada de tratar essa questão seja nos concentrarmos no modo como a noção marxiana de proletário inverte a dialética clássica hegeliana entre Senhor e Escravo. Na luta entre o (futuro) Senhor e o Escravo, como recontada na *Fenomenologia do espírito*, de Hegel, o Senhor está pronto para arriscar tudo, até a própria vida, e assim atingir a liberdade, ao passo que o Escravo não está diretamente ligado ao seu Senhor, mas em primeiro lugar ao mundo material e objetivo que o cerca, a suas raízes no ambiente e, por fim, à sua vida como tal – ele é o sujeito que não está pronto para arriscar tudo e, por essa razão, tem de conceder soberania ao seu Senhor.

O conhecido espião soviético Alexandre Kojève interpretava essa dialética hegeliana entre Senhor e Escravo como a prefiguração da luta de classes de Marx; ele estava correto, se tivermos em mente apenas que Marx inverteu os termos. Na luta de classes do proletariado, é o proletário que ocupa a posição do Senhor hegeliano: ele está pronto para arriscar tudo, porque é o sujeito puro, destituído de todas as suas raízes, que não tem "nada a perder, exceto seus grilhões", como diz o ditado. O capitalista, ao contrário, tem um bom número de coisas a perder (seu capital, precisamente) e, por isso, é o verdadeiro Escravo, que está preso a suas posses e nunca está pronto, por definição, a pôr tudo em risco, mesmo que seja o inovador mais dinâmico celebrado pela mídia. (Vale lembrar que, na oposição entre proletário e capitalista, é o proletário que, para Marx, é o sujeito, aquele que representa a pura subjetividade sem substância, e não o objeto subordinado ao capitalista *enquanto* objeto.) Com isso temos a solução de onde procurar os proletários de hoje: onde há sujeitos reduzidos a uma existência sem raízes, destituídos de todos os vínculos substanciais.

---

[37] Esse também é o ponto fraco de críticos altamente articulados do "totalitarismo", como Claude Lefort. Em seu *La complication: retour sur le communisme* (Paris, Fayard, 1999), Lefort apresenta uma rejeição convincente das simplificações feitas por François Furet, ressaltando que muitas medidas que hoje fazem parte do consenso liberal foram aceitas como resultado da luta comunista, ou seja, apropriadas nesse consenso depois de uma resistência liberal furiosa (imposto de renda progressivo, educação gratuita para todos). No entanto, sua perspectiva é crucialmente limitada por seus esforços para desenvolver uma lógica puramente *política* da "invenção democrática". É essa limitação que o impede de explicar os fenômenos "totalitários" de maneira apropriada: eles surgem justamente quando a política assume o controle direto – como tais, eles indicam o *fracasso* do agente político na tentativa de realmente reestruturar a esfera de produção.

4
A MELANCOLIA E O ATO

*em que o leitor se surpreenderá ao descobrir que quem não é melancólico,
ou não concorda que somos lançados em um universo contingente finito,
pode hoje ser suspeito de "totalitarismo"*

O "grande Outro" lacaniano não designa apenas as regras simbólicas explícitas que regulam a interação social, mas também a teia intricada de regras "implícitas" *não escritas*. Uma regra desse tipo, na academia radical da atualidade, diz respeito à relação entre luto e melancolia. Na nossa época permissiva, em que a própria transgressão é apropriada – e até encorajada – pelas instituições dominantes, a doxa predominante apresenta-se em regra como uma transgressão subversiva – se quisermos identificar a tendência intelectual hegemônica, devemos simplesmente procurar a tendência que afirma representar uma ameaça sem precedentes à estrutura hegemônica de poder. Com respeito ao luto e à melancolia, a doxa predominante é a seguinte: Freud opôs o luto "normal" (aceitação bem-sucedida da perda) à melancolia "patológica" (em que o sujeito persiste em sua identificação narcisista com o objeto perdido). Contra Freud, devemos afirmar a primazia conceitual *e* ética da melancolia: no processo de perda, há sempre um resto que não pode ser integrado pelo trabalho do luto, e a fidelidade definitiva é a fidelidade ao resto. O luto é um tipo de traição, o "segundo assassinato" do objeto (perdido), enquanto o sujeito melancólico permanece fiel ao objeto perdido, recusando-se a renunciar ao seu apego a ele.

Podemos dar a essa história uma série de viradas, desde a *queer* (homossexuais são aqueles que se mantêm fiéis à identificação perdida/reprimida com o objeto libidinal do mesmo sexo) até a étnica pós-colonialista (quando grupos étnicos entram na modernização capitalista e sofrem a ameaça de que seu legado específico será engolido pela nova cultura global, não devem renunciar à tradição do luto, mas manter o apego melancólico a suas raízes perdidas).

Em virtude desse pano de fundo "politicamente correto", o "erro" de depreciar a melancolia pode ter consequências terríveis – artigos são rejeitados, candidatos não conseguem empregos por causa de sua atitude "incorreta" com relação à me-

102 / Alguém disse totalitarismo?

lancolia. Por isso mesmo, no entanto, é extremamente necessário condenar o "cinismo objetivo" que tal reabilitação da melancolia representa: a ligação melancólica com o Objeto étnico perdido nos permite dizer que permanecemos fiéis às nossas raízes étnicas, ao mesmo tempo que participamos plenamente do jogo capitalista global – devemos perguntar até que ponto o projeto dos "estudos pós-coloniais" é sustentado por essa lógica do cinismo objetivo. A melancolia, portanto, é uma posição altamente *pós-moderna*, a posição que nos permite sobreviver em uma sociedade global, mantendo a aparência de fidelidade às nossas "raízes" perdidas. Por essa razão, a melancolia e o riso não são opostos, mas, *stricto sensu*, dois lados da mesma moeda: a capacidade muito apreciada de manter uma distância irônica de nossas raízes étnicas é o anverso do apego melancólico a nossas raízes.

Falta não é o mesmo que perda

O que há então de *teoricamente* errado nessa reafirmação da melancolia? Geralmente se enfatiza a virada anti-hegeliana dessa reabilitação da melancolia: o trabalho do luto tem a estrutura da "suprassunção [*Aufhebung*]" pela qual retemos a essência conceitual de um objeto ao perdê-lo em sua realidade imediata, ao passo que na melancolia o objeto resiste a sua "suprassunção" conceitual[1]. O erro do melancólico, no entanto, não é simplesmente asseverar que algo resiste à "suprassunção" simbólica, mas situar essa resistência em um objeto positivamente existente, conquanto perdido. Em termos kantianos, o melancólico é culpado de cometer um tipo de "paralogismo da pura capacidade de desejar", que reside na confusão entre *perda* e *falta*: na medida em que o objeto-causa do desejo é originalmente, de maneira constitutiva, faltoso, a melancolia interpreta essa falta como perda, como se o objeto faltoso tivesse sido possuído e depois perdido[2]. Em suma, a melancolia oculta o fato de que o objeto é faltoso desde o princípio, que seu surgimento coincide com sua falta, que o objeto *nada mais é* que a positivação de um vazio/falta, um ente puramente anamórfico que não existe "em si". O paradoxo, é claro, é que essa tradução enganadora da falta em perda nos permite asseverar nossa posse do objeto: o que nunca possuímos jamais pode ser perdido, então a melancolia, em sua fixação incondicional no objeto perdido, de certa maneira o possui em sua própria perda.

---

[1] O exemplo mais ilustrativo dessa "suprassunção" da realidade histórica em seu conceito simbólico é a ideia de Hegel de que a história da Guerra do Peloponeso de Tucídides era o verdadeiro objetivo espiritual da guerra em si: da perspectiva espiritual, a guerra efetiva foi um pretexto; foi travada *para que um texto sobre ela, que sintetizasse sua essência, fosse escrito*.

[2] Baseio-me aqui em Giorgio Agamben, *Stanzas* (Minneapolis, University of Minnesota Press, 1993), cap. 3-5 [ed. bras.: *Estâncias: a palavra e o fantasma na cultura ocidental*, trad. Selvino José Assmann, Belo Horizonte, UFMG, 2007].

Entretanto, o que é a verdadeira *presença* de uma pessoa? Em uma passagem evocativa na conclusão de *Fim de caso*, Graham Greene enfatiza a falsidade da cena-padrão em que o marido, ao voltar para casa depois da morte da esposa, vagueia nervoso pelo apartamento, experimentando a ausência traumática da falecida pela lembrança que despertam todos os seus objetos intactos. A verdadeira experiência da ausência, ao contrário, ocorre quando a esposa ainda está viva, mas não está em casa, e o marido é consumido pela suspeita de onde ela está, por que está atrasada (estaria com um amante?). Uma vez que a mulher está morta e enterrada, no entanto, o que emana do apartamento onde ela não está é sua *presença* esmagadora: "Como ela está sempre distante, nunca está distante. Veja bem, nunca está em qualquer outra parte. Não está almoçando com ninguém, não está no cinema com você. Não há lugar em que ela esteja, exceto em casa"[3]. Essa não é a mesma lógica da identificação melancólica, em que o objeto está presente em excesso em sua própria perda incondicional e irrecuperável?

É também dessa forma que devemos interpretar a ideia medieval de que o melancólico é incapaz de atingir o domínio do espiritual/incorpóreo: em vez de apenas contemplar o objeto suprassensível, ele quer envolvê-lo na luxúria. Embora tenha o acesso negado ao domínio suprassensível das formas simbólicas ideais, o melancólico ainda exibe uma ânsia metafísica por outra realidade absoluta para além da nossa realidade ordinária, sujeitada à corrupção e à queda temporais; a única maneira de sair dessa condição, portanto, é tomar um objeto material e sensual comum (digamos, a mulher amada) e elevá-la a Absoluto. Desse modo, o sujeito melancólico eleva o objeto de seu desejo a um composto inconsistente de um *Absoluto corpóreo*; no entanto, como esse objeto está sujeito ao declínio, só podemos possuí-lo incondicionalmente na medida em que está perdido, em sua perda. O próprio Hegel desenvolveu essa lógica a propósito da busca dos cruzados pelo túmulo de Cristo: eles também confundiram o aspecto absoluto da Divindade com o corpo material que existiu na Judeia há dois mil anos – sua busca, portanto, teve como resultado uma decepção necessária. Por esse motivo, a melancolia não é um mero apego ao objeto perdido, mas um apego ao próprio gesto original de sua perda. Em uma caracterização perspicaz da regência de Wilhelm Furtwängler, Adorno afirmou:

> [Furtwängler] estava preocupado com o resgate [*Rettung*] de algo que já estava perdido, em recuperar pela interpretação o que começou a se perder no momento em que a tradição compulsória enfraqueceu. Essa tentativa de resgate lhe deu algo do excessivo

---

[3] Graham Greene, *The End of the Affair* (Harmondsworth, Penguin, 1975), p. 169 [ed. bras.: *Fim de caso*, Rio de Janeiro, Best Bolso, 2007].

104 / Alguém disse totalitarismo?

esforço envolvido em uma invocação pelo qual o que a invocação busca não está mais presente de maneira pura e imediata.[4]

Devemos nos concentrar na dupla perda que sustenta a (merecida) veneração a Furtwängler, o fascínio exercido por suas antigas gravações. Não é apenas o fato de nos encantarmos hoje com a paixão "ingênua" e imediatamente orgânica de Furtwängler, que não parece mais possível na nossa época, em que a regência é dividida entre a perfeição técnica fria e a "paixão" artificial como presença de palco (Leonard Bernstein); o próprio objeto perdido de nosso fascínio já envolve certa perda – ou seja, a paixão de Furtwängler era impregnada de um tipo de intensidade traumática, um senso de urgência próprio da tentativa desesperada de resgatar, como parte de nossa tradição, o que já estava ameaçado, o que não mais estava "em casa" no mundo moderno. Desse modo, o que estamos tentando recapturar nas gravações antigas de Furtwängler não é a imediatez orgânica da música clássica, mas a experiência orgânica imediata da perda em si que não nos é mais acessível; nesse sentido, nosso fascínio por Furtwängler é melancolia em sua forma mais pura.

Giorgio Agamben ressaltar que a melancolia, em contraste com o luto, não é só o fracasso do trabalho do luto, a persistência do apego ao Real do objeto, mas também seu próprio oposto: "a melancolia oferece o paradoxo de uma intenção ao luto que precede e antecipa a perda do objeto"[5]. Este é o estratagema do melancólico: *a única maneira de possuir um objeto que nunca tivemos, que estava perdido desde o início, é tratar um objeto que ainda possuímos como se já estivesse perdido*. Portanto, a *recusa* do melancólico de realizar o trabalho de luto toma a forma de seu oposto: o espetáculo falso do *luto excessivo e supérfluo* por um objeto, antes mesmo que este seja perdido. É isso que dá um sabor único à relação melancólica de amor (como a relação entre Newland e a condessa Olenska em *A época da inocência*, de Edith Wharton): embora os parceiros ainda estejam juntos e intensamente apaixonados, apreciando a presença um do outro, a sombra da separação futura já matiza a relação, de modo que eles percebem os prazeres do momento sob a égide da catástrofe (separação) por vir (na reversão exata da noção comum das adversidades presentes e duradouras com uma visão da felicidade que surgirá a partir delas).

A ideia de que, por trás de seu otimismo socialista oficial, Dmitri Shostakovich foi um compositor profundamente melancólico pode ser defendida nessa mesma linha pelo fato de ele ter composto (em 1960) seu mais famoso quarteto de cordas (n. 8) em memória de *si mesmo*: "Pensei que, se eu morrer um dia, dificilmente

---

[4] Theodor W. Adorno, *Musikalische Schriften VI* (Frankfurt, Suhrkamp, 1984), p. 469. O contexto concreto dessa observação, obviamente, é a tentativa de Furtwängler de proteger a tradição clássica da música alemã contra o ataque furioso do barbarismo nazista.

[5] Giorgio Agamben, *Ce qui reste d'Auschwitz* (Paris, Rivages, 1999), p. 20.

alguém escreverá uma obra em minha memória. Então decidi eu mesmo escrevê-la. Você pode até pôr na capa: 'Dedicada à memória do compositor deste quarteto'"[6]. Não admira, portanto, que Shostakovich caracterizasse o modo básico do quarteto como "pseudotragicidade": em uma metáfora reveladora, ele comparou as lágrimas que sua composição lhe custou com o volume de urina depois de meia dúzia de cervejas. Na medida em que o melancólico faz luto pelo que ainda não perdeu, há uma subversão cômica inerente do procedimento trágico do luto em funcionamento na melancolia, como na velha piada racista sobre ciganos: quando chove, eles ficam felizes porque sabem que, depois da chuva, sempre há sol; quando há sol, eles ficam tristes porque sabem que, depois do sol, choverá em algum momento. Em suma, o enlutado faz luto pelo objeto perdido e "mata-o pela segunda vez" por intermédio da simbolização de sua perda; já o melancólico não é simplesmente aquele que é incapaz de renunciar ao objeto, ao contrário: ele mata o objeto uma segunda vez (trata-o como perda) *antes que o objeto seja perdido de fato.*

Como devemos solucionar esse paradoxo de fazer luto por um objeto que ainda não está perdido, que ainda existe? A chave para esse enigma está na formulação precisa de Freud de que o melancólico não tem consciência do *que* ele perdeu no objeto perdido[7]. Aqui devemos introduzir a distinção lacaniana entre *objeto* e (objeto-)*causa* do desejo: enquanto o objeto do desejo é apenas o objeto desejado, a causa do desejo é a característica *por conta da qual* desejamos o objeto desejado (um detalhe, um tique, do qual geralmente não temos consciência e às vezes até mal percebemos como obstáculo, tanto que, *apesar disso*, nós desejamos o objeto).

Talvez essa lacuna entre objeto e causa também explique a popularidade do filme *Desencanto* na comunidade gay: a razão não é simplesmente que os encontros furtivos dos dois amantes nas passagens escuras e nas plataformas da estação de trem "lembrem" o modo como os gays eram obrigados a se encontrar na década de 1940, pois não era permitido que flertassem às claras. Longe de ser um obstáculo à realização do desejo homossexual, essas circunstâncias funcionavam na verdade como sua causa: desprovida dessas condições encobertas, a relação gay perde uma parte considerável de seu encanto transgressor. Então o que temos em *Desencanto* não é o objeto do desejo homossexual (o casal é heterossexual), mas sua causa. Não surpreende, portanto, que os gays costumem expressar sua oposição à política liberal "inclusiva" da plena legalização dos casais gays: o que sustenta sua oposição não é a consciência (justificada) da falsidade dessa política liberal, mas o medo de que o próprio desejo homossexual, desprovido de seu obstáculo/causa, desapareça.

---

[6]   Citado de Laurel E. Fay, *Shostakovich: A Life* (Londres, Oxford University Press, 2000), p. 217.

[7]   Ver Sigmund Freud, "Luto e melancolia", em *Introdução ao narcisismo, Ensaios de metapsicologia e outros textos (1914-1916)* (trad. Paulo César de Souza, São Paulo, Companhia das Letras, 2010, Obras Completas, v. 12), p. 130.

Dessa perspectiva, o melancólico não é principalmente o sujeito fixado no objeto perdido, incapaz de realizar o trabalho de luto pelo objeto, mas o sujeito que *possui* o objeto e perdeu seu desejo por ele, pois a causa que o fazia desejar o objeto retraiu-se, perdeu a eficácia. A melancolia, longe de acentuar ao extremo a situação do desejo frustrado, do desejo desprovido de seu objeto, representa a presença do próprio objeto desprovido do desejo por ele mesmo – a melancolia ocorre quando finalmente obtemos o objeto desejado, mas nos decepcionamos com ele. Nesse sentido preciso, a melancolia (decepção com todos os objetos empíricos e positivos, nenhum dos quais pode satisfazer nosso desejo) é, na verdade, o início da filosofia.

Por exemplo, uma pessoa que morou a vida toda em uma cidade e é obrigada a se mudar, obviamente, fica triste com a perspectiva de ser jogada em um novo ambiente; mas o que a entristece realmente? Não é a perspectiva de deixar o lugar que foi seu lar durante tantos anos, mas o medo muito mais sutil de perder seu vínculo com esse lugar. O que me deixa triste é o fato de ter consciência de que, mais cedo ou mais tarde – mais cedo do que estou preparado para admitir –, eu me integrarei a uma nova comunidade, esquecendo-me do lugar que *agora* significa tanto para mim. Em suma, o que me entristece é a percepção de que perderei o desejo por (aquilo que agora é) meu lar[8].

Estamos lidando aqui com a interconexão entre anamorfose e sublimação: a série de objetos na realidade é estruturada em torno de um vazio (ou melhor, envolve um vazio); se esse vazio torna-se visível "como tal", a realidade se desintegra. Assim, para manter consistente o edifício da realidade, um dos elementos da realidade tem de ser deslocado e ocupar o Vazio central – o *objet petit a* lacaniano. Esse objeto é o "objeto sublime (da ideologia)", o objeto "elevado à dignidade de Coisa", e ao mesmo tempo o objeto anamórfico (para perceber sua qualidade sublime, temos de olhar para ele "de viés", de soslaio; visto diretamente, ele parece apenas

---

[8] Temos aqui a oposição lógica entre negação interna e externa (digamos, entre {passivamente} não querer participar e {ativamente} querer não participar), que também é discernível na dialética entre desejo e proibição: muitas vezes, a rejeição ativa pelo sujeito de um desejo experimentado por ele como abominável ("Acho repugnante o desejo que sinto por *aquela* mulher...") é um mecanismo de defesa contra a perspectiva muito mais horripilante da indiferença passiva, de *não desejar de modo nenhum*. A proibição sustenta o desejo, enquanto o que realmente o destrói é a indiferença. A lacuna que separa *renunciar* ao objeto desejado de *não mais desejá-lo* é imensa: a renúncia pode muito bem sustentar o desejo. Em seu aspecto mais radical, a angústia não é angústia da perda do objeto desejado, mas angústia de perder o próprio desejo. Um fenômeno semelhante ocorre quando aceitamos uma proibição médica (não comer o que mais gostamos): o que mais tememos é perder o próprio gosto pela comida a que temos de renunciar. Em suma, o que mais tememos é que a proibição afete não só nossa relação com os objetos, mas nosso próprio universo simbólico subjetivo. Por exemplo, quando nos separamos de quem amamos por um ou dois anos, o que mais tememos não é a dor da separação em si, mas a perspectiva da indiferença, de nos acostumarmos com a ausência da pessoa amada.

outro objeto de uma série). Para a "visão reta", o "Judeu", por exemplo, é um em uma série de grupos nacionais ou étnicos, mas ao mesmo tempo o "objeto sublime", o substituto para o Vazio (antagonismo central) ao redor do qual se estrutura o edifício social – o Mestre oculto definitivo que, secretamente, tem o controle de tudo; a referência antissemita ao Judeu, portanto, "esclarece as coisas", permitindo a percepção da sociedade como um espaço fechado/consistente.

Essa noção não é a mesma de um trabalhador sob o capitalismo que trabalha, digamos, cinco horas para si mesmo e três horas para o mestre capitalista? A ilusão é que podemos separar os dois e argumentar que o trabalhador deveria trabalhar apenas as cinco horas para si mesmo e receber o salário cheio por seu trabalho: dentro do sistema salarial, isso não é possível. O *status* das últimas três horas é, de certo modo, anamórfico – elas são a encarnação do mais-valor: assim como o creme dental mencionado anteriormente, cuja embalagem tem um terço pintado de cor diferente e no qual está escrito "30% grátis".

Agora podemos ver por que a anamorfose é crucial para o funcionamento da ideologia: a anamorfose designa um objeto cuja própria realidade material é distorcida de tal forma que um olhar é inscrito em suas características "objetivas". Um rosto que parece grotescamente distorcido e alongado adquire consistência; um contorno borrado, uma mancha, torna-se um ente claro *se olhamos para ele de uma perspectiva "enviesada"* – e não seria essa uma das fórmulas sucintas da ideologia? A realidade social pode parecer confusa e caótica, mas, se olhamos para ela do ponto de vista do antissemitismo, tudo fica mais claro e adquire contornos nítidos: a conspiração judaica é responsável por todas as nossas tragédias... Em outras palavras, a anamorfose enfraquece a distinção entre "realidade objetiva" e sua percepção subjetiva distorcida: nela, a distorção subjetiva é refletida de volta no próprio objeto percebido e, nesse sentido prático, o próprio olhar adquire existência "objetiva".

Longe de envolver a negação idealista do Real, no entanto, a noção lacaniana de *objet petit a* como objeto puramente anamórfico nos permite fornecer uma explicação estritamente *materialista* para o surgimento do espaço "imaterial" ideal. O *objet petit a* existe apenas como sua própria sombra/distorção, visto de lado, de uma perspectiva incorreta/parcial – quando olhamos diretamente para ele, não vemos absolutamente nada. E o espaço da Idealidade é justamente um espaço distorcido: as "ideias" não existem "em si mesmas", mas apenas como ente *pressuposto*, o ente cuja existência somos levados a pressupor por causa de seus reflexos distorcidos. De alguma forma Platão estava certo quando afirmou que, em nosso mundo material, temos apenas imagens distorcidas das Ideias verdadeiras – devemos acrescentar apenas que a Ideia em si não é mais que uma *aparência de si*, a "ilusão de perspectiva" que nos leva a supor que deve haver um "original" por trás das distorções.

No entanto, a questão do *objet petit a* como "magnitude negativa" – para usarmos um termo kantiano – não é apenas que o vazio do desejo se incorpora paradoxalmente a um objeto particular que começa a servir de substituto, mas sobretudo ao paradoxo oposto: *esse vazio/falta primordial "funciona" apenas na medida em que é incorporado a um objeto particular*; é esse objeto que mantém aberta a lacuna do desejo. Essa noção de "magnitude negativa" também é crucial se quisermos compreender a revolução do cristianismo. As religiões pré-cristãs continuam no nível da "sabedoria", enfatizam a insuficiência de cada objeto finito temporal e pregam ou a moderação dos prazeres (devemos evitar o apego excessivo aos objetos finitos, pois o prazer é transitório), ou o recuo ante a realidade temporal em nome do Objeto Divino Verdadeiro, que, sozinho, pode proporcionar a Glória Infinita. O cristianismo, ao contrário, oferece Cristo como indivíduo mortal-temporal e insiste que a crença no Evento *temporal* da Encarnação é o único caminho para a salvação e a verdade *eternas*.

Nesse sentido preciso, o cristianismo é uma "religião do amor": no amor, nós privilegiamos, focalizamos, um objeto temporal finito que "significa mais que qualquer outra coisa". O mesmo paradoxo também está em jogo na noção cristã específica de conversão e perdão dos pecados: a conversão é um *evento temporal* que muda a *própria eternidade*. Como sabemos, no fim da vida, Kant articulou a ideia do ato numenal de escolha, por meio do qual o indivíduo escolhe seu caráter eterno: antes de sua existência temporal, esse ato delineia de antemão os contornos de seu destino terreno. Sem o Ato Divino da Graça, nosso destino permaneceria imóvel, fixado para sempre por seu eterno ato de escolha; a "boa nova" do cristianismo, no entanto, é que, em uma conversão genuína, nós podemos, por assim dizer, repetir esse ato e assim *mudar a eternidade em si (desfazer seus efeitos)*.

"Pensamento pós-secular?" Não, obrigado!

Esse paradoxo supremo do cristianismo é obliterado no que se coloca hoje como "pensamento pós-secular", posição que encontra sua expressão definitiva em um certo tipo de apropriação derridiana de Lévinas. Em contraste com a melancolia, na qual temos o objeto destituído de (causa do) desejo por ele, a posição "pós-secular" reafirma a própria lacuna entre desejo e seus objetos: temos aqui um anseio messiânico pela Alteridade que está sempre "por vir", transcendendo cada objeto dado, assombrada por um espectro insistente que jamais pode ser transformado em um ente positivo, totalmente presente e existente. O que ambos impedem, no entanto, é o *ato*, que perde seu significado em uma letargia passiva melancólica e é reduzido no entusiasmo pós-secular a uma intervenção pragmática que nunca cumpre a demanda incondicional do Outro abissal.

O "pensamento pós-secular" reconhece plenamente que a crítica modernista destrói os fundamentos da ontoteologia, a ideia de Deus como Ente Supremo etc. – e se, no entanto, o resultado desse gesto desconstrutivo for limpar o terreno para uma nova forma pós-desconstrutiva e não desconstrutível de espiritualidade, para a relação com uma Alteridade incondicional que precede a ontologia? E se a experiência fundamental do sujeito humano não for a da presença-de-si, da força da mediação/apropriação dialética de toda Alteridade, mas sim a de uma passividade primordial, uma senciência, de responder, de ser responsável por e ter um débito infinito com o chamado de uma Alteridade que nunca adquire características positivas, mas continua sempre recolhida, o traço de sua própria ausência? Aqui somos tentados a evocar o famoso dito espirituoso de Marx em *Miséria da filosofia** a respeito de Proudhon (em vez de tratar de pessoas reais em suas circunstâncias reais, a teoria social pseudo-hegeliana de Proudhon nos dá as próprias circunstâncias, desprovidas das pessoas que lhes dão vida): em vez da matriz religiosa em cujo centro se encontra Deus, a desconstrução pós-secular nos dá a própria matriz, destituída da figura positiva de Deus que a sustenta.

A mesma configuração se repete na "fidelidade" de Derrida ao espírito do marxismo: "O desconstrucionismo nunca teve sentido ou interesse, ao menos a meu ver, exceto como radicalização, o que equivale a dizer *na tradição* de certo marxismo, em certo *espírito do marxismo*"[9]. A primeira coisa que devemos notar aqui (da qual Derrida sem dúvida tem consciência) é que essa "radicalização" se baseia na oposição tradicional entre Letra e Espírito: reafirmar o espírito autêntico da tradição marxista significa deixar para trás sua letra (a análise particular de Marx e suas propostas de medidas revolucionárias, que foram irredutivelmente manchadas pela tradição da ontologia) para salvar das cinzas a autêntica promessa messiânica da libertação emancipatória. O que não podemos deixar de notar é a estranha proximidade entre tal "radicalização" e (certa compreensão comum d)a suprassunção (*Aufhebung*) hegeliana: na promessa messiânica, a herança marxista é "suprassumida" — ou seja, seu núcleo essencial é resgatado por meio do próprio gesto de superar/renunciar à sua forma histórica particular. E – eis o cerne da questão, ou seja, do método de Derrida – o importante não é simplesmente que a formulação particular de Marx e as medidas propostas por ele tenham de ser abandonadas, substituídas por outras fórmulas e medidas mais apropriadas; a questão é, antes, que a promessa messiânica que constitui o "espírito" do marxismo é traída por *qualquer* formulação particular, por *qualquer* tradução em medidas político-econômicas determinadas.

A premissa subjacente da "radicalização" de Derrida a respeito de Marx é que quanto mais "radicais" são essas medidas político-econômicas determinadas (até os campos de extermínio do Khmer Vermelho ou do Sendero Luminoso), menos radicais elas realmente são e mais continuam presas no horizonte metafísico ético-

---

*   São Paulo, Expressão Popular, 2009. (N. E.)

[9]   Jacques Derrida, *Specters of Marx* (Nova York, Routledge, 1994), p. 92 [ed. bras.: *Espectros de Marx*, trad. Anamaria Skinner, Rio de Janeiro, Relume Dumará, 1994].

-político. Em outras palavras, a "radicalização" de Derrida significa, de certo modo (ou, mais precisamente, de modo *prático*), seu exato oposto: a renúncia de qualquer medida política radical efetiva.

A "radicalidade" da política derridiana envolve a lacuna irredutível entre a promessa messiânica da "democracia por vir" e todas as suas encarnações positivas: por causa de sua própria radicalidade, a promessa messiânica permanece para sempre uma promessa, que nunca pode ser traduzida em uma série de medidas político--econômicas determinadas. A discrepância entre o abismo da Coisa indecidível e qualquer decisão particular é irredutível: nosso débito para com o Outro jamais pode ser compensado; nossa resposta ao chamado do Outro nunca é plenamente adequada. Essa posição deve ser contraposta às tentações análogas do pragmatismo sem princípios e do totalitarismo – ambos suspendem a lacuna: enquanto o pragmatismo simplesmente reduz a atividade política à manobra oportunista, a intervenções estratégicas limitadas em situações contextualizadas, dispensando qualquer referência à Alteridade transcendente, o totalitarismo identifica a Alteridade incondicional com uma figura histórica particular (o Partido *é* a encarnação direta da Razão histórica). Em suma, aqui surge a problemática do *totalitarismo* em sua virada desconstrucionista específica: em sua forma mais elementar – somos quase tentados a dizer *ontológica* –, o "totalitarismo" não é apenas uma força política que visa o controle total da vida social, que visa tornar a sociedade totalmente transparente, mas sim o curto-circuito entre a Alteridade messiânica e o agente político determinado. O "por vir [*à venir*]", portanto, não é apenas uma qualificação adicional da democracia, mas seu núcleo mais íntimo, o que torna a democracia uma democracia: no momento em que a democracia não é mais "por vir", mas pretende ser efetiva – plenamente efetivada –, nós entramos no totalitarismo.

Para evitar qualquer interpretação distorcida: essa "democracia por vir" não é, obviamente, apenas uma democracia que promete chegar ao futuro, mas uma democracia cuja chegada é adiada para sempre. Derrida bem sabe da "urgência", da "agoridade", da necessidade de justiça – se alguma coisa lhe é estranha, é o adiamento complacente da democracia para um estágio posterior na evolução, como na proverbial distinção stalinista entre a presente "ditadura do proletariado" e a futura democracia "plena", que legitima o terror presente enquanto cria as condições necessárias para a liberdade tardia. Essa estratégia "bifásica" é, para Derrida, o pior da ontologia; em contraste com uma economia tão estratégica da dose correta da (não) liberdade, a "democracia por vir" refere-se às emergências/explosões imprevisíveis da responsabilidade ética, quando de repente sou confrontado com a necessidade urgente de atender a um chamado, de intervir em uma situação que vivencio como intoleravelmente injusta. Contudo, é sintomático que, apesar disso, Derrida mantenha a oposição irredutível entre uma experiência tão espectral do chamado messiânico de justiça e sua "ontologização", sua transposição para um conjunto de medidas

A melancolia e o ato / 111

legais, políticas etc. positivas. Ou – nos termos da oposição entre ética e política – o que Derrida mobiliza aqui é a lacuna entre ética e política:

> Por um lado, a ética é definida como a responsabilidade infinita da hospitalidade incondicional. Por outro, a política pode ser definida como a tomada de uma decisão sem nenhuma garantia transcendental determinada. Desse modo, o hiato em Lévinas permite que Derrida tanto afirme a primazia de uma ética da hospitalidade quanto deixe em aberto a esfera da política como campo do risco e do perigo.[10]

Sendo assim, o ético é o pano de fundo da indecidibilidade, enquanto o político é o domínio da(s) decisão(ões), da assunção do risco de cruzar o hiato e traduzir esse importante pedido ético por justiça messiânica em uma intervenção particular que nunca está à altura do pedido, que é sempre injusta para com (alguns d)os outros. Portanto, o domínio ético propriamente dito, o pedido espectral incondicional que nos torna absolutamente responsáveis e que pode ser traduzido em uma medida/intervenção positiva, talvez não seja tanto um quadro/pano de fundo *a priori* formal das decisões políticas, mas sua inerente *différance* indefinida, indicando que nenhuma decisão determinada pode "acertar o alvo" em cheio. Podemos expressar melhor essa unidade frágil e temporária entre a injunção ética incondicional e as intervenções políticas pragmáticas por meio de uma paráfrase da famosa fórmula de Kant sobre a relação entre razão e experiência: "Se a ética sem política é vazia, a política sem ética é cega"[11]. Por mais elegante que seja essa solução (aqui a ética é condição de possibilidade *e* condição de impossibilidade da política: ela simultaneamente abre espaço para a decisão política como ato sem garantia no grande Outro e a condena a seu fracasso supremo), ela deve ser contraposta ao ato no sentido lacaniano, em que precisamente a distância entre o ético e o político *colapsa*.

Tomemos mais uma vez – o que mais? – o caso de Antígona[12]. Podemos dizer que ela exemplifica a fidelidade incondicional à Alteridade da Coisa que abala todo o edifício social: do ponto de vista da ética da *Sittlichkeit*, dos costumes que regulam o coletivo intersubjetivo da *pólis*, sua insistência é, na verdade, "louca", perturbadora, má. Em outras palavras, Antígona não seria – nos termos da noção desconstrucionista da promessa messiânica que está sempre "por vir" – uma figura protototalitária? Com respeito à tensão (que fornece as coordenadas definitivas do espaço ético)

---

[10] Simon Critchley, *Ethics–Politics–Subjectivety*, cit., p. 275.

[11] Ibidem, p. 283.

[12] O que Lacan faz com *Antígona* é um movimento duplo: de um lado, esforça-se para revelar os contornos da experiência trágica grega da vida ofuscada pela "comédia" cristã; de outro, secretamente cristianiza Antígona, cuja figura sublime se torna, como a imagem da crucificação, "a imagem que oblitera todas as (outras) imagens".

entre o Outro *enquanto* Coisa, a Alteridade abissal que se dirige a nós com a injunção incondicional, e o Outro *enquanto* Terceiro, o agente que medeia meu encontro com os outros (outros seres humanos "normais") – podendo ser esse Terceiro a figura da autoridade simbólica, mas também o conjunto "impessoal" de regras que regulam minha troca com os outros –, Antígona não representa o apego exclusivo e inflexível pelo Outro *enquanto* Coisa, eclipsando o Outro *enquanto* Terceiro, o agente da mediação/reconciliação simbólica? Ou – em termos levemente irônicos – não seria Antígona a anti-habermasiana *par excellence*? Não há diálogo, não há tentativa de convencer Creonte das boas razões de seus atos por meio da argumentação racional, apenas uma insistência cega em seus direitos... Na verdade, os assim chamados "argumentos" estão do lado de Creonte (o enterro de Polinice instigaria a agitação pública etc.), enquanto o contraponto de Antígona é, no fundo, uma insistência tautológica: "Tudo bem, digam o que quiserem, não mudarei nada. Continuarei fiel à minha decisão!". Uma visão desse tipo está longe de uma hipótese elaborada: na verdade, alguns leitores que interpretam Lacan como protokantiano interpretam (mal) sua interpretação de Antígona, afirmando que ele condena sua insistência incondicional e a rejeita como um exemplo suicida trágico de perda da distância apropriada em relação à Coisa letal, de imersão direta na Coisa[13].

Dessa perspectiva, a oposição entre Creonte e Antígona é a oposição entre o pragmatismo sem princípios e o totalitarismo: longe de ser totalitário, Creonte age como um político pragmático do Estado, que esmaga impiedosamente qualquer atividade que desestabilize o funcionamento fluido do Estado e da paz cívica. Para ir ainda mais além, o próprio gesto elementar da *sublimação* não seria "totalitário", na medida em que consiste em elevar um objeto à Coisa? Na sublimação, alguma coisa – um objeto que faz parte da nossa realidade comum – é elevada ao objeto incondicional que o sujeito valoriza mais que a vida em si. E esse curto-circuito entre um objeto determinado e a Coisa não seria a condição mínima do "totalitarismo ontológico"? Em relação a esse curto-circuito, a lição ética definitiva da desconstrução não seria que a lacuna que separa a Coisa de qualquer objeto determinado é irredutível?

Aqui também é crucial o modo como a ética do "respeito pela alteridade" une dois "inimigos" importantes e reconhecidos: Derrida e Habermas. O teor básico de suas respectivas posições éticas não seria o mesmo, a saber, o respeito e a abertura a uma Alteridade irredutível que não pode ser integrada na automediação do sujeito, e a concomitante afirmação da lacuna entre ética e política, no sentido de uma demanda/norma ética pressuposta que precede e sustenta cada intervenção política

---

[13] Ver Rudolf Bernet, "Subjekt und Gesetz in der Ethik von Kant und Lacan", em Hans-Dieter Gondek e Peter Widmer (org.), *Kant und Psychoanalyse* (Frankfurt, Fischer, 1994).

concreta que nunca é plenamente capaz de corresponder a essa demanda/norma? É claro, a forma desse agente ético é completamente diferente em cada caso: para Derrida, ele é o abismo da demanda incondicional revelada por (sua tradução em) qualquer forma determinada; para Habermas, é o sistema determinado de regras apriorísticas da livre comunicação.

Tudo isso significa, no entanto, que há, com efeito, um tipo de identidade especulativa hegeliana entre Derrida e Habermas, no sentido preciso de *suplementação* mútua: de certa forma cada um dos dois filósofos articula o que o outro tem ao mesmo tempo de propor *e* renegar para sustentar sua posição: os críticos habermasianos de Derrida estão certos quando afirmam que, sem um conjunto de regras implícitas que regulem minha relação com o Outro, o "respeito pela Alteridade" se deteriora inevitavelmente na afirmação da idiossincrasia excessiva; os críticos derridianos de Habermas – também com razão – asseguram que a fixação da relação do sujeito com seu Outro no conjunto de regras universais da comunicação já reduz a alteridade do Outro. Essa implicação mútua é a "verdade" do conflito entre Derrida e Habermas, então é extremamente crucial destacar que Lacan rejeita o próprio pressuposto compartilhado por Derrida e Habermas: da perspectiva lacaniana, esse "respeito pela Alteridade" é, em ambos os casos, a forma de *resistência contra o ato*, contra o curto-circuito "louco" entre o incondicional e o condicionado, o ético e o político (em termos kantianos, entre o numenal e o fenomenal) que "é" o ato. Não é que, no ato, eu "suprassuma"/"integre" o Outro, mas que, no ato, eu "sou" diretamente o impossível Outro-Coisa.

O Outro: imaginário, simbólico e real

O problema aqui é: a "ética do Real" lacaniana – a ética que não se concentra em um Deus imaginário, tampouco na forma simbólica pura de um Deus universal – não é outra versão dessa ética desconstrutiva levinasiana do encontro traumático de uma alteridade radical com a qual o sujeito está infinitamente em débito? Lacan não declara que a "Coisa" ética se refere no fundo ao próximo, *der Nebenmensch*?

A Coisa é o próximo em sua dimensão abissal da Alteridade irredutível; por essa razão, nossa relação com o próximo nunca pode ser reduzida à simetria do reconhecimento mútuo do Sujeito e seu Outro, em que a dialética hegeliana-cristã da luta intersubjetiva encontra sua resolução, ou seja, em que os dois polos são mediados de maneira bem-sucedida.

Embora seja grande a tentação de reconhecer esse ponto, é *aqui* que devemos insistir na maneira como Lacan executa a passagem da Lei para o Amor, em suma, do judaísmo para o cristianismo. Para Lacan, o horizonte derradeiro da ética *não* é o débito infinito com uma Alteridade abissal; para ele, o ato é estritamente correlato à suspensão do "grande Outro" – não só no sentido da rede simbólica que forma a "substância" da existência do sujeito, mas também no sentido do originador ausente do Chamado ético, daquele que se dirige a nós e com quem estamos irredutivelmente em débito e/ou por quem somos "responsáveis" – ou seja, surgimos como sujeitos em resposta ao Chamado do Outro. O ato (ético) propriamente dito não é *nem* uma resposta ao apelo compassivo do meu *semblante* amistoso (matéria do humanismo sentimental) *nem* uma resposta ao chamado do Outro imperscrutável.

Aqui, poderíamos talvez correr o risco de interpretar Derrida contra o próprio Derrida. Em *Políticas da amizade*, Derrida tenta dissociar a decisão de seus predicados metafísicos habituais (autonomia, consciência, atividade, soberania...) e tenta pensá-la como "a decisão do outro em mim": "A decisão passiva, condição do evento, é sempre em mim, estruturalmente, outra decisão, uma decisão dilacerante como decisão do outro. Do outro absoluto em mim, do outro como o absoluto que decide sobre mim em mim"[14]. Quando Simon Critchley tenta explicar essa noção derridiana da "*decisão do outro em mim*" nos termos de suas consequências políticas, sua formulação mostra uma ambiguidade radical:

> a decisão política é feita *ex nihilo*, e não é deduzida ou interpretada a partir de uma concepção já dada de justiça ou lei moral, como em Habermas, por exemplo, e mesmo assim não é arbitrária. *É a demanda provocada pela decisão do outro em mim que evoca a decisão política, que me incita a inventar uma norma e tomar uma decisão.*[15]

Se interpretarmos rigorosamente essas linhas, perceberemos que temos de repente *dois* níveis de decisão: a lacuna não existe apenas entre o abissal Chamado ético do Outro e minha decisão (em última instância sempre inadequada, pragmática, calculada, contingente e infundada) de como transformar esse Chamado em uma intervenção concreta – a própria decisão é uma cisão entre a "decisão do outro em mim" e minha decisão de realizar uma intervenção política pragmática como minha resposta a essa decisão do outro em mim. Em suma, a primeira decisão é identificada com/como a injunção da Coisa em mim para decidir, é uma *decisão de decidir*, e continua sendo minha responsabilidade (do sujeito) transformar essa decisão de decidir em uma intervenção concreta efetiva, "inventar uma nova regra" a partir de uma situação singular, em que essa intervenção tem de obedecer a considerações pragmáticas/estratégicas e nunca está no nível *da* decisão.

No entanto, mais uma vez de volta a Antígona, essa distinção entre os dois níveis se aplica ao ato de Antígona? Ou melhor, a decisão de Antígona (de insistir incondicionalmente em um funeral apropriado para o irmão) não seria precisa-

---

[14] Jacques Derrida, *Politiques de l'amitié* (Paris, Galilée, 1994), p. 87 [ed. port.: *Políticas da amizade*, trad. Fernanda Bernardo, Lisboa, Campo das Letras, 2003].

[15] Simon Critchley, *Ethics–Politics–Subjectivety*, cit., p. 277; grifo do original.

mente uma decisão *absoluta*, em que as duas dimensões da decisão *se sobrepõem*? *Esse* é o ato lacaniano em que o abismo da liberdade absoluta, autonomia e responsabilidade coincide com uma necessidade incondicional: sinto-me obrigado a realizar o ato como um autômato, sem refletir (simplesmente *tenho* de fazê-lo, não é uma questão de deliberação estratégica). Em termos mais "lacanianos", a "decisão do outro em mim" *não* se refere ao velho jargão estruturalista sobre o fato de que "não sou eu, o sujeito, que fala, mas o grande Outro, a própria ordem simbólica, que fala através de mim, de modo que sou falado por ele", e outras tagarelices similares, mas algo muito mais radical e sem precedentes: o que confere a Antígona essa coragem inabalável e inflexível para persistir em sua decisão é precisamente a identificação *direta* de sua decisão particular/determinada com a injunção/chamado (da Coisa) do Outro. Nisso reside a *monstruosidade* de Antígona, nisso reside a "loucura" kierkegaardiana da decisão evocada por Derrida: Antígona não se refere meramente ao Outro-Coisa, ela *é* – por um breve e efêmero momento de decisão, precisamente – a Coisa, excluindo-se, portanto, da comunidade regulada pelo agente intermediário das regulações simbólicas.

O tema do "outro" não deve ser submetido a um tipo de análise espectral que revele seus aspectos imaginários, simbólicos e reais – talvez ele forneça o exemplo definitivo da ideia lacaniana do "nó borromeano" que une essas três dimensões. Em primeiro lugar, há o outro imaginário – outras pessoas "como eu", meus colegas seres humanos com os quais estou envolvido nas relações espelhadas de competição, reconhecimento mútuo etc. Em segundo lugar, há o "grande Outro" simbólico – a "substância" da nossa existência social, o conjunto impessoal de regras que coordenam nossa coexistência. Por fim, há o Outro *enquanto* Real, a Coisa impossível, o "parceiro inumano", o Outro com o qual não é possível um diálogo simétrico mediado pela Ordem simbólica. E é fundamental entender como essas três dimensões estão ligadas. O próximo (*Nebenmensch*) como Coisa significa que, por trás do próximo como meu *semblante*, minha imagem refletida, está sempre à espreita o abismo imperscrutável da Alteridade radical, de uma Coisa monstruosa que não pode ser "gentrificada". Lacan indica essa dimensão no *Seminário III*:

> E por que [o Outro] com um A maiúsculo [de *Autre*]? Por uma razão sem dúvida delirante, como a cada vez que se é forçado a empregar signos suplementares àquilo que é fornecido pela linguagem. Essa razão delirante é a seguinte. *Você é minha mulher* – afinal, o que sabem vocês disso? *Você é meu mestre* – de fato, estão vocês tão certos disso? O que constitui precisamente o valor fundador dessas falas é que o que é visado na mensagem, como também o que é manifesto no fingimento, é que o Outro está aí enquanto Outro absoluto. Absoluto, isto é, que ele é reconhecido, mas que ele não é reconhecido. Da mesma forma, o que constitui o fingimento é que vocês não sabem no

fim de contas se é um fingimento ou não. É essencialmente essa incógnita na alteridade do Outro que caracteriza a ligação da palavra no nível em que ela é falada ao outro.[16]

A noção lacaniana da "palavra fundadora", datada do início da década de 1950, a declaração que nos confere um título simbólico e assim faz de nós o que somos (esposa, mestre), é percebida em geral como um eco da teoria do performativo (a ligação entre Lacan e Austin, autor da noção de performativo, era Émile Benveniste). Fica claro a partir da citação acima, no entanto, que Lacan visa algo mais: precisamos do recurso à performatividade, ao engajamento simbólico, precisamente e apenas na medida em que o outro que encontramos não é somente o *semblante* imaginário, mas também o esquivo e absoluto Outro da Coisa Real com o qual nenhuma troca é possível. Para tornar minimamente tolerável nossa coexistência com a Coisa, a ordem simbólica *enquanto* Terceiro, o mediador pacificador, tem de intervir: a "gentrificação" do Outro-Coisa em um "companheiro humano normal" não pode ocorrer por meio da nossa interação direta, mas pressupõe o terceiro agente a que ambos nos submetemos – não há intersubjetividade (não há relação simétrica e compartilhada entre seres humanos) sem a Ordem simbólica impessoal.

Então, nenhum eixo entre os dois termos pode subsistir sem um terceiro: se o funcionamento do grande Outro é suspenso, o próximo amigável coincide com a Coisa monstruosa (Antígona): se não há próximo com o qual eu possa me relacionar como parceiro humano, a Ordem simbólica em si se transforma na Coisa monstruosa que me parasita diretamente (como o Deus de Daniel Paul Schreber, que me controla diretamente, penetrando-me com raios de *jouissance*): se não há uma Coisa para sustentar nossa troca cotidiana com os outros, regulada simbolicamente, vemo-nos em um universo habermasiano asséptico e "achatado", em que os sujeitos são desprovidos da *húbris* de sua paixão excessiva, reduzidos a peões inanimados no jogo regulado da comunicação. Antígona-Schreber-Habermas: um *ménage à trois* realmente estranho...

O ato ético: para além do princípio de realidade

A antinomia da razão pós-moderna, que revela a diferença entre realidade e Real, é inerente aos dois lugares-comuns ideológicos aparentemente opostos que predominam hoje. De um lado, há a ideologia do "realismo": vivemos na era do fim dos projetos ideológicos, então sejamos realistas, vamos desistir das ilusões utópicas imaturas – o sonho do Estado de bem-estar social acabou, devemos nos conformar

---

[16] Jacques Lacan, *O seminário, livro 3: as psicoses* (trad. Aluísio Menezes, Rio de Janeiro, Zahar, 1997), 2. ed., p. 48-9.

com o mercado global. O título da história de François Furet sobre o comunismo, *O passado de uma ilusão**, com sua inversão de *O futuro de uma ilusão*, de Freud**, baseia-se exatamente nesse "realismo" pós-moderno: a "ilusão" deixou de ser algo com uma força que persistirá por um longo tempo no futuro – algo que, por definição, *tem* um futuro –, e agora é algo passado, cujo tempo acabou. Essa referência à "realidade" funciona como um apelo dogmático direto, que prescinde de argumentação. De outro lado, o contraponto inerente a esse "realismo" é a noção de que não existe realidade "verdadeira", o Real é ilusão e mito metafísico supremo – o que percebemos como "realidade" é apenas o resultado de certo conjunto historicamente específico de práticas discursivas e mecanismos de poder. Aqui, a crítica ideológica das ilusões em nome da realidade é universalizada e invertida em seu oposto: a própria realidade é a ilusão suprema.

A lição que tiramos desse paradoxo diz respeito à oposição entre realidade e Real: desprovida do núcleo duro do Real, daquilo que *resiste* à simples integração na realidade comum (simbolização, integração em nosso universo), a própria realidade se transforma em uma tessitura maleável, indefinidamente plástica, que, precisamente, perde o caráter de "realidade" e se transforma em efeito fantasmático das práticas discursivas. E – o anverso do mesmo paradoxo – a experiência definitiva do Real não é a da "realidade" que destrói as ilusões, mas a de uma "ilusão" que persiste "irracionalmente" contra a pressão da realidade, não cede à "realidade". A triste piada – uma inversão da sabedoria popular – dos reformistas da RDA depois das severas medidas stalinistas contra as reformas econômicas liberais do início da década de 1970 ("Outra realidade se decompôs na dura rocha da ilusão") expressa perfeitamente essa insistência do Real localizado na própria "ilusão" – e a premissa de *O futuro de uma ilusão*, de Freud, é que a ilusão tem um futuro não porque as pessoas não conseguem aceitar a dura realidade e precisam de falsos sonhos, mas porque as "ilusões" são sustentadas pela insistência incondicional de uma pulsão que é mais real que a própria realidade.

Podemos agora localizar com precisão o ato ético – ou melhor, o ato *como tal* – com respeito ao reino do "princípio de realidade": um ato ético não está apenas "além do princípio de realidade" (no sentido de "nadar contra a corrente", de insistir em sua Causa-Coisa sem consideração pela realidade); ao contrário, ele designa uma intervenção que *muda as próprias coordenadas do "princípio de realidade"*. O "princípio de realidade" freudiano não designa o Real, mas as restrições do que é vivenciado como "possível" dentro do espaço social construído simbolicamente – ou seja, as demandas da realidade social. E um ato não é apenas um gesto que "faz

---

* São Paulo, Siciliano, 1995. (N. E.)
** Rio de Janeiro, Imago, 2006. (N. E.)

118 / Alguém disse totalitarismo?

o impossível", mas uma intervenção na realidade social que muda as próprias coordenadas do que é percebido como "possível"; ele não está simplesmente "além do Bem", ele redefine o que vale como "Bem".

Tomemos um exemplo comum de desobediência civil (que é precisamente o caso de Antígona): não basta dizer que decido desobedecer à lei pública positiva por respeito a uma lei mais fundamental – que estamos lidando com um conflito entre diferentes obrigações, resolvido quando o sujeito entende bem suas prioridades e estabelece uma hierarquia clara entre essas obrigações conflitantes ("Em princípio, obedeço à lei pública, mas quando ela ultrapassa os limites do meu respeito aos mortos..."). O gesto de desobediência civil de Antígona é "performativo" de maneira muito mais radical: pela insistência em dar ao irmão morto um funeral apropriado, ela desafia a noção predominante de "Bem".

Um ato, portanto, é a intervenção que se opõe à opinião predominante; em termos platônicos antigos, ele afirma a Verdade contra a mera *doxa*. Aqui, no entanto, a lacuna que nos separa de Platão – a ausência da dimensão da subjetividade em Platão – torna-se óbvia: em termos modernos (inapropriados), em Platão as opiniões são "meramente subjetivas", enquanto a Verdade é "objetiva", reflete o estado efetivo de coisas. No espaço da subjetividade moderna, contudo, a relação é invertida: a *doxa* é "objetiva", reflete como as coisas "realmente são" – pesquisas de opinião nos mostram o que as pessoas pensam, ao passo que o ato intervém nesse estado efetivo de coisas com uma fúria subjetiva.

Imaginemos uma situação em que tenhamos de tomar uma medida radical que talvez pareça "impopular", de acordo com as pesquisas de opinião. O erro dessas pesquisas é que *elas se esquecem de compreender o impacto do próprio gesto "impopular" na opinião pública: depois* que esse gesto é realizado, a opinião pública não é a mesma que era *antes*. O exemplo negativo claro é o da candidatura de Edward Kennedy para a Presidência dos Estados Unidos: antes de anunciá-la formalmente, ele tinha a vitória garantida, segundo as pesquisas de opinião; contudo, no momento em que anunciou formalmente sua candidatura – no momento em que os eleitores realmente levaram em conta o *fato real* de sua candidatura –, o apoio que ele tinha se evaporou rapidamente. Outro caso imaginário seria o de um líder carismático que chantageia seu partido: se o partido não apoiar minhas políticas, eu o abandono, e as pesquisas de opinião mostram que, se eu sair, o partido perderá eleitores... Aqui, o ato seria fazer *exatamente isto*: tomar o líder ao pé da letra e fazê-lo sair; esse gesto poderia mudar toda a percepção que o público tem do partido – de um bando de compromissados controlados por um líder para um corpo político com uma posição de princípios consistentes – e assim inverter a própria opinião pública.

O que as pessoas pensam, sua opinião, é sempre reflexiva, é uma *opinião sobre a opinião*: as pessoas são contra uma opinião porque não acreditam que essa opção seja possível/factível. Um ato, ao contrário, muda os próprios parâmetros do possível. Por exemplo, como a prisão do general Pinochet no Reino Unido afeta seu *status* simbólico? A intocável e todo-poderosa *éminence grise* foi de repente humilhada, reduzida a um velho que, assim como qualquer outro criminoso comum, pode ser interrogado, tem de apelar para sua saúde debilitada etc. O efeito libertador dessa mutação no Chile foi excepcional: o medo de Pinochet se dissipou, o feitiço foi quebrado, os temas tabus da tortura e dos desaparecimentos se tornaram matéria-prima diária da imprensa; as pessoas, em vez de sussurrar, agora falavam abertamente em processá-lo no próprio Chile; até os oficiais mais jovens do Exército começaram a se distanciar do legado de Pinochet.

Isso nos leva de volta a Kant. A interpretação equivocada da ética kantiana a reduz a uma teoria que postula como único critério do caráter ético de um ato a pura interioridade do intento subjetivo, como se a diferença entre o verdadeiro ato ético e um mero ato legal dissesse respeito apenas à atitude interna do sujeito: em um ato legal, sigo a lei em razão de algumas considerações patológicas (medo de punição, satisfação narcisista, admiração por meus semelhantes...), mas *o mesmo ato* pode ser um ato moral próprio se eu o executar apenas por respeito ao meu dever – se o dever for meu único motivo para realizá-lo. Nesse sentido, um ato ético próprio é duplamente formal: não só obedece à forma universal da lei, como essa forma universal é também seu único motivo. E se, no entanto, o novo "conteúdo" em si somente puder surgir dessa duplicação da forma? E se um conteúdo verdadeiramente novo, que rompa, na verdade, o quadro do formalismo (das normas formais legais), somente puder surgir por meio da reflexão-para-si da forma? Ou – nos termos da lei e de sua transgressão – o ato ético propriamente dito é uma *transgressão* da norma legal, uma transgressão que, em contraste com uma simples violação criminosa, não só viola a norma legal, como também redefine o que *é* uma norma legal. A lei *moral* não segue o Bem – ela gera uma nova forma do que conta como "Bem"[17]. O ato, portanto, não é "abissal" no sentido de um gesto irracional que escapa a todos os critérios racionais; ele pode e deve ser julgado por critérios racionais universais, a questão é apenas que ele muda (recria) os próprios critérios pelos quais deve ser julgado – não há critérios racionais universais *antecedentes* que "aplicamos" quando realizamos um ato.

É aqui que nos confrontamos com o problema crucial, ou seja, surge aqui uma questão ingênua: *por que* é desse jeito? *Por que* não existe um ato ético possível que simplesmente realize uma norma ética já existente, de modo que o sujeito o faça por simples dever? Encaremos esse problema pelo extremo oposto: de que modo surge uma nova norma ética? A interação entre o quadro de normas existente e o conteúdo empírico ao qual essas normas são aplicadas não pode explicar esse sur-

---

[17] Baseio-me aqui em conversas com Alenka Zupančič; ver também seu incrível *Ethics of the Real*, cit.

gimento: *não* é que tenhamos de inventar novas normas quando a situação se complica demais ou muda radicalmente, de modo que não pode mais ser "coberta" de maneira adequada pelas normas antigas (como no caso da clonagem ou do transplante de órgãos, em que a aplicação direta de normas antigas leva a um impasse). Outra condição deve ser satisfeita: embora um ato que simplesmente aplica uma norma existente possa ser apenas legal, essa redefinição do que conta como norma ética não pode ser realizada como mero gesto legal, mas tem de ocorrer como gesto formal no significado duplo do termo, mencionado acima: ela tem de ser realizada em nome do dever. Por quê? Por que não pode ser realizada como adaptação das normas a uma "nova realidade"?

Quando mudamos as normas legais para adaptá-las a "novas demandas da realidade" (digamos, quando os católicos "liberais" fazem "realisticamente" uma "concessão parcial aos novos tempos" e permitem a contracepção, desde que aconteça dentro da relação matrimonial), nós destituímos a lei, *a priori*, de sua dignidade, pois tratamos as normas de maneira utilitarista, como instrumentos que nos permitem justificar a satisfação de nossos interesses "patológicos" (nosso bem-estar). Isso significa que o formalismo legal rígido (devemos nos prender incondicionalmente, e em todas as circunstâncias, à letra da lei, custe o que custar) e o oportunismo utilitarista pragmático (normas legais são flexíveis, devemos modificá-las de acordo com as demandas da vida; elas não são fins em si mesmas, mas devem servir às pessoas concretas e a suas necessidades) são dois lados da mesma moeda, que compartilham o mesmo pressuposto comum: *ambos excluem a noção de transgredir a norma como ato ético, realizado em nome do dever*. Ademais, significa que o Mal radical é, em sua forma mais extrema, não uma violação bárbara da norma, mas a própria obediência à norma por razões "patológicas": muito pior do que simplesmente transgredir a lei é "fazer a coisa certa pela razão errada", obedecer à lei porque será vantajoso para mim. Enquanto a transgressão direta simplesmente viola a lei, deixando sua dignidade intacta (e até reafirmando-a de modo negativo), "fazer a coisa certa pela razão errada" destrói a dignidade da lei *por dentro*, tratando a lei não como algo a ser respeitado, mas rebaixando-a a um instrumento de nossos interesses "patológicos" – não mais uma transgressão externa da lei, mas sua autodestruição, seu suicídio.

Em outras palavras, a hierarquia kantiana tradicional das formas do Mal deveria ser *revertida*: a pior coisa que pode acontecer é a legalidade externa, a anuência à lei por razões patológicas; depois vem uma violação simples da lei, um desprezo pela lei; por fim, há o exato oposto simétrico de "fazer a coisa (ética) certa pela razão (patológica) errada", que é fazer a coisa "errada" pela razão certa – ou seja, a violação das normas éticas por nenhuma razão "patológica", mas apenas "violar por violar" (o que Kant chamou de "Mal diabólico", embora negasse sua possibilidade) – esse Mal é formalmente indistinguível do Bem.

Então não é só que um ato ético, além de ser realizado pelo dever, *também* tem seus efeitos reais, *também* intervém na realidade: ele faz *mais* que intervir na realidade no sentido de "ter consequências efetivas" – ele *redefine* o que conta como realidade. Em um ato moral próprio, interior e exterior, a intenção interior e as consequências exteriores coincidem; são dois lados da mesma moeda. E, por sinal, o mesmo vale para a ciência: a ciência "toca o Real" quando não só explica a realidade comum – por exemplo, dizendo o que realmente é H_2O –, mas quando gera novos objetos que fazem parte da nossa realidade e simultaneamente explode o quadro de referências estabelecido: bomba atômica, clones como a desafortunada ovelha Dolly... Quando explicamos a água como determinada composição de H e O, deixamos a realidade do modo como era antes da explicação – apenas a redobramos com mais um nível (de fórmulas etc.) pelo qual aprendemos o que a nossa realidade comum "realmente é". A monstruosidade do Real aparece quando, pela mediação do conhecimento científico, objetos novos e "não naturais" tornam-se parte da nossa realidade cotidiana.

Um apelo ao criacionismo materialista

Duas objeções parecem se impor imediatamente com respeito a essa noção de ato. Primeiro, ela não envolve a intervenção, dentro do domínio da realidade fenomenal, daquilo que só podemos designar em termos kantianos como a liberdade transfenomenal/numenal que quebra a cadeia causal da realidade fenomenal? Segundo, a propósito do ato de Antígona, como ela pode ter tanta certeza de que a insistência (particular, contingente) em enterrar seu irmão de maneira apropriada não é apenas um capricho seu, mas na verdade sobrepõe-se à insistência do Outro- -Coisa? Essas duas objeções são, claramente, dois aspectos da mesma crítica de que existe um curto-circuito ilegítimo entre o fenomenal e o numenal: entre a decisão contingente do sujeito e o chamado incondicional do Outro-Coisa; entre nossa intervenção fenomenal/empírica no mundo e o ato numenal da liberdade. Em outras palavras, temos atos que são apenas gestos empíricos contingentes; e, de tempos em tempos, ocorrem Atos miraculosos que anunciam outra dimensão. Por conseguinte, a resposta deveria ser, em ambos os casos, uma reversão simétrica, ou antes um deslocamento de foco: as duas objeções pressupõem algo como dado (nossa realidade empírica, fenomenal; o chamado incondicional do Outro-Coisa) e depois suscitam a questão de como podemos estar certos de escapar – ou nos reconectar – a ele.

É esse mesmo pressuposto, no entanto, que tem de ser descartado: a pergunta que devemos fazer não é "Como podemos escapar da realidade ordinária?", mas sim "*Essa* realidade ordinária existe plenamente?". De maneira semelhante, a pergunta que devemos fazer não é "Como podemos ter certeza de aquiescer ao Outro-

-Coisa numenal?", mas "Esse Outro-Coisa está mesmo lá fora, bombardeando-nos com ordens?". Pessoas "ingênuas" não são as que pensam que podemos escapar da realidade ordinária; pessoas "ingênuas" são as que pressupõem essa realidade como dada e ontologicamente autossuficiente.

Ou, com respeito à questão homóloga da relação entre necessidade e liberdade, pessoas "ingênuas" não são as que pensam que os sujeitos humanos podem milagrosamente romper a cadeia causal da realidade e cometer um ato livre; pessoas "ingênuas" são as que pressupõem a cadeia completa da necessidade causal. E se *não houver "realidade"* no sentido de um cosmos ontológica e plenamente constituído? Ou seja, o erro de quem identifica liberdade com equívoco (quem afirma que experimentamos a nós mesmos "agindo livremente" apenas quando nos equivocamos com a causalidade que determina nossos atos) é que (re)introduzem secretamente a noção-padrão, pré-moderna e "cosmológica" de realidade como ordem positiva do ser: em uma "cadeia do ser" positiva e constituída de maneira tão plena, não existe, é claro, nenhum lugar para o sujeito livre, portanto a dimensão da liberdade só pode ser concebida como algo estritamente codependente do equívoco epistemológico da verdadeira positividade do Ser. Consequentemente, a única maneira de explicar de fato o *status* da liberdade é afirmar *a incompletude ontológica da própria "realidade"*: só existe "realidade" na medida em que há uma lacuna ontológica, uma rachadura, em seu próprio cerne. É somente essa lacuna que explica o "fato" misterioso da liberdade transcendental – a subjetividade "autoposta" que é, na verdade, "espontânea", e cuja espontaneidade não é um efeito de equívoco de um processo causal "objetivo", não importa quão complexo e caótico ele seja.

E, de maneira inversa, o Outro-Coisa também não passa de positivação, de representação "reificada" do abismo da própria liberdade: em última instância, a única Coisa é o ato da própria liberdade em seu abismo terrificante. Obviamente, os defensores da injunção do Outro-Coisa rebateriam aqui que essa Coisa, precisamente, está além da representação, é uma Alteridade radical com respeito ao domínio das representações. O que eles realizam com isso, no entanto, já é a mínima reversão do limite da representação em representação do próprio limite: o ponto da liberdade em que a representação entra em colapso é mais uma vez representado na forma de uma Coisa terrificante além da representação...

Mais uma vez, no ato, nesse momento de loucura, o sujeito assume a não existência do Outro-Coisa – isto é, assume todo o ônus da liberdade *impermeável* a qualquer chamado do Outro. O ato envolve a aceitação desse duplo limite/impossibilidade: embora nosso universo empírico seja incompleto, isso não significa que exista *outra* realidade "verdadeira" que o sustente. Embora não possamos nos integrar plenamente na realidade, não há um Outro Lugar em que possamos estar "verdadeiramente em casa". Isso significa, com respeito a Antígona, que seu ato (sua insistência em enterrar o irmão de modo apropriado) não só não é fundamentado em nenhuma vontade misteriosa do grande Outro, como, de certo modo, é mais "tumultuoso" que um simples capricho: um capricho ainda pressupõe um mundo da realidade em relação ao qual o sujeito se comporta de modo caprichoso; já o ato de Antígona a situa, por assim dizer, no *ex nihilo* dos interstícios da realidade, suspendendo momentaneamente as próprias regras que contam como realidade (social).

Hoje, mais do que nunca, o apoio dado por Lacan ao criacionismo contra o evolucionismo é relevante. Isso, obviamente, não tem nada a ver com a loucura da batalha do criacionismo biológico pseudocientífico contra o darwinismo como praticada pela maioria moral. O verdadeiro problema reside em outro lugar: o que as diferentes explicações evolutivas mais recentes e populares sobre o "surgimento do homem" – desde os neodarwinistas à *la* Dawkins ou Dennet, passando pela ideia da Nova Era de uma evolução cósmica que culmina com a humanidade (o chamado "princípio antrópico forte"), até as explicações fenomenológicas de orientação filosófica a respeito da afecção primordial de si pela qual surge a subjetividade – têm em comum, apesar de suas diferenças teóricas irreconciliáveis? Todas participam da *obliteração da dimensão do Ato propriamente dito* – nada Novo pode surgir, nenhum Evento propriamente dito pode ocorrer; tudo pode ser justificado como resultado de circunstâncias já presentes, todas as lacunas no edifício do universo podem ser preenchidas...

Contra esse fechamento ontológico, Lacan defendia a possibilidade de que a Ordem do Ser não predetermina tudo: de tempos em tempos, algo genuinamente Novo pode surgir *ex nihilo*, do nada (isto é, precisamente das lacunas no edifício do universo). Para Lacan, portanto, o problema da "ligação ausente" é, no fundo, um pseudoproblema: a lacuna que a "ligação ausente" supostamente deve preencher é a própria lacuna da negatividade que possibilita Atos autênticos. Esse mesmo pseudoproblema da "ligação ausente" também surge na crítica de Lacan, quando afirma que a explicação de Lacan para o surgimento da subjetividade não é completa, não explica a dimensão fundamental da subjetividade, o autorreconhecimento primordial do sujeito em relação ao conhecimento de si, que não pode ser deduzido do processo da falta simbólica e/ou da lacuna: na verdade, ao "suplementar" Lacan com a abertura-de-si primordial do sujeito, seus críticos tiram alguma coisa do edifício de Lacan – eles obliteram a própria dimensão da negatividade pela qual, "do nada", o Novo pode surgir...

Por mais paradoxal que pareça, *ex nihilo* é uma noção radicalmente *materialista*. Quando dizemos que Deus criou o mundo *ex nihilo*, não só ao modelar uma matéria caótica preexistente, ainda não se trata do *ex nihilo* propriamente dito, pois Deus *já está lá*. *Ex nihilo* designa, antes, o paradoxo oposto do Algo (uma ordem significativa) que surge "milagrosamente" do nada a partir do caos preexistente.

124 / Alguém disse totalitarismo?

Tomemos como exemplo a famosa anedota hitchcockiana sobre a cena hitchcockiana definitiva que ele nunca grava:

> Eu queria gravar um longo diálogo entre Cary Grant e um dos operários [em uma fábrica da Ford] enquanto caminhavam pela linha de montagem. Atrás deles haveria um carro sendo montado, peça por peça. Por fim, o carro que eles viram ser montado a partir do mais básico é completado, abastecido, e todos estão prontos para sair dali dirigindo. Os dois homens olham um para o outro e dizem: "Isso não é maravilhoso?". É quando abrem a porta do carro e cai um cadáver lá de dentro.[18]

Isso é *creatio ex nihilo*, quando o corpo, o objeto a mais, aparece "do nada". O que surge *ex nihilo* são os semblantes "imateriais" puros (cuja primeira formulação filosófica é a teoria estoica dos eventos imateriais, *phantasmata*) que não escondem nada, são *nada mais* que máscaras do Vazio.

E um ato é, nesse mesmo sentido, uma intervenção *ex nihilo*. Há uma característica inesperada na leitura de *Antígona* feita por Lacan que geralmente passa despercebida por não ser uma característica positiva, mas uma ausência: em sua leitura psicanalítica de *Antígona*, não há absolutamente nenhum traço do que esperaríamos de um "freudiano" – algum tipo de investigação sobre traumas, fixações inconscientes, desejos ou conflitos de Antígona, que de alguma maneira "explicariam" sua insistência "irracional" em realizar um enterro apropriado para o irmão. Embora ela seja filha do próprio Édipo, não há um "complexo de Édipo" na leitura de Lacan! Ele simplesmente a toma – não em sua palavra, mas – em seu *ato* e o interpreta precisamente como tal: como um ato ético "autônomo" que, categoricamente, *não* deve ser interpretado como nenhum tipo de sintoma, de atuação histérica.[19]

Papa versus *Dalai Lama*

Retornemos, no entanto, a uma questão mais mundana: quais são as "consequências práticas" dessa posição hoje? Quando eu estava finalizando a edição de um dos meus

---

[18] François Truffaut, *Hitchcock* (Nova York, Simon & Schuster, 1985), p. 257.

[19] É contra esse pano de fundo que devemos interpretar *Trem noturno*, de Martin Amis [São Paulo, Companhia das Letras, 1998], romance que trata do esforço para "patologizar" o suicídio. Quando a filha jovem e aparentemente feliz de um velho policial se mata, a heroína – uma investigadora de polícia procurada pelo pai da moça para investigar o mistério desse suicídio – logo descobre que as pistas deixadas pela falecida (um amante fortuito, vício em drogas...) são falsas: ela não se matou por nenhuma razão específica. Sabendo, no entanto, que esse mal-estar puramente existencial seria traumático demais para o pai, ela apresenta, em seu relatório final, o falso quadro de uma mulher presa às drogas e ao sexo casual – tal quadro, em que o ato é reduzido a causas claras, é muito mais fácil de suportar do que o ato abissal puro.

primeiros livros em inglês, o editor fez questão de que todas as referências bibliográficas fossem escritas segundo o infame *Chicago Manual of Style* [Manual de estilo da Universidade de Chicago]: no texto principal, cita-se apenas o sobrenome do autor, o ano da publicação e a página, e a referência completa é fornecida em ordem alfabética no fim do livro. Para me vingar do editor, fiz a mesma coisa com as citações da Bíblia: na lista final, havia a entrada "– Cristo, Jesus (33): *Collected Speeches and Thoughts* [Discursos e pensamentos escolhidos], editado por Marcos, Mateus, Lucas e João, Jerusalém" – e então, no texto principal, havia observações como: "A respeito dessa noção de mal, ver também as interessantes observações em Cristo, 33".

O editor recusou essa forma, dizendo que eu estava promovendo uma blasfêmia de mau gosto, mostrando que não havia compreendido meu contra-argumento de que tal procedimento era profundamente cristão, pois tratava Cristo – o próprio Deus – como plenamente humano, como apenas mais um ser humano (autor), assim como foi crucificado entre dois ladrões comuns. Há certa passagem do *tragique* para o *moque-comique* no próprio cerne da iniciativa cristã: categoricamente, Cristo *não* é a figura de um Mestre heroico e digno[20].

É por isso também que todo bom cristão, além de não se ofender, diverte-se inocentemente com paródias como *The Politically Correct Guide to the Bible* [Guia politicamente correto da Bíblia], de Edward Moser[21]. Se há algum problema nesse livro hilário, é o fato de se basear um pouco demais no procedimento usual de iniciar uma passagem com um verso bíblico conhecido e consagrado e depois acrescentar, como virada final, uma ressalva totalmente contemporânea (como o famoso gracejo de Marx sobre o modo como os direitos humanos garantidos pela Revolução Francesa funcionam na vida real da troca de mercado: "Liberdade, igualdade *e Bentham*"):

> Ainda que eu caminhe por um vale tenebroso, nenhum mal temerei, *porque "mal" e "bem" são meros construtos baseados na lógica binária de exclusão.*[22] [...] E puseram-se então a falar em línguas, e cada qual os ouvia falar em seu próprio idioma, *por causa dos programas de educação bilíngue.*

---

[20] Pela mesma razão, um verdadeiro cristão não vê nada de censurável em um livro verdadeiramente obsceno da série *Cliff Notes* sobre a Bíblia, que a trata apenas como mais um texto literário, e faz um resumo livro a livro de seu conteúdo com breves descrições dos principais "personagens", no estilo: "DEUS – uma pessoa velha, violentamente ciumenta, mas poderosa e criativa", ou "CRISTO – jovem e gentil judeu, filho de um carpinteiro, dotado de uma grande missão".

[21] Edward P. Moser, *The Politically Correct Guide to the Bible* (Nova York, Three Rivers Press, 1997).

[22] Essa, é claro, é apenas uma de uma série de variações que reproduzem a multiplicidade de atitudes ético-políticas de hoje – basta mencionarmos o oposto: "Ainda que eu caminhe por um vale tenebroso, nenhum mal temerei, *porque eu mesmo sou o filho da puta mais desprezível de todo o vale!*".

126 / Alguém disse totalitarismo?

Essa reescrita atinge o ponto alto quando Moser reformula os Dez Mandamentos em "Dez Recomendações". Basta citarmos duas: "Lembra-te do sábado, *para que possas fazer todas as compras nesse dia* [...] Não pronunciarás o nome de Deus em vão, *mas com entusiasmo, principalmente se fores um cantor de* gangsta rap".

O problema é que aquilo que se evoca aqui como exagero satírico está, na verdade, acontecendo hoje: nós não fazemos hoje uma reescrita similar do Decálogo? Algum mandamento é severo demais? Vamos voltar à cena no Monte Sinai e reescrevê-la! "Não cometerás adultério – *exceto se for emocionalmente sincero e sirva ao objetivo de tua profunda autorrealização...*". Exemplar aqui é o livro *The Hidden Jesus* [O Jesus oculto], de Donald Spoto, uma leitura "liberal" do cristianismo, contaminada pelas ideias da Nova Era, em que podemos ler a propósito do divórcio:

> Jesus condenava claramente o divórcio e o segundo casamento. [...] Mas não vai além e diz que o casamento *não pode* ser rompido [...] em nenhum de seus ensinamentos há qualquer situação em que ele prenda para sempre uma pessoa às consequências do pecado. Todo o tratamento que dispensava às pessoas era para libertar, e não para legislar. [...] É evidente que, de fato, alguns casamentos simplesmente acabem, os compromissos sejam abandonados, as promessas sejam violadas, e o amor, traído.[23]

Por mais compreensivas e "liberais" que pareçam, essas linhas envolvem uma confusão fatal entre altos e baixos emocionais e um comprometimento simbólico incondicional que deveria valer justamente quando não conta mais com o suporte das emoções diretas: "Não te divorciarás – exceto quando teu casamento acabar 'de fato', quando for vivenciado como um fardo emocional insuportável, que frustra a realização da tua vida" – *em suma, exceto quando a proibição do divórcio readquirir seu pleno significado* (posto que quem se *divorciaria* se o cônjuge ainda estiver prosperando?)! O que desaparece nessa dívida do passado para com uma subsequente reescrita retroativa não são principalmente os "fatos reais", mas o Real de um encontro traumático cujo papel estruturador na economia psíquica do sujeito resiste para sempre à sua reescrita simbólica.

Emblemática aqui é a figura de João Paulo II. Mesmo aqueles que respeitam a posição moral do papa, embora o admirem, reconhecem que, não obstante, ele é irremediavelmente antiquado, até medieval, preso a dogmas antigos, desconectado das demandas dos novos tempos: como é possível ignorar a contracepção, o divórcio, o aborto? Eles não são simplesmente fatos da vida? Como o papa pode negar o direito ao aborto até a uma freira que engravida em consequência de um estupro (como de fato fez no caso de freiras violentadas durante a guerra na Bós-

---

[23] Ver Donald Spoto, *The Hidden Jesus* (Nova York, St. Martin's Press, 1998), p. 153-4.

nia)? Não está claro que, em princípio, quando somos contra o aborto, deveríamos, em casos extremos como esse, mudar o princípio e abrir uma concessão? Agora podemos entender por que o Dalai Lama é muito mais apropriado para a nossa permissiva época pós-moderna: ele nos apresenta um vago e agradável espiritualismo, sem nenhuma obrigação *específica*: qualquer pessoa, inclusive a estrela mais decadente de Hollywood, pode segui-lo e ao mesmo tempo manter seu estilo de vida promíscuo e interesseiro... O papa, ao contrário, nos lembra que uma atitude ética própria *tem* um preço – é seu apego inflexível aos "valores antigos", o fato de ignorar as demandas "realísticas" do nosso tempo, mesmo quando os argumentos parecem "óbvios" (como no caso das freiras estupradas), que o torna uma figura ética autêntica.

John Woo como crítico de Lévinas: o rosto como fetiche

À guisa de conclusão, esclareçamos a incompatibilidade entre Lacan e Lévinas por meio da referência ao filme *A outra face* (1997), de John Woo, em que o policial antiterrorista (John Travolta) e o ultraterrorista sádico e galhofeiro (Nicolas Cage) ficam presos em um jogo mortal. Quando Cage entra em um coma, a polícia descobre que há uma bomba tóxica extremamente potente tiquetaqueando em algum lugar de Los Angeles; no entanto, como Cage está em coma, a única maneira de descobrir detalhes a respeito da bomba e assim evitar uma catástrofe é ganhar a confiança do irmão mais novo de Cage. A polícia tem a ideia de usar a medicina de alta tecnologia para retirar a pele do rosto de Cage e de Travolta, conservando a pele de Travolta em um líquido especial e, depois, transplantando a pele do rosto de Cage no rosto de Travolta – com o rosto de Cage, Travolta conseguirá ganhar a confiança do irmão de Cage e evitar uma catástrofe.

Infelizmente, Cage desperta de repente do coma, levanta-se da cama, olha-se no espelho e vê o próprio rosto em carne viva, assim como a pele do rosto de Travolta mergulhada em um líquido. Adivinhando o que aconteceu, ele entra em contato com sua quadrilha, que ocupa o hospital, obriga os médicos a transplantar a pele do rosto de Travolta no seu e depois mata todos os participantes da tramoia e destrói todos os documentos para que ninguém saiba da troca. Cage, o arquivilão, está livre para retornar à vida social "normal" como Travolta, o superagente, ao passo que Travolta é condenado a permanecer em uma prisão de segurança máxima, identificado para sempre como o arquivilão Cage. No entanto, enquanto Cage (com o rosto de Travolta) assume o trabalho e até a vida particular de Travolta (inclusive fazendo sexo com a esposa dele), Travolta consegue escapar e assume o comando da quadrilha de Cage – um se vê desempenhando o papel social do outro.

Estamos, portanto, no domínio alucinante da *fantasia realizada* – a velha expressão "perder a face" [*to lose face*], que geralmente designa uma situação de vergonha

128 / Alguém disse totalitarismo?

moral e humilhação, adquire aqui um sentido literal: a superfície da pele do nosso rosto torna-se literalmente o rosto que estamos usando, uma máscara que pode ser trocada, substituída por outra. O que desaparece aqui é justamente a ideia da pele própria do nosso corpo: usamos máscaras que podem ser substituídas, e o que está por trás da máscara artificial substituível não é mais a superfície corporal, mas a carne viva horripilante de sangue e músculos. "Eu" não sou mais o rosto que todos podem ver: meu rosto tornou-se uma máscara que posso retirar. Abre-se, portanto, uma certa lacuna ontológica, uma lacuna que também costuma ser manipulada por David Lynch: a realidade comum que conhecemos se dissolve no Real proto-ontológico da carne viva e da máscara substituível, como na cena de *Brazil, o filme*, de Terry Gilliam, em que a comida servida em um restaurante consiste em uma apetitosa fotografia colorida da refeição sobre o prato e a gosma disforme que está nele.

Em uma primeira abordagem, é nítido que esse duelo entre Travolta e Cage fornece uma representação perfeita do que Lacan chama de relação de espelho: em uma luta mortal com meu duplo refletido, cada golpe nele é um golpe em mim e vice-versa: ao me machucar, eu machuco meu inimigo – não surpreende que uma série de cenas envolva um dos dois personagens principais olhando sua imagem espelhada sem ser capaz de suportá-la, pois o que vê é a imagem de seu arqui-inimigo. Esse procedimento é alçado a um nível irônico e reflexivo quando, no confronto final, Travolta e Cage se encontram em lados opostos de uma fina parede coberta dos dois lados por um espelho: eles sacam suas armas e se viram para o espelho, vendo nele a imagem do próprio rosto – ou seja, vendo nele quem o inimigo por trás do espelho realmente é (pois o rosto que Cage vê – o rosto de Travolta – *é* o rosto verdadeiro da pessoa atrás do espelho, e vice-versa). Podemos muito bem entender a hesitação de Travolta em arrebentar a cara de Cage: como a pele do rosto dele é literalmente a sua, ao destruí-la, ele destrói seu próprio rosto, e acaba com as chances de algum dia ter o próprio rosto de volta... Não admira que o moribundo Cage tente desesperadamente retalhar e arruinar seu rosto – ele sabe que, com isso, evitará que Travolta tenha seu rosto de volta.

Essa relação especular ocorre no nível da interação entre Real (a carne viva) e Imaginário (as máscaras substituíveis que usamos). No entanto, essa não é toda a verdade sobre o filme. A primeira coisa que se deve fazer para discernir os traços de uma terceira dimensão simbólica é interpretar essa troca de rostos contra o fato óbvio de que, com respeito a suas *personae* na tela, Travolta tem muito mais a ver com o personagem de Cage (o galhofeiro "mau", sádico e cínico), ao passo que Cage, que costuma representar personagens ativos e fortes, porém gentis e compassivos, encaixa-se muito melhor no "verdadeiro" personagem de Travolta no filme. Não admira, portanto, que quando os dois mudam de rosto, o expectador interpreta essa troca como um tipo de reparação justificada do estado apropriado de coisas: Travolta é extremamente convincente quando se comporta como o arquivilão sádico e galhofeiro, assim como Cage é igualmente convincente como o policial honesto e desesperado que tenta convencer sua família de quem ele realmente é.

Encontramos aqui a eficácia simbólica da máscara: é como se a relação entre a máscara e o "rosto verdadeiro" fosse invertida, como se os "rostos verdadeiros" de Travolta e Cage já fossem máscaras que ocultassem seus verdadeiros personagens, de modo que é vestindo o rosto-máscara de outra pessoa que o sujeito consegue livremente articular seu "verdadeiro Si". Contra esse pano de fundo, o final do filme, quando a situação parece voltar ao normal, quando cada um recebe de volta seu verdadeiro rosto (até a filha adolescente de Travolta, que durante o filme pinta exageradamente o rosto como se fosse *punk*, mostra seu rosto "natural", sem nenhuma maquiagem ou *piercing*), parece mais ambíguo do que deveria: o empenho desesperado de Travolta para ter de volta seu rosto não mostra tanto o esforço para voltar ao seu verdadeiro Si quanto para manter à distância, em um estado de repressão, o chamado lado sombrio de sua personalidade.

Ou será esse lado mesmo tão sombrio? Em uma das melhores cenas do filme, quando Cage (com-o-rosto-de-Travolta) encara a filha de seu inimigo e, em vez de agir com a aspereza com que agiria Travolta, quase flerta com ela e lhe oferece cigarros, não temos aqui um vislumbre de outra relação entre pai e filha, na qual o pai deixa cair a máscara da rígida autoridade paternal e mostra compreensão pelo estilo de vida da filha? Talvez esse fato explique uma das cenas mais comoventes, em que Cage e Travolta lutam na frente da filha de Travolta, que segura uma arma. Ela se vê na difícil situação de Groucho Marx ("No que você acredita, nos seus olhos ou nas minhas palavras?"): fica dividida entre acreditar nos próprios olhos (que dizem que o homem com o rosto do seu pai é o seu pai) e acreditar nas palavras (o apelo desesperado do verdadeiro pai, que lhe diz quem ele realmente é). É significativo que ela tome a decisão errada, escolhendo "acreditar em seus olhos", e atire no pai, ferindo-o no braço. Será que essa decisão é realmente errada, ou seja, a filha de Travolta era realmente uma vítima da falsa indicação de seus olhos? E se ela escolhesse deliberadamente matar a pessoa que apresentou uma figura paternal mais agradável do que a figura de seu pai verdadeiro, porém rígido e autoritário?

Portanto, o personagem de Travolta, em seu esforço para ter de volta sua "verdadeira face", escapa do fato de que o rosto que usamos é inerentemente um engodo, nenhum é a nossa "verdadeira face" – em última análise, a "verdadeira face" do sujeito por trás da máscara nada mais é do que a carne viva, sem forma, escalpelado. A garantia de nossa identidade não é a face que usamos, mas a frágil identidade simbólica que é ameaçada o tempo todo pelo engodo da face. E é a partir disso que devemos abordar a noção levinasiana fundamental do encontro da face do outro como a epifania, como o evento que precede a Verdade em si:

130 / Alguém disse totalitarismo?

> Para buscar a verdade, já estabeleci uma relação com uma face que pode garantir a si própria, cuja própria epifania é, de alguma maneira, uma palavra de honra. Cada linguagem, como troca de signos verbais, refere-se a essa palavra de honra primordial [...], o engano e a veracidade já pressupõem a absoluta autenticidade da face.[24]

Devemos interpretar essas linhas tendo como pano de fundo o caráter circular e autorreferencial do "grande Outro" lacaniano, a "substância" simbólica do nosso ser, que talvez seja mais bem expresso pela afirmação "holística" de Donald Davidson de que "a única prova que temos de uma crença são as crenças dos outros. [...] E como nenhuma crença certifica a si mesma, nenhuma pode dar base para o resto"[25]. Longe de funcionar como "defeito fatal" da ordem simbólica, essa circularidade é a própria condição de seu funcionamento eficaz. Desse modo, quando Lévinas afirma que uma face "pode garantir a si própria", isso significa que, precisamente, ela serve como ponto de referência não linguístico que também nos permite romper o círculo vicioso da ordem simbólica, dando a ela o fundamento supremo, a "absoluta autenticidade". A face, portanto, é o *fetiche* supremo, o objeto que preenche (ofusca) a "castração" (inconsistência, falta) do grande Outro, o abismo de sua circularidade[26].

Em um outro nível, essa fetichização – ou, antes, renegação fetichista – também é discernível na nossa relação diária com a face de outra pessoa. Essa renegação não diz respeito primeiramente à realidade crua da carne ("Sei muito bem que por trás da face há apenas o Real de ossos, sangue e carne viva, mas ajo como se a face fosse uma janela para a interioridade misteriosa da alma."), mas a um nível mais radical, o abismo/vazio do Outro: *o rosto humano "gentrifica" a Coisa terrificante que é a realidade definitiva do nosso próximo*. E na medida em que o vazio chamado "sujeito do significante" ($) é estritamente correlato dessa inconsistência (falta) do Outro, sujeito e face devem ser opostos: o Evento de encontrar a face do outro não é a experiência do abismo da subjetividade do outro – a única maneira de chegar a essa experiência é pela *desfiguração* em todas as suas dimensões, de um simples tique ou careta que descaracteriza o rosto (nesse sentido, Lacan afirma que

---

[24] Emmanuel Lévinas, *Totality and Infinity* (The Hague, Martinus Nijhoff, 1979), p. 202 [ed. port.: *Totalidade e infinito*, Lisboa, Edições 70, 1980].

[25] Citado em Ernest Lapore (org.), *Truth and Interpretation* (Osford, Blackwell, 1986, p. 331).

[26] Essa circularidade é mais bem exemplificada pelo paradoxo da definição de significante de Saussure: não há *nada* em um significante, *exceto* um monte de diferenças com outros significantes, e se o mesmo vale para todos os outros, o que sustenta o edifício? Como ele não colapsa e implode? A resposta estrutural é, obviamente, introduzir o significante paradoxal excessivo que, longe de servir como fundamento definitivo, dá corpo à sua falta "como tal", ou seja, o significante que não é um na série, mas representa a própria diferença do significante como oposto à sua ausência: a Diferença "como tal".

o Real é "a careta da realidade") ao caso extremo de perder a face, tanto moral *quanto* fisicamente, como em *A outra face*[27].

Talvez o momento-chave dos filmes de Jerry Lewis ocorra quando o idiota que ele representa é obrigado a perceber a destruição que seu comportamento causou: nesse momento, quando ele é observado por todas as pessoas ao seu redor, incapaz de suportar esse olhar, ele se lança em sua maneira única de fazer caretas, de distorcer ridiculamente sua expressão facial, associada ao movimento de torcer as mãos e revirar os olhos. *Essa* tentativa desesperada do sujeito envergonhado de *eliminar* sua presença, de se apagar da vista dos outros, combinada com a tentativa de assumir um novo rosto, mais aceitável para as pessoas ao seu redor, é a subjetivação em seu aspecto mais puro.

Então, o que é a vergonha, essa experiência de "perder a face"? Na versão sartriana, o sujeito, em seu "Para-si", tem vergonha do "Em-si", do Real estúpido de sua identidade corporal: sou realmente *isso*, esse corpo que fede, essas unhas, esse excremento? Em suma, a "vergonha" designa o fato de que o "espírito" está diretamente ligado à realidade corporal vulgar e inerte – por isso é vergonhoso defecar em público. Aqui, o contra-argumento de Lacan, no entanto, é que a vergonha, por definição, diz respeito à *fantasia*. Giorgio Agamben ressaltou que a vergonha não é simplesmente passividade, mas uma passividade *assumida* de maneira ativa: se sou violentado, não tenho nada do que ter vergonha; no entanto, se gosto de ser violentado, então mereço sentir vergonha[28]. Assumir ativamente a passividade, portanto, significa, em termos lacanianos, encontrar a *jouissance* na situação passiva em que somos pegos. E como as coordenadas da *jouissance* são, no fundo, as coordenadas da fantasia fundamental, que é a fantasia de ser colocado (encontrar a *jouissance*) na posição passiva (como o "meu pai está me batendo" de Freud), o que expõe o sujeito à vergonha não é a abertura de como ele é colocado na posição passiva, tratado somente como corpo: a vergonha só surge quando tal posição passiva na realidade social toca a *fantasia* (íntima e renegada).

Tomemos duas mulheres: a primeira é liberal e assertiva, ativa; a segunda sonha em ser tratada de maneira brutal por seu parceiro, e até violentada. O ponto crucial é que, se as duas forem estupradas, o estupro será muito mais traumático para a segunda mulher, *pela mesma razão de o estupro realizar na realidade social "externa" o "material de seus sonhos"*. Por quê? Há uma lacuna que separa para sempre o núcleo fantasmático do ser do sujeito e os modos mais "superficiais" de suas identificações imaginárias e/ou simbólicas – jamais é possível para mim assumir totalmente (no sentido da integração simbólica) o núcleo fantasmático do meu

---

[27] Ver Michael Taussig, *Defacement* (Stanford, CA, Stanford University Press, 1999), p. 223-5.

[28] Ver Giorgio Agamben, *O que resta de Auschwitz*, cit., p. 113-6.

132 / Alguém disse totalitarismo?

ser: quando chego muito perto dele, quando me aproximo demais, o que ocorre é a *afânise* do sujeito: o sujeito perde sua consistência simbólica, desintegra-se. E talvez a efetivação forçada na própria realidade social do núcleo fantasmático do meu ser seja o pior e o mais humilhante tipo de violência, uma violência que destrói a própria base da minha identidade (da minha "autoimagem") ao me expor a uma vergonha insuportável.

Agora podemos ver claramente quão distante está a psicanálise de qualquer defesa da dignidade da face humana: o tratamento psicanalítico não é a experiência de tornar público (ao analista, que representa o grande Outro) nossas fantasias mais íntimas e, assim, de *perder a face* no sentido mais radical do termo?

5
OS ESTUDOS CULTURAIS SÃO REALMENTE TOTALITÁRIOS?

em que o leitor testemunhará a luta feroz na academia contemporânea entre
os estudos culturais e seus oponentes da terceira cultura, que acusam os partidários
dos estudos culturais de ter uma mentalidade "totalitária"

A questão candente

Se pedirmos hoje a um intelectual mediano que nos diga de maneira resumida do que trata *A interpretação dos sonhos*, de Freud*, ele provavelmente dirá: para Freud, o sonho é a realização fantasmática de um desejo inconsciente censurado do sonhador, e cuja natureza é, via de regra, sexual. Com essa definição em mente, voltemos ao início da obra *A interpretação dos sonhos*, na qual Freud nos dá uma interpretação detalhada de seu próprio sonho sobre "a injeção de Irma" – é razoável supor que Freud sabia o que estava fazendo e teve o cuidado de escolher um exemplo apropriado para apresentar sua teoria dos sonhos. É aqui, no entanto, que encontramos a primeira grande surpresa: a interpretação que Freud dá a esse sonho nos lembra exatamente a antiga piada soviética que se contava na rádio Erevan ("Rabinovitch ganhou um carro novo na loteria?" "A princípio, sim. Só que não era um carro, mas uma bicicleta, e não era nova, era velha, e ele não ganhou, roubaram dele!"). O sonho é a realização do desejo sexual inconsciente de quem sonha? A princípio, sim. Só que o desejo no sonho que Freud escolheu para demonstrar sua teoria dos sonhos não é sexual, nem inconsciente e, além disso, nem é dele mesmo...

O sonho começa com uma conversa entre Freud e sua paciente Irma sobre o fracasso do tratamento dela por causa de uma agulha infectada; no decorrer da conversa, Freud se aproxima dela, chega bem perto de seu rosto e olha dentro de sua boca, deparando com a terrível visão da carne vermelha de sua garganta. Nesse momento de horror insuportável, o tom do sonho muda e o horror transforma-se de repente em comédia: três médicos amigos de Freud aparecem e, em um ridículo

---

* 8. ed., Rio de Janeiro, Imago, 1999. (N. E.)

134 / Alguém disse totalitarismo?

jargão pseudoprofissional, enumeram múltiplas razões (e mutuamente excludentes) por que o envenenamento de Irma pela agulha infectada não foi culpa de ninguém (não houve injeção, a agulha estava limpa...). Desse modo, o desejo do sonho, o "pensamento latente" articulado nele, não é nem sexual nem inconsciente, mas a vontade (plenamente consciente) de Freud de obliterar sua responsabilidade pelo fracasso do tratamento que dispensou a Irma. Como isso se enquadra na tese da natureza sexual e inconsciente do desejo expresso nos sonhos?

É aqui que devemos introduzir uma distinção crucial: o desejo inconsciente do sonho *não* é o pensamento latente do sonhador, que é deslocado/traduzido na tessitura explícita do sonho, mas o desejo inconsciente que se inscreve pela própria distorção do pensamento latente na tessitura explícita do sonho. Esse é o paradoxo do *Traumarbeit* [trabalho do sonho]: queremos nos livrar de um pensamento insistente, porém perturbador, do qual temos plena consciência, então o distorcemos, traduzindo-o no hieróglifo do sonho – contudo, é por essa própria distorção do pensamento onírico que *outro* desejo muito mais fundamental se inscreve no sonho, e *esse* desejo é inconsciente e sexual. No caso da "injeção de Irma", o próprio Freud dá algumas pistas sobre esse desejo inconsciente: ele vê a si próprio como o "pai primordial" que quer possuir as mulheres que aparecem no sonho.

Quando comparamos diferentes relatos verbais de um mesmo evento, o procedimento-padrão é nos concentrar no que eles têm em comum – esse núcleo comum é então considerado a "realidade objetiva", enquanto as diferenças nas descrições são atribuídas aos efeitos deformadores das percepções subjetivas parciais. Quando, por exemplo, de três testemunhas, a primeira relata que a pessoa que entrou na sala mal iluminada era um homem jovem, a segunda diz que era uma mulher jovem e a terceira diz que viu uma pessoa jovem, mas não sabia o sexo, a tendência é concluirmos que uma pessoa jovem realmente entrou na sala, e que as discrepâncias (homem ou mulher) foram condicionadas por diferenças no horizonte das expectativas concernentes às características de identidade sexual, diferentes códigos de vestimenta etc. O que Freud propõe quando a interpretação de um sonho emperra é o procedimento exatamente oposto: o analista deveria pedir para o paciente repetir a narrativa do sonho e o elemento crucial, a pista para o significado do sonho será dada não pelo que persiste nas sucessivas narrativas, mas pelas características em que as narrativas *diferem* – são as pequenas mudanças, variações, omissões e discrepâncias entre as sucessivas narrativas que indicam o núcleo real reprimido pela narrativa oficial do sonho. Aqui, mais uma vez, encontramos a diferença entre realidade e Real: a "mesmidade", as características que se sobrepõem na multiplicidade de narrativas, sinaliza a realidade do que "realmente acontece", enquanto as omissões "insignificantes" ou os detalhes acrescentados aludem ao Real do sonho.

Em um nível mais amplo, essa distinção crucial também revela a fraqueza da acusação pós-moderna do "essencialismo econômico" do marxismo – essa acusação não é estritamente correlata ao argumento de que Freud era "pansexualista", ou seja, um "essencialista sexual", que reduzia todos os desejos à sexualidade? A resposta é a mesma nos dois casos. A diferença de Freud entre o pensamento latente do sonho (que, via de regra, *não* é sexual) e o desejo inconsciente que *é* sexual faz eco à diferença marxista entre o agente predominante da vida social (*não*, via de regra, a economia) e o agente (econômico) que determina a vida social "em última instância". Desse modo, não há tensão entre o "papel determinante" do sexo/economia e a alteração do agente predominante: o primeiro sobredetermina diretamente o segundo.

Aqui, a lógica subjacente é a da "determinação oposta" hegeliana: a economia é, ao mesmo tempo, o gênero e um de sua espécie, assim como a sexualidade, para Freud, é o gênero e um de sua espécie (*há* sonhos que representam um desejo sexual direto). E – indo até o fim e colocando em termos filosófico básicos – nós não estamos lidando aqui, em *ambos* os casos, com uma solução que é simultaneamente *materialista* (afirmando a sexualidade e/ou a economia como fator determinante supremo) *e dialética* (rejeitando a fetichização da sexualidade e/ou da economia no fator diretamente determinante)? O problema com o materialismo dialético nos confronta com o que é supostamente o maior paradoxo de toda a história da filosofia: embora, em sua codificação stalinista, tenha degenerado em um edifício ideológico vazio e filosoficamente sem valor, ele é ao mesmo tempo, em certo sentido ingênuo, apenas categoricamente *verdadeiro*: o todo da filosofia "pós-metafísica" contemporânea não é sustentado pela tentativa de pensar em conjunto o "materialismo" (a rejeição das soluções idealistas) e a "dialética" (no sentido mais amplo de uma abordagem plenamente capaz de explicar os fenômenos que rompem o quadro de referência do realismo tirado do senso comum, desde a física quântica até os paradoxos da linguagem)?

De volta ao sonho de Freud: qual é seu significado definitivo? Como acabamos de ver, o próprio Freud concentra-se no pensamento onírico, em sua vontade "superficial" (plenamente consciente) de obliterar sua responsabilidade pelo fracasso do tratamento que dispensou a Irma; em termos lacanianos, esse desejo pertence claramente ao domínio do *Imaginário*. Além disso, Freud nos dá algumas pistas sobre o *Real* em seu sonho: o desejo inconsciente do sonho é o do próprio Freud como "pai primordial" que quer possuir todas as três mulheres que aparecem no sonho. No *Seminário II*, Lacan propõe uma leitura puramente *simbólica*: o significado definitivo desse sonho é simplesmente que *existe um significado*, existe uma fórmula (da trimetilamina) que garante a presença e a consistência do significado[1].

---

[1] Ver o capítulo 14 de Jacques Lacan, *O seminário, livro 2: o eu na teoria de Freud e na técnica da psicanálise* (trad. Marie Christine Lasnik Penot, 4. ed., Rio de Janeiro, Zahar, 1995).

136 / Alguém disse totalitarismo?

No entanto, há outro enigma no sonho: o desejo *de quem* o sonho realmente realiza? Alguns documentos publicados recentemente[2] estabelecem de maneira muito clara que o verdadeiro foco desse sonho era o desejo de eximir Fliess (amigo íntimo e colaborador de Freud que, naquele momento, representava para ele o "sujeito suposto saber", o objeto de sua *Übertragung* [transferência]) de sua responsabilidade e culpa: Fliess é que fez bobagem na cirurgia do nariz de Irma, e o desejo do sonho era isentar de culpa não o sonhador (Freud), mas o grande Outro do sonhador: demonstrar que o Outro não era responsável pelo fracasso médico, que ele não era desprovido de conhecimento – em suma, que o Imperador não estava nu. Então, sim, o sonho realiza o desejo de Freud – mas apenas na medida em que seu desejo já é o desejo do Outro (de Fliess). Em suma, o desejo realizado no sonho é um desejo *transferencial*.

Para abarcarmos toda a extensão de *A interpretação dos sonhos*, devemos acrescentar mais uma dificuldade. Afinal, por que sonhamos? A resposta de Freud é enganosamente simples: a função suprema do sonho é permitir que o sonhador prolongue seu sono. Isso é interpretado em geral com relação aos sonhos que temos pouco antes de acordar, quando alguma perturbação externa (ruído) ameaça nos acordar. Nesse caso, quem está dormindo rapidamente imagina (na forma de sonho) uma situação que incorpora o estímulo externo e assim consegue prolongar o sono durante algum tempo; quando o sinal externo se torna muito forte, ele finalmente desperta...

Mas será que as coisas são realmente tão simples e diretas? Em outro sonho sobre o despertar em *A interpretação dos sonhos*, um pai cansado, que passou a noite em vigília ao lado do caixão do filho, adormece e sonha que ele se aproxima pegando fogo e lhe dirige a terrível censura: "*Vater, siehst du nicht dass ich verbrenne?* [Pai, não vê que estou pegando fogo?]". Logo depois, o pai acorda e descobre que, por causa de uma vela derrubada, a mortalha do filho havia pegado fogo – o cheiro da fumaça que ele sentiu enquanto dormia foi incorporado ao sonho do filho pegando fogo, prolongando seu sono. Mas será que o pai acordou quando o estímulo externo (fumaça) se tornou forte demais para ser contido dentro do cenário do sonho? Ou será que foi o contrário: primeiro o pai construiu o sonho para prolongar o sono – para evitar o desagradável despertar –, mas o que encontrou no sonho – literalmente a questão ardente, o *Gespenst* arrepiante do filho se aproximando – foi muito mais insuportável que a realidade externa, então acordou e escapou para a realidade externa. Por quê? *Para continuar a sonhar*, para evitar o trauma insuportável de sua própria culpa pela morte dolorosa do filho.

---

[2] Ver Lisa Appignanesi e John Forrester, *Freud's Women* (Cambridge, Cambridge University Press, 1995) [ed. bras.: *As mulheres de Freud*, trad. Sofia de Souza e Nana Vaz, Rio de Janeiro, Record, 2010].

Para entender todo o peso desse paradoxo, devemos comparar esse sonho com aquele sobre a injeção de Irma. Nos dois sonhos, há um encontro traumático (a visão da carne vermelha da garganta de Irma e a visão do filho queimando); no segundo sonho, no entanto, o sonhador desperta nesse ponto, enquanto no primeiro o horror é substituído pelo espetáculo vazio das desculpas profissionais. Esse paralelo nos dá o elemento fundamental para a teoria dos sonhos de Freud: o despertar durante o segundo sonho (o pai acorda para a realidade com o intuito de fugir do horror do sonho) tem a mesma função da súbita mudança para a comédia, para a conversa entre três médicos ridículos no primeiro sonho – ou seja, *nossa realidade comum tem justamente a estrutura de tal conversa inútil, que nos permite evitar um encontro com o trauma real.*

Adorno disse que o conhecido lema nazista *"Deutschland, erwache!"* ["Alemanha, desperta!"] significava seu exato oposto, na verdade: a promessa de que, se obedecermos a esse chamado, poderemos continuar dormindo e sonhando (isto é, evitando o encontro com o Real do antagonismo social). De certo modo, portanto, o trauma que encontramos no sonho é *mais real do que a própria realidade (social externa).* Há um poema famoso de Primo Levi que conta um elemento de uma lembrança traumática da vida no campo de concentração. Na primeira estrofe, ele está no campo, adormecido, sonhando intensamente com que volta para casa, come, conta sua experiência aos parentes, quando de repente é acordado pelo grito cruel de um *kapo* polonês: *"Wstawac!"* ("De pé! Levante-se!). Na segunda estrofe, ele está em casa, depois da guerra e da libertação; sentado à mesa, de barriga cheia, ele conta a história para a família quando de repente o grito eclode violentamente em sua mente: *"Wstawac!".*

Aqui, é claro, a inversão da relação entre sonho e realidade nas duas estrofes é crucial: seu conteúdo é formalmente o mesmo – a cena agradável de se sentar à mesa, em casa, comer e contar a experiência é interrompida pela intrusão da ordem: "Levante-se!"; na primeira estrofe, no entanto, o doce sonho é interrompido pela realidade do chamado para se levantar, enquanto na segunda a agradável realidade social é interrompida pelo alucinado (ou melhor, imaginado) chamado brutal. Essa inversão expressa o enigma da *Wiederholungszwang* [compulsão à repetição]: por que o sujeito continua sendo assombrado pelo chamado obsceno e brutal *"Wstawac!"*, por que essa injunção persiste e se repete? Se, na primeira vez, temos a simples intrusão da realidade externa que perturba o sonho, na segunda temos a intrusão do Real traumático que perturba o funcionamento tranquilo da própria realidade social. No cenário levemente modificado do segundo sonho de Freud, podemos facilmente imaginá-lo como o sonho de um sobrevivente do Holocausto cujo filho, a quem o pai foi incapaz de salvar do crematório, o assombra depois da morte, censurando-o com a frase: *"Vater, siehst du nicht dass ich verbrenne?".*

Desse modo, descobrimos aqui um Freud muito diferente do proverbial vitoriano preso à visão repressiva da sexualidade, um Freud cujo momento talvez esteja chegando só agora, na nossa "sociedade do espetáculo", quando o que experimentamos como realidade cotidiana é cada vez mais a mentira encarnada. Basta lembrar os jogos interativos ciberespaciais que alguns de nós jogam compulsivamente – jogos em que, como costuma ser o caso, um neurótico fraco se imagina (ou melhor, adota a *persona* na tela de) um macho agressivo, batendo em outros homens e possuindo violentamente as mulheres. É muito fácil dizer que essa fraqueza se refugia no sonho acordado do ciberespaço para escapar de uma vida real desinteressante e impotente. E se os jogos que jogamos no ciberespaço forem mais sérios do que tendemos a pensar? E se eu articular nesses jogos o núcleo perverso e agressivo da minha personalidade que, devido a restrições ético-sociais, sou incapaz de atuar na interação com os outros na vida real? Será que, nesse caso, o que represento no sonho acordado do ciberespaço é de certo modo "mais real que a realidade", mais próximo do verdadeiro núcleo da minha personalidade do que o papel que assumo no contato que tenho com meus parceiros na vida real? É justamente porque tenho consciência de que o ciberespaço é "apenas um jogo" que posso atuar nele o que jamais seria capaz de admitir em meus contatos intersubjetivos. Nesse sentido preciso, como afirma Lacan, a Verdade tem estrutura de ficção: o que surge disfarçado de sonho, ou até mesmo de sonho acordado, às vezes é a verdade oculta em que se fundamenta a própria realidade social reprimida. Essa é a lição definitiva de *A interpretação dos sonhos*: a realidade é para quem não consegue sustentar o sonho.

Os dois Reais

Como vivemos hoje em um universo dominado pelo discurso científico, a principal pergunta que surge aqui é: de que maneira esse Real freudiano se relaciona com o Real científico? No *thriller* futurista *Gatacca* (1997), de Andrew Niccol, Ethan Hawke e Uma Thurman provam o amor que sentem um pelo outro jogando fora o fio de cabelo que ambos entregariam para análise com o intuito de confirmar sua qualidade genética. Nessa sociedade futurista, a autoridade (acesso a uma elite privilegiada) é estabelecida "objetivamente" pela análise genética dos recém-nascidos – não temos mais a autoridade simbólica propriamente dita, a autoridade é fundamentada diretamente no Real do genoma. Como tal, *Gatacca* apenas extrapola a perspectiva, aberta hoje em dia, da legitimação direta da autoridade social e do poder no Real do código genético:

> ao eliminar as formas artificiais de desigualdade, fundadas no poder e na cultura, [os programas socialmente igualitários] poderiam por fim salientar e cristalizar formas naturais de desigualdade de modo muito mais dramático do que antes, em uma nova ordem hierárquica fundada no código genético.[3]

---

[3] Perry Anderson, "A Sense of the Left", *New Left Review* 231, set.-out. 1998, p. 76.

Contra essa perspectiva, não basta insistir que o princípio democrático do que Étienne Balibar chama de *égaliberté* não tem nada a ver com a semelhança genético-biológica dos indivíduos humanos, mas que visa à igualdade em princípio dos sujeitos *como* participantes do espaço simbólico. O dilema com que *Gatacca* nos confronta é: a única maneira de manter a dignidade da pessoa humana é aceitar uma limitação, interromper de uma vez por todas as descobertas sobre o nosso genoma, interromper de vez a nossa naturalização – um gesto que corresponde a: "Não quero saber o que você realmente/objetivamente é, aceito você pelo que é..."? Não voltamos desse modo ao saber conservador que afirma que o único modo de preservar a liberdade humana e a dignidade ética é reprimir nossa capacidade cognitiva e renunciar à investigação muito profunda da natureza das coisas?

Hoje as próprias ciências parecem nos mostrar uma saída para essa situação: o cognitivismo contemporâneo não costuma produzir fórmulas que soam estranhamente familiares para quem conhece diferentes versões da filosofia antiga e moderna, desde a noção budista de Vazio e a noção idealista alemã de reflexividade constitutiva do sujeito até a noção heideggeriana de "ser-no-mundo" ou a noção desconstrucionista de *différance*? Somos tentados aqui a preencher a lacuna reduzindo a filosofia à ciência, dizendo que o cognitivismo naturalizador moderno "realiza" *insights* filosóficos, traduzindo-os na forma científica aceitável, ou, ao contrário, dizendo que, com esses *insights*, a ciência pós-moderna rompe com o "paradigma cartesiano" e se aproxima do nível do pensamento filosófico autêntico. Esse curto-circuito entre ciência e filosofia aparece hoje em uma multiplicidade de formas: o cognitivismo heideggeriano (Hubert Dreyfuss), o budismo cognitivista (Francisco Varela), a combinação de pensamento oriental com física quântica (o "tao da física", de Capra) e até o evolucionismo desconstrucionista. Vamos examinar brevemente as duas principais versões.

Evolucionismo desconstrucionista

Há paralelos óbvios entre as leituras recentemente vulgarizadas sobre Darwin (de Gould a Dawkins e Dennett) e a desconstrução derridiana: o darwinismo não praticaria um tipo de "desconstrução" não só da teologia natural, mas também da própria ideia de Natureza como sistema positivo ordenado das espécies? A noção darwiniana estrita de "adaptação" não afirma que, precisamente, *os organismos não se "adaptam" diretamente*, que *stricto sensu* não há "adaptação" no sentido teológico do termo? – ocorrem mudanças genéticas contingentes e algumas permitem que certos organismos funcionem melhor e sobrevivam em um ambiente flutuante e articulado de maneira complexa (não há adaptação linear a um ambiente estável: quando alguma coisa no ambiente muda inesperadamente, uma característica que até então evitou a plena "adaptação" pode de repente se tornar crucial para a sobrevivência do organismo). Assim, o darwinismo prefigura, na verdade, uma versão da

140 / Alguém disse totalitarismo?

différance derridiana ou do *Nachträglichkeit* [*a posteriori*] freudiano: mudanças genéticas contingentes e insignificantes são retroativamente usadas (ou "exaptadas", como diria Gould) como apropriadas para a sobrevivência.

Em outras palavras, o que Darwin fornece é uma explicação modelar de como um estado de coisas que parece envolver uma economia teleológica bem ordenada (animais que fazem coisas "com o intuito de...") é, na verdade, o resultado de uma série de mudanças insignificantes – a temporalidade aqui é a do *futuro do presente*; ou seja, a "adaptação" é algo que sempre, e por definição, "terá sido". E esse enigma de como o (semblante do) teleológico e a ordem significativa pode surgir de ocorrências contingentes e insignificantes também não é central para a desconstrução? Com efeito, podemos dizer que o darwinismo (em sua dimensão radical verdadeira, é claro, não como evolucionismo vulgarizado) "desconstrói" não só a teleologia ou a intervenção do Divino na natureza, mas também a própria noção de natureza como ordem positiva estável – isso torna ainda mais enigmático o silêncio dos desconstrucionistas sobre o darwinismo, a ausência de tentativas desconstrucionistas de "apropriá-lo".

Em *Consciousness Explained* [Consciência explicada], o próprio Dennett, maior proponente do evolucionismo cognitivista (ironicamente, sem dúvida, mas não obstante com uma séria intenção subjacente), reconhece a estreiteza de sua teoria "pandemônica" da mente humana para o desconstrucionismo dos estudos culturais:

> Imagine a mistura de emoções quando descobri que, antes de minha versão [da ideia de Si como centro de gravidade narrativa] ser propriamente publicada em livro, ela já havia sido satirizada em um romance, *Nice Work*, de David Lodge. Aparentemente trata-se de um tema em alta entre os desconstrucionistas.[4]

Além do mais, uma escola inteira de teóricos do ciberespaço (dos quais o mais conhecido é Sherry Turkle) defende a ideia de que os fenômenos do ciberespaço tornam real na nossa experiência cotidiana o "sujeito descentralizado" desconstrucionista: devemos endossar a "disseminação" do Si único em uma multiplicidade de agentes competidores, em uma "mente coletiva", uma pluralidade de autoimagens sem um centro coordenador global, que é operativo no ciberespaço e desconectado dele a partir de um trauma patológico – jogar em espaços virtuais me permite descobrir novos aspectos de "mim", uma riqueza de identidades cambiantes, de máscaras sem uma pessoa "real" por trás delas, e assim experimentar o mecanismo ideológico da produção do Si, a violência imanente e a arbitrariedade dessa produção/construção...

---

[4]   Daniel C. Dennett, *Consciousness Explained* (Nova York, Little, Brown, 1991), p. 410.

Os estudos culturais são realmente totalitários? / 141

No entanto, a tentação que devemos evitar aqui é precisamente a conclusão precipitada de que Dennett é um lobo desconstrucionista da ciência empírica em pele de cordeiro: há uma lacuna que separa para sempre a naturalização evolucionária da consciência de Dennett e a análise desconstrucionista "metatranscendental" das condições de (im)possibilidade do discurso filosófico. Como Derrida argumenta de maneira muito convincente em "A mitologia branca", não basta afirmar que "todos os conceitos são metáforas", que não há um corte epistemológico puro, pois o cordão umbilical que conecta os conceitos abstratos às metáforas cotidianas é irredutível.

Em primeiro lugar, a questão não é apenas que "todos os conceitos são metáforas", mas que a própria diferença entre conceito e metáfora é sempre minimamente metafórica, baseada em alguma metáfora. Ainda mais importante é a conclusão oposta: a própria redução de um conceito a um monte de metáforas já tem de se basear em alguma determinação *conceitual e filosófica* implícita da diferença entre conceito e metáfora – ou seja, na própria oposição que ela tenta destruir[5]. Desse modo, ficamos presos para sempre em um círculo vicioso: sim, é impossível adotar uma posição filosófica livre das restrições das noções e atitudes ingênuas cotidianas do mundo vivido; no entanto, embora seja *impossível*, essa posição filosófica é ao mesmo tempo *inevitável*. Derrida apresenta o mesmo argumento a propósito da conhecida tese historicista de que toda a ontologia aristotélica dos dez modos de ser é um efeito/expressão da gramática grega: o problema é que *essa redução da ontologia (das categorias ontológicas) a um efeito da gramática pressupõe uma certa noção (determinação categórica) da relação entre gramática e conceitos ontológicos que em si já é grecometafísica*[6].

Devemos ter sempre em mente essa delicada posição derridiana com a qual ele evita as armadilhas gêmeas do realismo ingênuo e do fundacionalismo filosófico direto: uma "fundação filosófica" para a nossa experiência é *impossível*, mas *necessária* – embora tudo o que percebemos, entendemos, articulamos, seja obviamente sobredeterminado por um horizonte de pré-compreensão, no fundo esse horizonte em si permanece impenetrável. Sendo assim, Derrida é um tipo de metatranscendentalista que busca as condições de possibilidade do próprio discurso filosófico – se não consideramos o modo preciso pelo qual Derrida solapa o discurso filosófico *por dentro*, reduzimos a "desconstrução" a apenas mais um relativismo histórico ingênuo. Aqui, portanto, a posição de Derrida é o oposto da de Foucault, que, ao responder à crítica de que fala de uma posição cuja possibilidade não é explicada dentro do quadro de referência de sua teoria, disse animado: "Perguntas desse tipo não me dizem respeito: elas pertencem ao discurso da polícia, com seus arquivos

---

5 Ver Jacques Derrida, "A mitologia branca", em *Margens da filosofia* (trad. Joaquim Torres Costa e António M. Magalhães, Campinas, Papirus, 1991), p. 249-313.
6 Idem, "O suplemento de cópula", em *Margens da filosofia*, cit., p. 215-47.

142 / Alguém disse totalitarismo?

construindo a identidade do sujeito!"[7]. Em outras palavras, a maior lição do descons-trucionismo parece ser que não podemos adiar *ad infinitum* a questão *ontológica*, e o que é profundamente sintomático em Derrida é sua oscilação entre, de um lado, a abordagem hiperautorreflexiva que critica de antemão a questão sobre "como as coisas realmente são" e se limita a comentários desconstrutivos em um terceiro ní-vel a respeito das inconsistências da leitura do filósofo B sobre o filósofo A; e, de outro lado, uma afirmação "ontológica" direta sobre como a *différance* e o *arquitraço* determinam a estrutura de todas as coisas vivas e, como tais, já estão em operação na natureza animal. Não devemos nos esquecer aqui da interconexão paradoxal desses dois níveis: a mesma característica que nos impede eternamente de apreen-der diretamente o objeto almejado (o fato de que nossa apreensão é sempre refra-tada, "mediada", por uma alteridade descentralizada) é a característica que nos co-necta à estrutura proto-ontológica básica do universo.

Desse modo, o desconstrucionismo envolve duas proibições: ele proíbe a abor-dagem empírica "ingênua" ("examinamos com cuidado o material em questão, depois generalizamos hipóteses sobre ele...") e as teses metafísicas globais não his-tóricas sobre a origem e a estrutura do universo. Essa dupla proibição, que define de maneira clara e inequívoca o desconstrucionismo, atesta suas origens filosóficas transcendentais kantianas: essa mesma dupla proibição não é característica da revo-lução filosófica de Kant? Por um lado, a noção de constituição transcendental da realidade envolve a perda de uma abordagem direta empirista e ingênua da realida-de; por outro, envolve a proibição da metafísica, ou seja, da visão de mundo onia-brangente que fornece a estrutura numenal do universo todo. Em outras palavras, não devemos nos esquecer de que Kant, longe de simplesmente expressar uma crença no poder constitutivo do sujeito (transcendental), introduz a ideia de di-mensão transcendental para responder ao *impasse* fundamental e intransponível da existência humana: o ser humano se esforça compulsivamente por uma noção glo-bal da verdade, de uma cognição universal e necessária, por mais que essa cognição lhe seja, ao mesmo tempo, eternamente inacessível.

Budismo cognitivista

Será que o resultado é melhor na aliança entre a abordagem cognitivista da men-te e os proponentes do pensamento budista, em que a questão não é naturalizar a filosofia, mas o oposto: usar os resultados do cognitivismo para ter (de novo) acesso à sabedoria antiga? A negação cognitivista contemporânea do Si unitário, estável e idêntico a si mesmo – a ideia da mente humana como um *playground*

---

[7] Michel Foucault, *Language, Counter-Memory, Practice* (Ithaca, NY, Cornell University Press, 1977), p. 124.

Os estudos culturais são realmente totalitários? / 143

pandemônico de múltiplos agentes, associada por alguns autores (em especial por Francisco Varela)[8] à negação budista do Si como substância permanente que subjaz aos nossos atos/eventos mentais –, parece persuasiva em sua rejeição crítica da noção substantiva do Si.

O paradoxo em que se baseiam os cognitivistas e neobudistas é a lacuna entre nossa experiência comum, que automaticamente recorre a uma referência (e/ou a envolve) a alguma noção do Si como substância subjacente que "tem" sentimentos, volições etc., e para a qual esses estados mentais e atos "acontecem", e o fato – bem conhecido até mesmo na Europa, pelo menos a partir de Hume – de que, por mais que busquemos profunda e minuciosamente nossa experiência-de-si, o que encontramos são apenas eventos mentais esquivos e passageiros, nunca o Si como tal – ou seja, uma substância a que pudéssemos atribuir esses eventos. A conclusão a que chegam tanto os cognitivistas quanto os budistas é, obviamente, que a noção de Si é resultado de um erro epistemológico (ou, no caso do budismo, ético-epistemológico) inerente à natureza humana como tal: o que devemos fazer é nos livrar dessa noção enganadora e aceitar plenamente que o Si não existe; que "eu" não sou nada mais do que um monte infundado de eventos (mentais) esquivos e heterogêneos.

Essa conclusão, no entanto, é realmente inevitável? Varela também rejeita a noção kantiana do Si, o sujeito da pura apercepção, como sujeito transcendental que não é encontrado em lugar nenhum na nossa experiência empírica. Contudo, devemos introduzir aqui a distinção entre agregados ou eventos mentais sem eu/sem si e o sujeito como idêntico a esse próprio vazio, a essa falta de substância. E se a passagem do fato de não existir representação ou ideia positiva do Si para a conclusão de que não existe Si for rápida demais? E se o Si for justamente o "eu da tempestade", o vazio no centro do incessante turbilhão/vórtice dos eventos mentais esquivos: algo como o "vacúolo" que encontramos na biologia, o vazio em torno do qual circulam os eventos mentais, o vazio que não é nada em si, não tem identidade positiva substantiva, mas ainda assim serve como ponto irrepresentável de referência, como o "eu" para o qual são atribuídos os eventos mentais? Em termos lacanianos, é preciso distinguir entre o "si" como padrão de identificações comportamentais e outras identificações imaginárias e simbólicas, como a "autoimagem", como o que me percebo ser, e o ponto vazio da pura negatividade, o sujeito "barrado" ($). O próprio Varela chega perto disso quando distingue (1) o Si *enquanto* série de formações mentais e corporais que tem certo grau de coerência causal e integridade através do tempo; (2) o Si com maiúscula *enquanto* núcleo substancial oculto da identidade do sujeito (o "eu-si--mesmo"); e, por fim, (3) o anseio/apego da mente humana pelo/ao Si, por/a algum

---

[8] Ver Francisco J. Varela, Evan Thompson e Eleanor Rosch, *The Embodied Mind* (Cambridge, MA, Mit Press, 1993) [ed. bras.: *A mente incorporada*, trad. Maria Rita Secco Homeister, Porto Alegre, Artmed, 2003].

144 / Alguém disse totalitarismo?

tipo de base sólida. Da perspectiva lacaniana, no entanto, esse "anseio incessante" não seria *o próprio Sujeito*, o Vazio que "é" a subjetividade?

Os neobudistas têm razão em criticar os proponentes cognitivistas da noção de "sociedade da mente" por defenderem a cisão irredutível entre nossa cognição científica (que nos diz não haver Si ou livre-arbítrio) e a experiência cotidiana em que simplesmente não funcionamos sem pressupor um Si consistente, dotado de livre-arbítrio – os cognitivistas condenam, portanto, a si próprios a uma posição niilista de defesa das crenças que eles sabem que são erradas. O esforço dos neobudistas é preencher essa lacuna convertendo/transpondo a própria ideia de que não há Si substantivo para a experiência humana diária (em última instância, é disso que trata a reflexão meditativa budista).

Quando Jackendoff, autor de uma das maiores tentativas cognitivistas de explicar a consciência, sugere que nossa consciência/percepção surge do fato de que nós, precisamente, não sabemos como a própria consciência/percepção é gerada por processos mundanos (há consciência apenas na medida em que suas origens biológico-orgânicas permanecem obscuras)[9], ele chega bem próximo da ideia kantiana de que existe a consciência-de-si, de que eu penso apenas na medida em que o "eu ou ele ou Isso (a Coisa) que pensa" continua sendo impenetrável para mim. O contra-argumento de Varela de que existe uma confusão no raciocínio de Jackendoff (esses processos que não conhecemos não passam disto: processos que não fazem parte da nossa experiência humana diária, mas estão totalmente além dela, hipostasiadas pela prática científica cognitivista)[10] não capta o principal: essa inacessibilidade do Si substantivo natural (ou melhor, de sua base substantiva natural para o meu Si) *faz* parte da nossa experiência não científica diária, precisamente na forma do nosso fracasso em encontrar um elemento positivo na nossa experiência que "seria" diretamente o nosso Si (a experiência supracitada, já formulada por Hume, de que não importa quão profundamente analisemos nossos processos mentais, jamais encontraremos nada que seja o nosso Si). E se aplicássemos a Varela a piada sobre o louco que procura uma chave perdida ao redor de um poste iluminado, e não no canto escuro onde a perdeu, porque é mais fácil procurá-la sob a luz? E se estivermos procurando o Si no lugar errado, na falsa prova de fatos empíricos positivos?

Nossa conclusão, portanto, é que na verdade não há como superar o abismo que separa o horizonte apriorístico transcendental do domínio das descobertas científicas positivas: por um lado, a habitual "reflexão filosófica da ciência" (as ciências positivas "não pensam", são incapazes de refletir sobre o horizonte da pré-compreensão, acessível apenas à filosofia) lembra cada vez mais um velho truque automático que está

---

[9] Ver Ray Jackendoff, *Consciousness and the Computational Mind* (Cambridge, MA, MIT Press, 1987).
[10] Ver Francisco J. Varela, Evan Thompson e Eleanor Rosch, *The Embodied Mind*, cit., p. 126.

perdendo a eficácia; por outro lado, a ideia de que uma ciência "pós-moderna" chegará ao nível da reflexão filosófica (por exemplo, que a física quântica, ao incluir o observador na objetividade material observada, rompe com o quadro do objetivismo/naturalismo científico e chega ao nível da constituição transcendental da realidade) perde claramente o nível apropriado do transcendental *a priori*.

É verdade que, de certa maneira, a filosofia moderna se põe "na defensiva" contra o ataque furioso da ciência: a virada transcendental de Kant está ligada ao advento da ciência moderna não só de maneira óbvia (fornecendo o *a priori* da física newtoniana), mas também de maneira mais radical, levando em consideração que, com o advento da ciência empírica moderna, uma Teoria de Tudo, metafísica e imediata, não é mais viável, ou seja, não pode ser combinada com a ciência. Assim, a única coisa que a filosofia pode fazer é "fenomenalizar" o conhecimento científico e depois fornecer seu horizonte hermenêutico apriorístico – tudo isso tendo como base a inescrutabilidade definitiva do universo e do homem. Adorno foi quem enfatizou a profunda ambiguidade da noção kantiana de constituição transcendental: longe de simplesmente afirmar o poder constitutivo do Sujeito, ela também pode ser interpretada como a aceitação resignada da *limitação* apriorística de nossa abordagem do Real.

A "terceira cultura" como ideologia

Longe de se limitar a um debate puramente formal, esse conflito entre os estudos culturais desconstrucionistas pós-modernos e os vulgarizadores cognitivistas das ciências "duras" – ou seja, proponentes da chamada "terceira cultura" – também funciona como a luta pela hegemonia intelectual (por aquilo que ocupará o lugar universal do "intelectual público"). Essa luta, que chamou a atenção do público em geral por meio do chamado caso De Man (em que seus oponentes tentaram provar as tendências irracionais protofascistas da desconstrução), chegou ao auge no caso Sokal (em 1997, o jornal *Social Text* foi induzido a publicar uma crítica pós--estruturalista da física moderna, escrita pelo físico Alan Sokal, com o intuito, na verdade, de ser uma sátira trocista). Nos estudos culturais, "teoria" refere-se em geral à mistura de crítica literária/de cinema, cultura de massa, ideologia, estudos *queer* etc. – aqui vale citar a reação de surpresa de Dawkins:

> Outro dia reparei em um artigo de um crítico literário intitulado "Teoria: o que é? Você acreditaria nela?". "Teoria", nesse caso, significava "teoria em crítica literária". [...] A própria palavra "teoria" foi sequestrada para algum propósito literário extremamente estreito – como se Einstein não tivesse teorias; como se Darwin não tivesse teorias.[11]

---

[11] Em John Brockman (org.), *The Third Culture* (Nova York, Simon & Schuster, 1996), p. 23.

146 / Alguém disse totalitarismo?

Dawkins tem uma solidariedade profunda para com seu grande oponente Gould, que também reclama:

há algo como uma conspiração entre os intelectuais literários para pensar que são donos do panorama intelectual e da revisão das fontes, quando há, na verdade, um grupo de escritores de não ficção, em sua maioria das ciências, que tem toda uma gama de ideias fascinantes sobre as quais as pessoas querem ler.[12]

Essas citações marcam claramente os termos do debate como luta pela hegemonia ideológica no sentido preciso que esse termo adquiriu nos escritos de Ernesto Laclau: a luta em relação a um conteúdo particular que sempre "hegemoniza" o termo universal aparentemente neutro[13].

A terceira cultura abarca um campo vasto, que vai desde o debate da teoria evolutiva (Dawkins e Dennett *versus* Gould), passa pelos físicos que trabalham com a física quântica e a cosmologia (Hawking, Weinberg, Capra), os cientistas cognitivos (Dennett de novo, Marvin Minsky), os neurologistas (Sacks), os teóricos do caos (Mandelbrot, Stewart), os autores que tratam do impacto cognitivo e social geral da digitalização da nossa vida diária, até os teóricos do sistema autopoietico, que tentam desenvolver uma noção formal universal dos sistemas auto-organizadores recentes que possa ser aplicada tanto às espécies e aos organismos vivos "naturais" quanto aos "organismos" sociais (o comportamento dos mercados e outros grandes grupos de agentes sociais interativos). Devemos observar três coisas neste ponto:

- Via de regra, não estamos lidando com os próprios cientistas, mas (apesar de muitas vezes serem os mesmos indivíduos) com autores que se dirigem a um público amplo, cujo sucesso excede completamente o apelo público dos estudos culturais (basta mencionarmos os grandes best-sellers de Sacks, Hawking, Dawkins e Gould).
- Já no caso dos estudos culturais, não estamos lidando com um campo homogeneizado, mas com uma multiplicidade rizomática, conectada por "semelhanças de família", no qual os autores costumam se envolver em polêmicas violentas, mas onde também florescem conexões interdisciplinares (entre a biologia evolutiva e as ciências cognitivas etc.).
- Em geral, os autores ativos nesse domínio são amparados por um tipo de zelo missionário, pela consciência compartilhada de que todos participam de uma única mudança no paradigma global do conhecimento.

---

[12] Ibidem, p. 21.
[13] Ver Ernesto Laclau e Chantal Mouffe, *Hegemony and Socialist Strategy* (Londres, Verso, 1984).

Como um tipo de manifesto dessa orientação, poderíamos citar a introdução de *The Third Culture*, na qual o organizador (John Brockman) apresenta com clareza a grande narrativa que sustenta a identificação coletiva desses autores[14]: nas décadas de 1940 e 1950, a ideia de intelectual público identificava-se com um acadêmico versado em ciências humanas (ou sociais) "leves", que tratava de questões de interesse comum e assumia uma posição relativa aos assuntos em voga, e assim desencadeava ou participava de debates públicos importantes e acalorados; o que aconteceu depois, com o furioso ataque da teoria "francesa" desconstrucionista pós-moderna, foi a morte da geração de pensadores públicos e sua substituição por "acadêmicos exangues", ou seja, cientistas culturais cuja posição pseudorradical contra o "poder" ou o "discurso hegemônico" envolve, na verdade, o fim acelerado do engajamento político efetivo e direto fora dos estreitos confins da academia, além de um refúgio voluntário cada vez maior em um jargão elitista que impede a própria possibilidade de atuarem como intelectuais engajados em debates públicos.

Felizmente, no entanto, essa retirada do "intelectual público" foi neutralizada pela onda da terceira cultura – pelo surgimento de um novo tipo de intelectual público, o autor da terceira cultura, que, aos olhos do público em geral, representa cada vez mais o sujeito "suposto saber", de quem se espera a revelação das chaves para os grandes segredos que nos preocupam... Aqui, mais uma vez, o problema é a lacuna entre as ciências efetivas "duras" e seus proponentes ideológicos da terceira cultura, que elevam os cientistas a um "sujeito suposto saber": não só para as pessoas comuns, que compram esses livros às bateladas, mas também *para os próprios teóricos pós-modernos*, que estão intrigados, "apaixonados por ele", e supõem que "realmente sabem alguma coisa sobre o mistério supremo do ser". Nesse aspecto, o encontro é um fracasso: não, os populares autores da terceira cultura *não* têm a solução que resolverá a crise dos estudos culturais, não têm o que falta nos estudos culturais. O encontro amoroso, portanto, fracassa: o ser amado não estica a mão para oferecer amor.

Por conseguinte, é fundamental fazer uma distinção entre a ciência em si e sua inerente ideologização, sua transformação às vezes sutil em um novo "paradigma" (novo codinome para "visão de mundo") holístico etc.: uma série de noções (complementaridade, princípio antropomórfico...) é aqui duplamente inscrita, funcionando como termos científicos *e* ideológicos. Com efeito, é difícil medir até que ponto a "terceira cultura" está infestada de ideologia; entre suas apropriações ideológicas óbvias (mas são elas apenas apropriações secundárias?), devemos notar, mais uma vez, pelo menos dois casos óbvios:

---

[14] Ver a introdução de John Brockman (org.), *The Third Culture*, cit.

148 / Alguém disse totalitarismo?

- A inscrição geralmente presente da Nova Era, em que a mudança de paradigma é interpretada como a superação do paradigma cartesiano mecânico-materialista rumo a uma nova abordagem holística que nos leva de volta à sabedoria do antigo pensamento oriental (o tao da física etc.); às vezes, isso é ainda mais radicalizado na afirmação de que a mudança científica no paradigma predominante é um epifenômeno do fato de que a humanidade está bem perto da maior mudança espiritual de toda a sua história, está prestes a entrar em uma nova era, em que o individualismo egoísta será substituído por uma Consciência cósmica transindividual.
- A "naturalização" de certos fenômenos sociais específicos claramente discerníveis no chamado ciber-revolucionarismo, que se baseia na noção de ciberespaço (ou rede mundial de computadores) como organismo "natural" que desenvolve a si mesmo: a "naturalização da cultura" (mercado, sociedade etc., como organismos vivos) aqui se sobrepõe à "culturalização da cultura" (a própria vida é concebida como um conjunto de informações autorreprodutivas – "genes são memes"). Essa nova noção de Vida, portanto, é neutra no que se refere à distinção entre processos naturais e culturais ou "artificiais" – a Terra (como Gaia), bem como o mercado global, surgem como gigantescos sistemas vivos autorregulados, cuja estrutura básica é definida nos termos do processo de codificar e decodificar, passar adiante a informação etc.

Desse modo, embora os ideólogos do ciberespaço possam sonhar com o próximo estágio da evolução – no qual deixaremos de ser indivíduos "cartesianos" que interagem mecanicamente e cada "pessoa" cortará sua ligação substantiva com seu corpo individual e conceberá a si mesma como parte de uma nova Mente holística que vive e age por meio dela –, o que está por trás dessa "naturalização" direta da rede mundial de computadores ou do mercado é o conjunto das relações de poder – das decisões políticas, das condições institucionais – necessário para que "organismos" como a internet (ou o mercado, ou o capitalismo) prosperem. Estamos lidando aqui com uma transposição metafórica extremamente precipitada de certos conceitos biológicos evolutivos para o estudo da história da civilização, como o salto dos "genes" para os "memes" – ou seja, a ideia de que não só os seres humanos usam a linguagem para se reproduzir, multiplicar seu poder, seu conhecimento etc., como a própria linguagem, talvez em um nível mais fundamental, usa os seres humanos para se replicar e expandir, para ganhar uma nova riqueza de significados etc.

O contra-argumento padrão dos proponentes dos estudos culturais contra a crítica da terceira cultura é que a perda do intelectual público que se lamenta nessas queixas é, na verdade, a perda de certo tipo tradicional de intelectual modernista (em geral homem e branco): na nossa era pós-modernista, esse tipo de intelectual

Os estudos culturais são realmente totalitários? / 149

foi substituído por uma proliferação de teóricos que atuam de um modo diferente (substituindo a preocupação com uma grande questão por uma série de intervenções estratégias localizadas) e, de fato, tratam de questões que concernem a um público mais amplo (racismo e multiculturalismo, sexismo, como derrubar o currículo eurocentrista etc.) e provocam debates públicos (como as controvérsias sobre o "politicamente correto" ou o "assédio sexual"). Por mais que tal resposta seja fácil, a verdade é que esses temas abordados pelos estudos culturais ocupam o centro dos debates político-ideológicos públicos (multiculturalismo híbrido *versus* a necessidade de uma identificação íntima da comunidade; aborto e direitos *queer versus* fundamentalismo da maioria moral etc.), embora a primeira coisa que chame a atenção na terceira cultura seja como seus proponentes, por mais ocupados que estejam em esclarecer os grandes enigmas ("lendo a mente de Deus", como julgou Hawking certa vez), passam silenciosamente à margem das questões urgentes que, na verdade, ocupam o palco central dos debates político-ideológicos.

Por fim, devemos observar que, apesar da distinção nítida entre ciência e ideologia, a ideologia obscurantista da Nova Era é *um resultado imanente da própria ciência moderna* – de David Bohm a Fritjof Capra, há uma abundância de exemplos de diferentes versões da "dança dos mestres Wu Li", ensinando-nos o tao da física, o "fim do paradigma cartesiano", o significado do princípio antrópico e da abordagem holística etc.[15]. Para evitar qualquer equívoco: como materialista dialético antiquado, eu me oponho da maneira mais feroz possível a essas apropriações obscurantistas da física quântica e da astronomia; tudo o que digo é que esses ramos obscurantistas não são simplesmente impostos de fora, mas funcionam como o que Louis Althusser teria chamado de "ideologia espontânea" dos próprios cientistas, como um tipo de suplemento espiritualista à atitude reducionista-procedimentalista predominante de que "só é válido o que pode ser definido e mensurado com precisão".

Muito mais preocupante que os "excessos" dos estudos culturais são as apropriações obscurantistas que faz a Nova Era das ciências "duras" de hoje, que, para legitimar sua posição, evocam a autoridade da própria ciência ("a ciência atual superou o materialismo mecanicista e aponta para uma nova posição holística espiritual..."). De maneira significativa, defensores do realismo científico como Bricmont e Sokal referem-se apenas brevemente a certas formulações "subjetivistas" de Heisenberg e

---

[15] Vejamos uma das milhares de passagens que tratam desse assunto: "Existe, como afirma David Bohm, uma 'ordem implicada' para a matéria que está além da nossa compreensão e pressupõe uma 'inteireza' para todas as coisas? Podemos conceber um 'tao da física', como afirma Fritjof Capra em um livro que vendeu milhões de exemplares, em que as filosofias orientais correspondem aos paradoxos atordoantes do mundo quântico?" (Pat Kane, "There's Method in the Magic", em Jane Franklin [org.], *The Politics of Risk Society*, Oxford, Polity Press, 1998, p. 78-9.)

150 / Alguém disse totalitarismo?

Bohr, as quais podem suscitar apropriações relativistas/historicistas equivocadas, qualificando-as como a expressão da filosofia de seus autores, e não como parte do edifício científico da física quântica em si. Aqui, no entanto, começa o problema: as formulações "subjetivistas" de Bohr e Heisenberg não são um fenômeno marginal, mas foram canonizadas como a "ortodoxia de Copenhague", ou seja, como interpretação "oficial" das consequências ontológicas da física quântica.

O fato é que no momento em que queremos explicar ontologicamente a física quântica (que noção da realidade se encaixa em seus resultados), surgem paradoxos que solapam o objetivismo científico baseado no senso comum – esse fato é constantemente enfatizado pelos próprios cientistas, que oscilam entre a mera suspensão da questão ontológica (a física quântica funciona, então não tente entendê-la, apenas faça os cálculos...) e diferentes saídas do impasse (ortodoxia de Copenhague, interpretação de muitos mundos, uma versão da teoria da "variável oculta" que salvaria a noção de uma única realidade objetiva, como aquela proposta por David Bohm, mas que, não obstante, envolve paradoxos próprios, como a noção de causalidade que recua no tempo).

O problema mais fundamental por trás dessas perplexidades é: podemos, de fato, simplesmente renunciar à questão ontológica e nos limitar ao mero funcionamento do aparato científico, a seus cálculos e medições? Outro impasse diz respeito à necessidade de relacionar de alguma maneira as descobertas científicas à linguagem cotidiana, de traduzi-las para a linguagem cotidiana: podemos argumentar que os problemas surgem somente quando tentamos retraduzir os resultados da física quântica para as noções da realidade inspiradas no senso comum – mas é possível resistir à tentação? Todos esses assuntos são amplamente discutidos na literatura sobre a física quântica, portanto não têm nada a ver com a (má) apropriação das ciências pelos estudos culturais – foi o próprio Richard Feynman que, em sua famosa declaração, afirmou que "ninguém entende realmente a física quântica", insinuando que não podemos mais traduzir seu edifício teórico-matemático nos termos das noções cotidianas da realidade[16]. O impacto da física moderna *foi* ter abalado o edifício epistemológico ingênuo-realista tradicional: as próprias ciências abriram uma lacuna em que os ramos obscurantistas foram capazes de crescer; então, em vez de despejar todo o nosso desdém sobre os pobres estudos culturais, seria muito mais produtivo abordar mais uma vez o assunto clássico das implicações epistemológicas e ontológicas precisas das mudanças nas próprias ciências "duras".

---

[16] Richard Feynman, *The Character of Physical Law* (Cambridge, MA, MIT Press, 1967), p. 129 [ed. bras.: *Sobre as leis da física*, Rio de Janeiro, Contraponto, 2012].

O impasse do historicismo

Por outro lado, o problema com os estudos culturais é que, pelo menos em sua forma predominante, eles *envolvem* um tipo de suspensão cognitiva (o abandono da consideração do valor de verdade inerente à teoria em questão) característica do relativismo historicista: quando um teórico cultural típico aborda um edifício filosófico ou psicanalítico, sua análise se concentra exclusivamente em revelar seu "viés" oculto, identitário, eurocêntrico, patriarcal etc., sem sequer fazer a tola, porém necessária, pergunta: "OK, mas qual *é* a estrutura do universo?". Como a psique humana "realmente" *funciona*? Essas questões nem são levadas a sério pelos estudos culturais, pois eles simplesmente tendem a reduzi-las à reflexão historicista sobre as condições em que surgiram certas noções como resultado de relações de poder historicamente específicas. Além disso, em uma atitude retórica típica, os estudos culturais criticam a própria tentativa de traçar uma linha clara de distinção entre, digamos, a verdadeira ciência e a mitologia pré-científica, como parte do processo eurocentrista de impor a própria hegemonia por meio da estratégia discursiva de exclusão, de desvalorização do Outro como ainda-não-científico.

Dessa maneira, acabamos organizando e analisando a ciência propriamente dita, a "sabedoria" pré-moderna e outras formas de conhecimento como diferentes formações discursivas avaliadas não em relação ao seu valor de verdade inerente, mas ao seu *status* sociopolítico e seu impacto (assim, uma sabedoria "holística" nativa pode ser considerada muito mais "progressista" que a ciência ocidental "mecanicista" responsável pelas formas da dominação moderna). O problema com esse procedimento adotado pelo relativismo historicista é que ele continua a se basear em um conjunto de pressupostos ontológicos e epistemológicos (não tematizados) sobre a natureza do conhecimento humano e da realidade: em geral uma noção protonietzschiana de que o conhecimento não está apenas enraizado, mas é também gerado por um conjunto complexo de estratégias discursivas de (re)produção do poder etc. Portanto, é crucial ressaltar que Lacan, nesse ponto, difere do historicismo dos estudos culturais: para ele, a ciência moderna *não* é absolutamente uma das "narrativas" comparáveis em princípio a outros modos de "mapeamento cognitivo" – a ciência moderna *toca o Real* de uma maneira totalmente ausente dos discursos pré-modernos.

Devemos aqui colocar os estudos culturais em seu contexto apropriado: paradoxalmente, desde a morte das grandes escolas filosóficas no fim da década de 1970, a própria filosofia acadêmica europeia, com seu posicionamento histórico-hermenêutico básico, compartilha com os estudos culturais a posição da suspensão cognitiva: excelentes estudos de grandes autores do passado foram apresentados recentemente, ainda que se concentrem na leitura correta do autor em questão, enquanto a maioria ignora a questão ingênua, porém inevitável, do valor de verdade – não só "Será essa a leitura correta da noção de corpo em Descartes? É isso que a noção de corpo em Descartes tem de suprimir para manter sua consistência?" e assim por diante, mas também "Qual *é*, então, o verdadeiro *status* do corpo? Como nos *sentimos* em relação à noção de corpo em Descartes?". E parece que essas questões "ontológicas" proibidas estão retornando atualmente com toda a força na terceira cultura: o que caracteriza o recente advento da física quântica e da cosmologia se não uma retomada violenta e agressiva das questões metafísicas mais fundamentais (qual é a origem e o suposto fim do universo etc.)?

O objetivo explícito de pessoas como Hawking é uma versão da TDT (teoria de tudo), ou seja, a tentativa de descobrir uma fórmula básica da estrutura do universo que possamos imprimir e usar em uma camiseta (ou, quanto ao ser humano, o genoma que identifique o que sou objetivamente). Desse modo, em claro contraste com a proibição estrita de questões "ontológicas" diretas nos estudos culturais, os proponentes da terceira cultura abordam descaradamente os problemas metafísicos pré-kantianos mais fundamentais (os constituintes supremos da realidade, as origens e o fim do universo; o que é a consciência, como surgiu a vida etc.) – como se o velho sonho, que morreu com o fim do hegelianismo, de uma síntese ampla de metafísica e ciência, o sonho de uma teoria global do *todo* fundamentada em *insights* científicos precisos, estivesse ganhando força novamente.

Em contraste com essas duas versões da suspensão cognitiva, a abordagem cognitivista opta por uma investigação ingênua direta da "natureza das coisas" (o que é a percepção? como surge a linguagem?); no entanto – para usar uma expressão bem conhecida –, ao jogar fora a água do banho, ela também joga fora o bebê, isto é, a dimensão própria da reflexão filosófico-transcendental. Em outras palavras, o relativismo historicista (que acaba levando a uma posição solipsista insustentável) é realmente a única alternativa ao realismo científico ingênuo (segundo o qual, nas ciências e no nosso conhecimento em geral, estamos pouco a pouco nos aproximando da própria imagem do modo como as coisas realmente são lá fora, independentemente da consciência que temos delas)?

Do ponto de vista de uma reflexão filosófica própria, podemos mostrar facilmente que essas posições não consideram de modo apropriado o nível hermenêutico--transcendental. Em que consiste esse nível? Tomemos a clássica linha de raciocínio segundo a qual a passagem do pensamento mítico pré-moderno para a abordagem científica moderna da realidade não pode simplesmente ser interpretada como a substituição de uma "narrativa" predominante por outra – definitivamente a abordagem científica moderna nos aproxima mais do que a "realidade" (a realidade "dura" que existe independentemente do pesquisador científico) é de fato. A resposta básica do filósofo hermenêutico a essa posição seria insistir que, com a passagem do universo mítico pré-moderno para o universo da ciência moderna, *a própria noção do que significa a "realidade" (ou "realmente existir"), do que "conta" como realidade, também precisa mudar*, de modo que não podemos simplesmente pressupor uma medida externa neutra que nos permita dizer que, com a ciência moderna, nós nos aproximamos mais da "mesma" realidade que daquela com a qual lidava a mitologia pré-moderna – como teria dito Hegel, com a passagem do universo mítico pré-moderno para o universo científico moderno, a própria medida, o padrão que usamos implicitamente ou aplicamos para medir quão "real" é aquilo com que lidamos, passou por uma mudança fundamental.

A perspectiva científica moderna envolve uma série de distinções (entre realidade "objetiva" e ideias "subjetivas" – as impressões da realidade no sujeito –, entre fatos reais neutros e "valores" que nós, sujeitos que julgam, impomos aos fatos etc.) que são, *stricto sensu*, insignificantes no universo pré-moderno. É claro que os realistas responderiam que a questão é exatamente essa – que é somente com a passagem para o universo científico moderno que obtemos uma noção apropriada do que é a "realidade objetiva", em contraste com a perspectiva pré-moderna, que confundia "fatos" e "valores"; contra isso, os filósofos hermenêutico-transcendentais estariam plenamente justificados ao insistir que, não obstante, não podemos sair do círculo vicioso de pressupor nosso resultado: o modo mais fundamental pelo qual a realidade nos "aparece", o modo mais fundamental pelo qual experimentamos o que "realmente conta como existente de fato", é sempre-já pressuposto em nossos juízos sobre o que "realmente existe". Esse nível transcendental foi indicado pelo próprio Kuhn em *A estrutura das revoluções científicas*, quando afirmou que a mudança em um paradigma científico é *mais* que uma mera mudança na nossa perspectiva (externa) sobre a realidade – ou sobre a percepção dela –, porém *menos* que nossa "criação" efetiva de uma nova realidade[17].

Por essa razão, a distinção-padrão entre as condições sociais ou psicológicas contingentes de uma invenção científica e seu valor de verdade objetivo é insuficiente aqui: o mínimo que podemos dizer é que a própria distinção entre a gênese (sociopsicológica contingente, empírica) de certa formação científica e seu valor de verdade objetivo, independentemente das condições dessa gênese, já pressupõe uma série de distinções (entre gênese e valor de verdade etc.) que de modo algum é evidente. Sendo assim, devemos mais uma vez insistir que o questionamento hermenêutico-transcendental dos pressupostos implícitos de maneira nenhuma endossa o relativismo historicista típico dos estudos culturais.

Qual é, então, a natureza da diferença definitiva entre cognitivismo e estudos culturais? De um lado, há o conhecimento objetivo neutro, o exame empírico paciente da realidade: os cognitivistas gostam de ressaltar que, politicamente, não são

---

[17] Ver Thomas S. Kuhn, *A estrutura das revoluções científicas* (trad. Beatriz Vianna Boeira e Nelson Boeira, 5. ed., São Paulo, Perspectiva, 1998).

154 / Alguém disse totalitarismo?

contra a esquerda – seu objetivo é precisamente libertar a esquerda do falso pós-moderno irracionalista-relativista-elitista etc.; no entanto, aceitam a distinção entre *insight* (científico) teórico neutro e o possível viés ideológico-político de seu autor... Em contrapartida, os estudos culturais envolvem o paradoxo propriamente dialético de uma Verdade baseada em uma posição subjetiva engajada. Essa distinção entre o Conhecimento inerente à instituição acadêmica, definido pelos padrões do "profissionalismo", e a Verdade de um sujeito (coletivo) engajado em uma luta (elaborada, entre outros, por filósofos como Theodor Adorno e Alain Badiou) nos permite explicar como a diferença entre os cognitivistas e os estudos culturais funciona como uma senha: ela só é propriamente visível do ponto de vista dos estudos culturais. Sendo assim, por um lado, deveríamos reconhecer plenamente o sólido *status* acadêmico de grande parte do empenho cognitivista – em geral, trata-se da academia em sua melhor forma –; por outro, há uma dimensão que simplesmente escapa a sua apreensão.

Por outro lado, os estudos culturais politicamente corretos pagam caro com frequência por sua arrogância e falta de abordagem séria, ao confundir Verdade (posição subjetiva engajada) com Conhecimento – ao renegar a lacuna que os separa, ao subordinar diretamente o Conhecimento à Verdade (por exemplo, uma rejeição sociocrítica precipitada de uma ciência específica, como a física quântica ou a biologia, sem a familiaridade apropriada com a estrutura conceitual inerente a esse campo do Conhecimento). Com efeito, o problema dos estudos culturais muitas vezes é a falta de habilidades disciplinares específicas: um teórico literário sem conhecimento apropriado da filosofia pode escrever de maneira afrontosa sobre o falogocentrismo de Hegel, sobre cinema etc. – estamos lidando com um tipo de falsa capacidade crítica universal de julgar tudo, sem o conhecimento apropriado. Com toda a sua crítica ao universalismo filosófico tradicional, os estudos culturais funcionam, na verdade, como um tipo de filosofia *ersatz*. As noções, portanto, são transformadas em universais ideológicos: nos estudos pós-coloniais, a noção de "colonização" começa a funcionar como noção hegemônica, é alçada a paradigma universal e depois, nas relações entre os sexos, o masculino coloniza o feminino, as classes superiores colonizam as inferiores...

Especialmente entre alguns intérpretes "progressistas" da biologia contemporânea, é comum se concentrar no modo como as posições opostas são sobredeterminadas pelo ponto de vista político-ideológico de seus autores: a "teoria de vida do gângster de Chicago", de Dawkins, sua teoria determinista e reducionista sobre os "genes egoístas", presos na luta mortal pela sobrevivência, não expressa a posição de uma sociedade burguesa competitiva e individualista? A ênfase dada por Gould à súbita mudança genética e à exaptação não é um sinal da posição esquerdista mais maleável, dialética e "revolucionária" de seu autor? Aqueles que enfatizam (como Lynn Margulis) a cooperação espontânea e a ordem emergente não expressam um anseio por uma ordem orgânica estável, por uma sociedade como "corporação"? Sendo assim, não temos aqui a expressão científica da tríade básica entre direita, centro e esquerda: a noção organicista conservadora da sociedade como um Todo; a noção burguesa individualista da sociedade como espaço de competição entre os indivíduos; e a teoria revolucionária da mudança súbita? (É claro, a insistência na abordagem holística e na ordem emergente pode receber uma ênfase diferente: ela pode mostrar o anseio conservador por uma ordem estável ou a crença utópica progressista em uma nova sociedade de cooperação solidária, na qual a ordem brota espontaneamente de baixo e não é imposta de cima.)

A forma usual de oposição se dá entre o exame mecanicista "frio" da causalidade, que mostra a atitude do manipulador científico a serviço da dominação exploradora da natureza, e a nova abordagem "holística", que se concentra na ordem e na cooperação que surgem espontaneamente e aponta para o que Andrew Ross chamou de "ciência mais maleável, animadora"[18]. Aqui o erro é o mesmo do marxismo stalinista, que opunha ciência "burguesa" e ciência do "proletariado", ou do feminismo pseudorradical, que opõe o discurso "masculino" ao "feminino" como dois Todos fechados em si mesmos e envolvidos na arte da guerra: nós não temos *duas* ciências, mas *uma* ciência universal dividida por dentro – ou seja, presa na batalha pela hegemonia[19].

Aparelhos teóricos de Estado

O "pensamento radical" reorganizado academicamente no Ocidente liberal não atua no vazio, mas faz parte das relações sociais de poder. A propósito dos estudos culturais, temos de fazer, mais uma vez, a velha pergunta benjaminiana: não como eles *se referem* explicitamente ao poder, mas como eles próprios *são situados dentro* das relações predominantes de poder? Os estudos culturais também não funcionam como um discurso que pretende ser criticamente autorreflexivo, revelando relações predominantes de poder, quando na realidade ofuscam seu próprio modo de participar delas? Desse modo, seria produtivo aplicar aos próprios estudos culturais a ideia foucaultiana de "biopoder" produtivo em oposição ao poder legal "repressivo"/proibitório: e se o campo dos estudos culturais, longe de ameaçar de

---

[18] Ver Andrew Ross, *The Chicago Gangster Theory of Life* (Londres, Verso, 1995).

[19] É interessante notar que a oposição entre ciência "dura", cuja estrutura conceitual incorpora a posição de dominação, e ciência "maleável" (empenhada na colaboração etc.) chega perigosamente perto da ideologia de dois universos mentais pregada pela Nova Era: masculino e feminino, competitivo e colaborativo, racional-dissecador e intuitivo-abrangente. Em suma, chegamos perigosamente perto da sexualização pré-moderna do universo, concebida como a tensão entre dois princípios, masculino e feminino.

fato as relações globais de dominação da atualidade, encaixa-se perfeitamente em seu quadro referencial, da mesma maneira que a sexualidade e o discurso "repressivo" que a regula se complementam plenamente? E se a crítica à ideologia patriarcal/identitária revela um fascínio ambíguo por ela, em vez de uma vontade real de destruí-la? É crucial neste ponto a passagem dos estudos culturais ingleses para os norte-americanos: mesmo que encontremos em ambos os mesmos temas, conceitos etc., o funcionamento socioideológico é completamente diferente, porque passamos de um envolvimento com a verdadeira cultura de classe trabalhadora para o *radical chic* acadêmico.

Apesar dessas observações críticas, o próprio fato da *resistência* contra os estudos culturais prova que eles continuam sendo um corpo estranho, incapaz de se encaixar plenamente na academia existente: o cognitivismo, no fundo, é a tentativa do funcionamento-padrão do conhecimento acadêmico – teoria "profissional", racional, empírica, de solução de problemas... – de reocupar o terreno, de se livrar desse intruso. Portanto, a distinção entre cognitivismo e estudos culturais não é apenas a distinção entre duas doutrinas ou duas abordagens teóricas; em última instância, trata-se de uma distinção muito mais radical entre duas modalidades totalmente diferentes, ou melhor, *práticas*, de conhecimento, incluindo os diferentes aparelhos institucionais do conhecimento. Essa dimensão dos "aparelhos teóricos do Estado" – para usar a formulação de Althusser – é fundamental: se não a levarmos em conta, simplesmente deixamos escapar o antagonismo entre cognitivismo e estudos culturais. Não admira que os cognitivistas gostem de destacar sua oposição à psicanálise: dois casos exemplares de tal conhecimento não acadêmico são, é claro, o marxismo e a psicanálise. A psicanálise difere da psicologia cognitivista e da psicoterapia em pelo menos três características fundamentais.

- Como ela não se apresenta como um conhecimento objetivo testado empiricamente, há o problema recorrente (nos países em que o tratamento psiquiátrico é coberto por seguros de saúde) de até que ponto o Estado ou a seguradora reembolsará o paciente.
- Pela mesma razão, a psicanálise tem dificuldades inerentes de se integrar no edifício acadêmico dos departamentos de psicologia ou psiquiatria médica, então funciona em geral como uma entidade parasita que vaga por aí, associando-se aos departamentos de psicologia, de estudos culturais ou de literatura comparada.
- Quanto à sua organização inerente, as comunidades psicanalíticas não funcionam como sociedades acadêmicas "normais" (como as sociedades sociológicas, matemáticas etc.); elas funcionam de uma maneira que, do ponto de vista das sociedades acadêmicas "normais", só podem parecer uma disciplina "dogmática", envolvida em eternas lutas partidárias entre subgrupos dominados por uma autoridade forte ou um líder carismático – os conflitos não são resolvidos por

argumentação racional e teste empírico, mas de um modo mais parecido com as lutas religiosas sectárias. Em suma, o fenômeno da transferência (pessoal) funciona aqui de maneira totalmente diferente da maneira como funciona na comunidade acadêmica "padrão". (De maneira ligeiramente diferente, o mesmo vale para o marxismo.)

Assim como o marxismo interpreta a resistência contra seus *insights* como "resultado da luta de classes em teoria", como explica seu próprio objeto, a psicanálise também interpreta a resistência contra si mesma como resultado dos próprios processos inconscientes dos quais ela trata – em ambos os casos, a teoria está presa em um ciclo autorreferencial; de certa forma, é a *teoria sobre a resistência contra si própria*. A respeito desse ponto crucial, a situação hoje é totalmente diferente, quase o oposto, da situação nas décadas de 1960 e 1970, quando disciplinas "marginais" (como a variante dos estudos culturais da psicanálise) eram vistas como "anárquicas", como disciplinas que nos libertavam do regime autoritário "repressivo" da disciplina acadêmica padrão: a crítica cognitivista aos estudos culturais toca de leve na percepção comum de que, hoje, a variante dos estudos culturais da psicanálise (ou o que resta dela) é percebida como sectária, "stalinista", autoritária, engajada em lutas partidárias pseudoteológicas ridículas, em que os problemas da diretiva do partido prevalecem sobre a pesquisa empírica aberta e a argumentação racional, embora se apresentem como o ar fresco que afugenta essa atmosfera fechada e abafada – pelo menos somos livres para formular e testar diferentes hipóteses, não mais "aterrorizados" por alguma diretiva global de partido imposta de maneira dogmática. Desse modo, estamos bem longe da lógica *antiestablishment* acadêmica da década de 1960; hoje, a academia se apresenta como lugar da discussão livre e aberta, como lugar que nos liberta dos cerceios convencionais dos estudos culturais "subversivos". Além disso, é claro, embora a "regressão" ao discurso profético autoritário seja um dos perigos que ameaçam os estudos culturais, ou seja, sua tentação inerente, devemos prestar atenção em como a posição cognitivista é bem-sucedida ao apresentar sem problemas o quadro de referência do discurso universitário acadêmico *institucional* como o próprio lugar da *liberdade* intelectual.

Conclusão
"... E PARA QUE SERVEM OS DESTITUÍDOS (TOTALITÁRIOS) EM UMA ÉPOCA POÉTICA?"

em que o leitor é advertido de que o espectro do "totalitarismo" ainda perambula
por aí (os "ditadores loucos" do Terceiro Mundo, a nova direita populista,
o Big Brother digital)

Na autopoiese irrestrita do capitalismo que se seguiu à morte do socialismo, o espectro da "ameaça totalitária" sobrevive de três formas: os novos fundamentalismos étnico-religiosos, geralmente personificados nos ditadores maus (Slobodan Milošević, Saddam Hussein); o advento do populismo da nova direita no próprio Ocidente; e, por fim, mas não menos importante, a ideia de que a digitalização da nossa vida representa a ameaça suprema à nossa liberdade – logo, nossa vida diária será registrada e controlada a tal ponto que o antigo controle do Estado autoritário parecerá brincadeira de criança: o "fim da privacidade" está próximo.

Comecemos, então, com a primeira forma. Parece haver uma má comunicação fundamental na maneira como os Estados liberais "esclarecidos" do Ocidente percebem e ameaçam os regimes "fundamentalistas" de governantes como Milošević e Saddam Hussein. Eles parecem impermeáveis a toda a pressão do Ocidente: eles são bombardeados, parte de seu território é separada, são isolados da comunidade internacional e recebem duras sanções, são humilhados de todas as maneiras possíveis, e mesmo assim sobrevivem com sua glória intacta, mantendo a aparência de líderes corajosos que ousam desafiar a Nova Ordem Mundial. Mas não se trata tanto de transformar a derrota em triunfo; antes, como um tipo de sábio budista, eles se sentam em seus palácios e seguem em frente, de vez em quando desafiando as expectativas com gestos egocêntricos de uma extravagância quase batailleiana, como o filho de Milošević inaugurando uma versão local da Disneylândia em pleno bombardeio da Otan sobre a Iugoslávia, ou Saddam construindo um grande parque de diversões para a elite da *nomenklatura*. Punições (ameaças e bombardeios) não levam a nada, tampouco as recompensas...

Sendo assim, onde a percepção ocidental deu errado? Ao interpretar a situação pelas lentes da oposição entre a busca racional hedonista da felicidade e o fanatismo ideológico, ela não notou outra dupla de opostos: apatia e obscenidade. A

160 / Alguém disse totalitarismo?

apatia que perpassa a vida diária na Sérvia atualmente expressa não apenas a desilusão com a "oposição democrática" a Milošević, mas também uma indiferença mais profunda para com os objetivos nacionalistas sagrados. Como os sérvios não reagiram contra Milošević quando ele perdeu Kosovo? Todo sérvio comum sabe a resposta, é um segredo aberto na Iugoslávia: eles realmente *não se importam* com Kosovo. Então, quando Kosovo foi perdido, a reação íntima foi um suspiro de alívio: pelo menos nos livramos daquele pedaço de terra "sagrada" que nos causou tantos problemas!

Uma das razões que levam até mesmo os intelectuais esquerdistas ocidentais mais antinacionalistas a não detectar essa apatia fundamental é toda a superabundância de dogmas e preconceitos esquerdistas usuais que atrapalham sua percepção sobre a crise da Iugoslávia, e os primeiros deles são a crença secreta na viabilidade do socialismo autogestor iugoslavo e a noção de que países pequenos como a Eslovênia (ou a Croácia) não podem funcionar como democracias modernas, mas, se deixados à própria sorte, regridem necessariamente a comunidades protofascistas "fechadas" (em claro contraste com a Sérvia, cujo potencial como Estado democrático moderno nunca é posto em dúvida). Sobre esse ponto-chave, até mesmo um filósofo tão arguto como Alain Badiou insiste que a única Iugoslávia digna de respeito foi a Iugoslávia de Tito e que, em sua desintegração em linhas étnicas, todos os lados são, na verdade, um só, "limpadores étnicos" em sua própria individualidade, sérvios, eslovenos ou bósnios:

> O nacionalismo sérvio não vale nada. Mas em que sentido é pior do que os outros? Mais amplo, mais difundido, mais bem armado, sem dúvida tem mais oportunidades de exercitar sua paixão criminal. Mas isso é apenas uma questão de circunstâncias. [...] Suponhamos que amanhã o Exército de Libertação do Kosovo dos nacionalistas kosovares assuma o poder: é concebível que um sérvio permaneça em Kosovo? Fora da retórica de vitimização, não vimos uma única boa razão política para preferir o nacionalista kosovar (ou croata, ou albanês, ou esloveno, ou bósnio-muçulmano) ao nacionalista sérvio. [...] Sim, Milošević é um nacionalista bestial, como todos os seus colegas da Croácia, Bósnia ou Albânia. [...] Desde o início do conflito, os ocidentais ficaram do lado apenas – e de maneira torpe – do nacionalismo fraco (bósnio, kosovar) contra o nacionalismo forte (servo e croata subsidiário).[1]

A maior ironia desse anseio esquerdista tão nostálgico pela Iugoslávia perdida é que ele acaba identificando como sucessor da Iugoslávia a mesma força que o matou: a Sérvia de Milošević. Na crise pós-iugoslava da década de 1990, era possível

---

[1] Alain Badiou, "La Sainte-Alliance et ses serviteurs", *Le Monde*, 20 maio 1999. Disponível na internet.

Conclusão – "... e para que servem os destituídos (totalitários) em uma época poética?" / 161

dizer que quem incorporou o legado positivo da Iugoslávia titista – sua elogiada tolerância multiculturalista – foi a Bósnia ("muçulmana"): a agressão sérvia contra a Bósnia foi (também) a agressão de Milošević, o primeiro pós-titista verdadeiro (o primeiro político iugoslavo que realmente agiu como se Tito estivesse morto, como afirmou um cientista social sérvio há mais de uma década), contra quem se prendia desesperadamente ao legado titista da "irmandade e unidade" étnicas. Não surpreende que o comandante supremo do exército "muçulmano" tenha sido o general Rasim Delić, de etnia *sérvia*; não surpreende que, durante toda a década de 1990, a Bósnia "muçulmana" tenha sido a única parte da ex-Iugoslávia que ainda mantinha pendurados os retratos de Tito nos escritórios do governo. Apagar esse aspecto crucial da guerra da Iugoslávia e reduzir o conflito bósnio à guerra civil entre diferentes "grupos étnicos" na Bósnia não é um gesto neutro, e sim um gesto que adota de antemão o ponto de vista de um dos lados do conflito (Sérvia).

Os partidários do capitalismo liberal global veem a escolha com que se defrontam as repúblicas da ex-Iugoslávia como a escolha entre adotar o capitalismo liberal ocidental ou persistir em seu fechamento étnico – e se, no entanto, essa alternativa for falsa e *houver* uma terceira escolha, uma combinação das duas, chamada por Vesna Pešić, membro da oposição democrática sérvia, de possível "russificação" da sérvia? E se, depois de Milošević, tivermos uma nova elite dominante, composta de *nouveaux riches* corruptos e membros da classe política atual, que se apresentem ao Ocidente como "pró-ocidentais" (para obter apoio financeiro do Ocidente), mas adiem indefinidamente as verdadeiras mudanças democráticas, justificados pelas circunstâncias sociais e (enquanto seguem a linha nacionalista na política interna) afirmem que, se o Ocidente deixar de apoiá-los, os extremistas nacionalistas tomarão o poder novamente? Em outras palavras, e se Milošević, depois de sua deposição (final), assumir um papel semelhante ao de Cristo e tomar para si todos os pecados? Milošević é um pária que, para as potências ocidentais, incorpora tudo que há de errado na Iugoslávia, de modo que sua deposição será aclamada como a chance de um novo começo democrático – a Iugoslávia será aceita novamente, sem pagar preço nenhum. Esse mesmo cenário já surge na Croácia, depois da morte do presidente Franjo Tudjman. Seu funeral foi ignorado pela comunidade internacional; o *leitmotiv* da maioria dos comentadores foi que sua obstinação havia sido o principal obstáculo para a democratização da Croácia, de modo que sua morte abre uma nova perspectiva para uma Croácia democrática – como se todos os aspectos obscuros da Croácia independente, desde a corrupção até sua "limpeza étnica", tivessem desaparecido de cena como num passe de mágica e sido enterrados com o corpo de Tudjman. Será esse também o último favor que Milošević foi capaz de prestar à sua nação?

Esse fenômeno é mais geral do que parece. Em uma série de Estados do Terceiro Mundo, a interpelação ideológica da elite dominante é dupla: a elite das cidades

162 / Alguém disse totalitarismo?

recorre à interpelação liberal-democrática, enquanto interpela os indivíduos (sobretudo de áreas remotas) como membros de uma comunidade *étnica* exclusiva. E a ilusão de diversos agentes políticos, desde interventores ocidentais condescendentemente benévolos até Mandela, é que é possível simplesmente suspender a identificação étnica, essa suposta fonte de "violência étnica, tribal e selvagem" e impor sem rodeios o regime da cidadania democrática universal. Como mostra a experiência, da Bósnia ao Quênia, essa solução não funciona: nesse caso, o resultado catastrófico é que as principais opções *políticas* são sobredeterminadas (ou infestadas, matizadas) pelas diferenças étnicas (determinada orientação política se identifica com os membros de determinada comunidade étnica).

Então o problema não é tanto o que o Ocidente deveria fazer (ou deveria ter feito), mas o que *não* deveria fazer. O resultado deplorável da procrastinação ocidental e depois da excessiva (re)ação à crise iugoslava é que, em 2000, uma grande área no centro dos Bálcãs (Iugoslávia, Albânia, Macedônia, Bósnia) tornou-se uma área onde o Estado de direito foi amplamente suspenso, o próprio poder político é abertamente ligado ao crime organizado, o contrabando é organizado diretamente pelo Estado, o assassinato é tolerado como arma política – em suma, uma área sob o domínio direto do banditismo político. Então, o que há na raiz da impressão equivocada do Ocidente?

Em 1999, a televisão austríaca exibiu um debate sobre Kosovo entre um sérvio, um albanês e um pacifista austríaco. O sérvio e o albanês apresentaram sua visão de maneira consistente e racional (consistente e racional, é claro, *se e somente se* aceitarmos a premissa básica de cada um deles: Kosovo é o berço histórico da Sérvia, sobre o qual os sérvios têm um direito inalienável; os albaneses, oprimidos pelos sérvios durante décadas, têm direito a uma entidade política soberana). O pacifista austríaco, em contrapartida, tentou fazer o papel do conciliador, suplicando aos dois oponentes: "Independentemente do que pensem, apenas prometam que não vão atirar uns nos outros, que darão o melhor de si para resistir à terrível tentação do ódio e da vingança!". Nesse momento, o sérvio e o albanês, dois oponentes "oficiais", trocaram um breve olhar, num gesto solidário de perplexidade compartilhada, como se dissessem um ao outro: "Do que esse idiota está falando? Será que ele entende *realmente alguma coisa*?". Nessa breve troca de olhares, vi uma centelha de esperança: se o sérvio e o albanês, em vez de brigar, fossem capazes de juntar forças e derrotar o estúpido pacifista, ainda haveria alguma esperança para a Iugoslávia.

Para evitar um equívoco fatal: tenho plena consciência de que é fácil zombar de um pacifista impotente. No entanto, aquela troca de olhares entre o sérvio e o albanês não foi o reconhecimento mútuo de solidariedade entre dois nacionalistas agressivos, mas a perplexidade diante do que o pacifista austríaco estava dizendo. Sua surpresa não foi que o pacifista não tivesse consciência da complexidade étnica, religiosa etc. da situação balcânica, mas que ele *tivesse levado a sério toda a tagarelice*

Conclusão – "... e para que servem os destituídos (totalitários) em uma época poética?" / 163

sobre paixões e mitos étnicos milenares e não tivesse percebido que os próprios sérvios e albaneses, longe de estar "presos" a esses mitos, os manipulavam. O que havia de falso no pacifista não era seu pacifismo como tal, mas sua visão despolitizada e *racista* de que a causa última da guerra pós-iugoslava fosse a intolerância étnica e o ressurgimento de ódios étnicos antigos.

Assim, sou tentado a propor aqui um exercício simples para testar o racismo implícito do leitor, na linha da famosa observação de Robespierre, quando mostrou diante da Assembleia Nacional, no auge do terror revolucionário, um livreto que, segundo ele, continha o nome de traidores entre seus membros: "Se alguém nesta sala teme que seu nome esteja nesse livreto, o próprio medo é prova irrefutável de que ele é um traidor!". *Mutatis mutandis*, sou tentado a dizer: se quem leu estas linhas se sentiu um tantinho constrangido com a minha tese de que a troca de olhares entre o oficial sérvio e o kosovar oferece uma centelha de esperança, se se sentiu um tantinho incomodado com a minha aparente troça do pobre pacifista benevolente, *esse incômodo é prova irrefutável do seu racismo*.

Isso nos leva convenientemente à Áustria: podemos ter certeza de que, nos primeiros meses de 2000, esse mesmo pacifista estava plenamente envolvido em manifestações contra a possibilidade de os *Freidemokraten* de Jörg Haider participarem do governo austríaco. Essa possibilidade suscitou horror em todo o espectro do bloco político "democrata legítimo" no mundo ocidental: da esquerda social-democrata da terceira via aos conservadores cristãos; de Chirac a Clinton – sem mencionar, obviamente, Israel –, todos demonstraram "preocupação" e anunciaram medidas pelo menos simbólicas para uma quarentena diplomática da Áustria, até que a doença desapareça ou fique provado que não é realmente perigosa. Alguns comentadores perceberam esse horror como prova de que o consenso democrata e antifascista básico pós-Segunda Guerra Mundial na Europa ainda é válido – mas as coisas realmente são tão inequívocas?

A primeira coisa que devemos fazer aqui é recordar o suspiro de alívio – muito bem dissimulado, porém inconfundível – no campo político democrata predominante quando, há uma década, os partidos populistas de direita se tornaram uma presença séria (Haider na Áustria, Le Pen na França, os republicanos na Alemanha, Buchanan nos Estados Unidos). A mensagem desse alívio foi: pelo menos um inimigo a quem podemos odiar juntos, que podemos sacrificar – excomungar – para mostrar nosso consenso democrático! Devemos interpretar esse alívio contra o pano de fundo do que geralmente é denominado "consenso pós-político" recente: a única força política de peso substancial que ainda *evoca* a resposta antagônica devidamente política do nós contra eles é a nova direita populista.

Aconteceu uma coisa estranha na política nova-iorquina no fim de novembro de 1999: Lenora Fulani, ativista negra do Harlem, apoiou o candidato do Partido Reformista à Presidência, Patrick Buchanan, declarando que tentaria levá-lo ao

164 / Alguém disse totalitarismo?

Harlem e mobilizar os eleitores de lá em favor dele. Embora reconhecessem suas diferenças em uma série de questões centrais, os dois parceiros destacaram "seu populismo econômico comum e, em particular, sua antipatia pelo livre comércio". Qual era a razão desse pacto entre Fulani, defensora de extrema esquerda da política marxista-leninista, e Buchanan, participante da Guerra Fria reaganista e proeminente figura populista de direita? A voz corrente liberal tinha uma resposta pronta: os extremos – "totalitarismo" de direita e de esquerda – se encontram na rejeição da democracia e, principalmente hoje, na incapacidade de se adaptar às novas tendências da economia global. Além disso, os extremos não compartilham a agenda antissemita? A inclinação antissemítica dos afro-americanos radicais é bem conhecida, mas quem pode se esquecer da provocação de Buchanan, quando chamou o Congresso dos Estados Unidos de "território ocupado por israelenses"? Contra essas platitudes liberais, devemos nos concentrar no que realmente une Fulani e Buchanan: ambos falam (ou fingem falar) em nome da proverbial "classe trabalhadora em desaparição".

A política pós-moderna "radical" *aceita* a tese do "desaparecimento da classe trabalhadora" e seu corolário, a irrelevância crescente do antagonismo de classes; como seus proponentes gostam de dizer, o antagonismo de classes não deveria ser "essencializado" no supremo ponto de referência hermenêutico a cuja "expressão" todos os outros antagonismos devem ser reduzidos. Hoje, testemunhamos o florescimento de múltiplas subjetividades políticas (de classe, étnica, gay, ecológica, feminista, religiosa...) e a aliança entre elas é o resultado da luta hegemônica aberta e totalmente contingente. No entanto, filósofos tão diferentes quanto Alain Badiou e Fredric Jameson apontaram, a propósito da celebração multiculturalista da diversidade de estilos de vida, que esse florescimento das diferenças está baseado no Um subjacente: a obliteração radical da Diferença, da lacuna antagônica[2]. O mesmo pode ser dito da crítica pós-moderna padrão da diferença sexual como "oposição binária" a ser desconstruída: "não há apenas dois sexos, mas uma multitude de sexos, de identidades sexuais..." – a verdade desses sexos múltiplos é *Unissex*, a obliteração da Diferença na repetitiva e entediante Mesmidade perversa que serve de receptáculo para essa multiplicidade. Em todos os casos, no momento em que introduzimos a "multitude florescente", o que afirmamos de fato é o oposto, a Mesmidade subjacente que tudo permeia – a noção de uma lacuna antagônica radical

---

[2] Alain Badiou, em *Deleuze* (Paris, PUF, 1998), está absolutamente certo ao ressaltar que Deleuze, filósofo da multitude rizomática florescente, é ao mesmo tempo o monista mais radical da filosofia moderna, o filósofo da Mesmidade, do Um que perpassa todas as diferenças – não só no nível do conteúdo de seus escritos, como também no nível de seu procedimento formal: o estilo de Deleuze não é caracterizado por uma compulsão obsessiva de afirmar o mesmo padrão conceitual ou matriz em todos os fenômenos que analisa, dos sistemas filosóficos à literatura e ao cinema?

que afeta todo o corpo social é obliterada: aqui, a Sociedade não antagônica é o próprio "receptáculo" no qual há espaço suficiente para toda a multitude de comunidades culturais, estilos de vida, religiões, orientações sexuais[3]...

Já existe uma razão *filosófica* precisa para que o antagonismo seja uma díade – porque a "multiplicação" da diferença resulta na reafirmação do Um subjacente. Como enfatizou Hegel, cada gênero, em última análise, tem apenas duas espécies – ou seja, a diferença específica, em última análise, é a diferença entre o próprio gênero e sua espécie "como tal". Em nosso universo, por exemplo, a diferença sexual não é simplesmente a diferença entre as duas espécies do gênero humano, mas a diferença entre um termo (homem) que representa o gênero como tal e o outro termo (mulher) que representa a Diferença dentro do gênero como tal, ou seja, seu momento particular, especificador. Portanto, na análise dialética, mesmo quando temos a aparência de múltiplas espécies, devemos sempre procurar a espécie excepcional que dá corpo justamente ao gênero como tal: a verdadeira Diferença é a diferença "impossível" entre essa espécie e todas as outras.

Paradoxalmente, Ernesto Laclau se aproxima de Hegel aqui: inerente a essa noção de hegemonia é a ideia de que, entre os elementos (significantes) particulares, há um

---

[3] Um exemplo do impasse que surge quando tentamos contornar a diferença sexual é a noção de Judith Butler de que a diferença sexual é construída pela identificação melancólica com o objeto perdido: no princípio (mítico, "primordialmente reprimido"), a mulher (ou o homem) está apegada(o) libidinalmente ao objeto do mesmo sexo; quando, por pressão da ordem normativa sociossimbólica, esse apego tem de ser renunciado, o sujeito identifica-se com o objeto libidinal renunciado: a "mulher" é um sujeito que se torna o objeto libidinal feminino perdido/renunciado, e o mesmo vale para o "homem"... (ver Judith Butler, *The Psychic Life of Power*, Stanford, CA, Standford University Press, 1998). O problema dessa solução elegante é que ela explica a diferença sexual pressupondo-a: como pode uma mulher, antes de se tornar mulher, escolher como objeto libidinal outra mulher (*e não um homem*), se a diferença sexual entre homem e mulher ainda não está lá? Se nos contrapusermos a essa ideia afirmando que a circularidade é apenas aparente, pois a primeira identificação é com o (mesmo) sexo por um simples fato biológico, e só a segunda é com o sexo como padrão simbólico, estaremos nos baseando em uma oposição demasiado simples entre natureza e cultura que a própria Butler "desconstrói" com êxito em *Problemas de gênero: feminismo e subversão da identidade* (trad. Renato Aguiar, Rio de Janeiro, Civilização Brasileira, 2003). Essa circularidade a propósito da diferença sexual ocorre por causa do *status* obscuro da diferença sexual como real. O argumento básico de Butler contra o Real lacaniano é que o próprio ato de estabelecer uma diferença entre o (que pode ser incluído no) Simbólico e o Real (não simbolizável) é um gesto simbólico *par excellence*. Essa ideia se baseia no argumento-padrão contra a representação exterior da realidade: como estamos restritos ao domínio das representações, cada tentativa de distinguir entre a representação e o Mais além representado já é interna ao domínio das representações – ou, como teria dito Hegel, a diferença entre Em-si e Para-nós já é Para-nós, ou seja, é a própria consciência que distingue o que é meramente para si do que existe "lá fora", independente de si. No entanto, o Real lacaniano não é o Em-si inatingível que está fora do domínio das representações (simbólicas), mas sua limitação interna, o obstáculo interno por conta do qual as representações *falham*, embora não haja nada *"fora"* de seu domínio.

166 / Alguém disse totalitarismo?

que "colore" diretamente o significante vazio da própria universalidade impossível, de modo que, dentro dessa constelação hegemônica, opor-se a esse significante particular equivale a opor-se à "sociedade" *como tal*[4]. Quando a díade antagônica é substituída pela notória "multitude florescente", a lacuna obliterada com isso não é, consequentemente, apenas a lacuna entre diferentes conteúdos *dentro* da sociedade, mas a lacuna antagônica entre Social e não Social, a lacuna que afeta a própria noção universal do Social. Para evitar equívocos: existe, obviamente, uma pluralidade de práticas e posicionamentos sexuais subjetivos que não podem ser reduzidos a variações ou desvios de uma norma simbólica fundamental (como a heterossexualidade). A questão-chave, no entanto, é: essa pluralidade surge como uma série de tentativas fracassadas de simbolizar o Real de um antagonismo/impossibilidade, ou é simplesmente uma multitude que floresce contra o pano de fundo do Um oniabrangente, seu meio?

Nesse universo da Mesmidade, a principal forma do semblante da Diferença política gerada é o sistema bipartidário, esse *semblante de uma escolha onde basicamente não há escolha nenhuma*. Os dois polos convergem na política econômica, como nas recentes exaltações, por parte de Clinton e Blair, de uma "política fiscal rígida" como princípio fundamental da esquerda moderna: uma política fiscal rígida sustenta o crescimento econômico, e o crescimento nos permite uma política social mais ativa na nossa luta pela melhoria da previdência social, da educação e da saúde. Suas diferenças, por fim, são reduzidas a atitudes culturais opostas: "abertura" multiculturalista, sexual etc. *versus* "valores familiares" tradicionais. E, de maneira significativa, é a opção direitista que aborda e tenta mobilizar nas sociedades ocidentais quaisquer restos da "classe trabalhadora" predominante, enquanto a "tolerância" multiculturalista está se tornando o lema das novas "classes simbólicas" privilegiadas (jornalistas, acadêmicos, administradores...). Essa escolha política – social-democrata ou democrata cristão na Alemanha, democrata ou republicano nos Estados Unidos – não deixa de lembrar nossa situação quando usamos adoçante nas cafeterias norte-americanas: a alternativa onipresente entre os adoçantes Equal e Sweet 'n Low, de embalagem azul ou rosa, quando quase todo mundo tem o seu preferido (evite o cor-de-rosa porque contém substâncias cancerígenas, ou vice-versa); e essa adesão ridícula à escolha do sujeito apenas acentua a completa insignificância da alternativa.

E o mesmo não vale para os programas de entrevistas, em que a "liberdade de escolha" é a escolha entre Jay Leno e David Letterman? Ou, no caso dos refrigerantes, entre Coca-Cola e Pepsi? É fato notório que o botão de "fechar" da maioria dos elevadores é um placebo sem nenhuma função, colocado ali apenas para nos dar a impressão de que podemos participar de alguma maneira do processo, aumentan-

---

[4] Ver Ernesto Laclau, *Emancipation(s)* (Londres, Verso, 1996) [ed. bras.: *Emancipação e diferença*, Rio de Janeiro, Eduerj, 2011].

do a velocidade – mas quando apertamos o botão, a porta se fecha exatamente no mesmo momento que fecharia se tivéssemos apertado apenas o botão do andar que desejamos, ou seja, sem que o processo seja "acelerado" por apertarmos o botão de "fechar". Esse caso extremo de falsa participação é uma metáfora apropriada para a participação dos indivíduos no processo político "pós-moderno"...

Obviamente, a resposta pós-moderna a tudo isso seria que o antagonismo radical surge apenas na medida em que a sociedade ainda é percebida como totalidade – não foi Adorno quem disse que a contradição é a diferença sob o aspecto da identidade[5]? Desse modo, a ideia é que, com a era pós-moderna, o retraimento da identidade da Sociedade envolve *simultaneamente* o retraimento do antagonismo que atravessa o corpo social – o que temos então é o Um da indiferença como meio neutro em que os muitos estilos de vida etc. coexistem. A resposta da teoria materialista é demonstrar que esse mesmo Um, esse campo comum dentro do qual florescem as múltiplas identidades, já se baseia em certas exclusões, ou seja, já é sustentado por uma cisão antagônica invisível.

Isso nos leva de volta à nova direita populista, que desempenha um papel estrutural indispensável na legitimidade da nova hegemonia tolerante multiculturalista liberal-democrata. Ela é o denominador comum negativo de todo o espectro centro-esquerdista liberal: ela é a excluída que, por meio da própria exclusão (sua inaceitabilidade como partido do governo), fornece a legitimidade negativa da hegemonia liberal, a prova de sua atitude "democrática". Desse modo, sua existência desloca a *verdadeira* atenção da luta política (que é, obviamente, o que reprime qualquer alternativa radical de esquerda) para a "solidariedade" de todo o bloco "democrático" contra a ameaça de direita.

Essa é a prova definitiva da hegemonia liberal-democrata no cenário político--ideológico de hoje, a hegemonia que foi acompanhada do surgimento da democracia social da "terceira via": a "terceira via", portanto, precisamente como democracia social sob a hegemonia do capitalismo liberal-democrata (isto é, desprovido do menor vigor subversivo), tem sucesso por excluir a última referência ao anticapitalismo e a luta de classes. Além do mais, é absolutamente crucial que os novos populistas de direita sejam a única força política "séria" hoje em dia a se dirigir ao povo com uma retórica anticapitalista, embora sob uma roupagem nacionalista/racista/religiosa (corporações nacionais que "traem" os trabalhadores decentes de nossa nação)[6].

---

[5] Ver Theodor W. Adorno, *Negative Dialectics* (Nova York, Continuum, 1983), p. 43 [ed. bras.: *Dialética negativa*, trad. Marco Antonio Casanova, Rio de Janeiro, Zahar, 1999, p. 13].

[6] A confusão da esquerda diante da – e o fracasso em apreender a – dinâmica dos "fundamentalistas" etnorreligiosos é revelada pela recorrência sintomática dos termos "neofascista" ou "protofascista", termos que, longe de ser um conceito, sinalizam justamente a falta de conceito apropriado (seu conteúdo apenas positivo é "algo que, apesar de lembrar parcialmente o fascismo, não é realmente fascismo).

168 / Alguém disse totalitarismo?

Há alguns anos, em um congresso da Frente Nacional, Le Pen levou ao palco um algeriano, um africano e um judeu, abraçou todos eles e disse ao público reunido: "Eles não são menos franceses do que eu – são os representantes do grande capital multinacional, que ignoram o dever deles para com a França, que representam o verdadeiro perigo à nossa identidade!". Por mais hipócritas que sejam, tais declarações mostram como a direita populista está caminhando para ocupar o terreno que a esquerda deixou vazio. Aqui, o novo centro liberal-democrata faz um jogo duplo: sugere que os populistas de direita são nosso verdadeiro inimigo comum, quando, na verdade, manipula o medo da direita para hegemonizar o campo "democrático" – ou seja, para definir o terreno e vencer, ou disciplinar, seu *verdadeiro* adversário: a esquerda radical.

Haider gosta de destacar a afinidade entre o New Labour e seu partido democrata-liberal, o que supostamente torna irrelevante a antiga oposição entre esquerda e direita: ambos rompem com o antigo lastro ideológico, combinam uma economia de mercado flexível (desregulamentação etc.) com uma política de solidariedade baseada na comunidade (ajuda aos idosos, crianças e socialmente necessitados), ou seja, buscam afirmar a solidariedade coletiva fora do antigo dogma do Estado de bem-estar social[7]. Tais declarações, é claro, são deliberada e intencionalmente enganadoras: seu intuito é encobrir o núcleo populista xenofóbico da política de Haider; elas pertencem à mesma série de tentativas dos partidários do antigo *apartheid* sul-africano de apresentar sua política como apenas mais uma versão da "política de identidade", cujo objetivo era garantir a sobrevivência da riqueza de diferentes culturas. Ernesto Laclau[8] introduziu a distinção entre os *elementos* de um edifício ideológico e a *articulação* que se dá entre esses elementos e lhes confere significado: o fascismo não é caracterizado apenas por uma série de características (corporativismo econômico, populismo, racismo xenofóbico, militarismo etc.) – essas características não são "fascistas" em si, mas também podem ser incluídas em diferentes articulações ideológicas –; o que as torna "fascistas" é sua articulação específica no projeto ideológico fascista global (grandes obras públicas, por exemplo, não tiveram o mesmo papel na Alemanha nazista e nos Estados Unidos do New Deal). Nessa mesma linha, seria fácil mostrar em que a manipulação de Haider mente: ainda que Haider e Blair *proponham* de fato um conjunto de medidas idênticas, essas medidas estão inscritas em um projeto global diferente.

Mas essa não é a história toda. Haider *é*, na verdade, um tipo de estranho duplo de Blair, sua zombaria obscena segue o rastro do grande sorriso do New Labour como uma sombra. Nos bons e velhos termos stalinistas, podemos dizer que, por

---

[7] Ver Jörg Haider, "Blair and Me Versus the Forces of Conservatism", *The Daily Telegraph*, 22 fev. 2000.

[8] Ver Ernesto Laclau, *Politics and Ideology in Marxist Theory* (Londres, Verso, 1975) [ed. bras.: *Política e ideologia na teoria marxista*, trad. João Maia e Lucia Klein, Rio de Janeiro, Paz e Terra, 1978].

Conclusão – "... e para que servem os destituídos (totalitários) em uma época poética?" / 169

mais que Haider minta ao se igualar a Blair, suas declarações são "objetivamente verdadeiras": o populismo da nova direita é o "retorno do reprimido", o suplemento necessário, da tolerância multiculturalista capitalista global. A "verdade" da afirmação de Haider não está na identidade direta entre o New Labour e o populismo da nova direita, mas no fato de que esse populismo é gerado pelas mesmas inconsistências do projeto da terceira via. No *clinch* de Haider e Blair (e "*clinch*" é usado aqui no sentido exato que tem no boxe), bem como a estranha coalizão entre Buchanan e Fulani, a esquerda da terceira via recebe de volta sua própria mensagem na forma invertida (verdadeira). A participação da extrema direita no governo não é uma punição pelo "sectarismo" da esquerda e pela "não aceitação de novas condições pós-modernas" – ao contrário, é o preço que a esquerda paga por ter renunciado a qualquer projeto político radical, por ter aceitado o capitalismo de mercado como "a única alternativa disponível".

Dessa perspectiva, até mesmo a defesa neoconservadora dos valores nacionais aparece sob uma nova luz: como reação contra o desaparecimento da *normatividade* étnica e legal, que é substituída pouco a pouco pelas regulamentações pragmáticas que coordenam os interesses particulares de diferentes grupos. Essa tese pode parecer paradoxal: nós não vivemos na era dos direitos humanos universais que se afirmam até mesmo contra a soberania do Estado? O bombardeio da Otan na Iugoslávia não foi o primeiro caso de intervenção militar realizada (ou ao menos *se apresentou* como realizada) por pura preocupação normativa, sem referência a nenhum interesse político-econômico "patológico"? Essa normatividade dos "direitos humanos" recém-surgida, no entanto, é *a forma da aparência de seu exato oposto*. A questão aqui não é simplesmente a velha questão marxista sobre a lacuna entre a aparência ideológica da forma legal universal e os interesses particulares que a sustenta; nesse nível, o contra-argumento (dado por Lefort e Rancière[9], entre outros) de que a forma, precisamente, nunca é uma "mera" forma, mas envolve uma dinâmica própria que deixa seus traços na materialidade da vida social, é totalmente válido (a "liberdade formal" burguesa põe em ação o processo das próprias práticas e demandas políticas "materiais", dos sindicatos trabalhistas ao feminismo).

A ênfase básica de Rancière recai na ambiguidade radical da noção marxista da "lacuna" entre a democracia formal (direitos do homem, liberdade política etc.) e a realidade econômica da exploração e da dominação. Podemos interpretar essa lacuna entre a "aparência" da liberdade/igualdade e a realidade social das diferenças econômicas, culturais etc. ou da maneira "sintomática" padrão (a forma dos direitos, da igualdade, da liberdade e da democracia universal é simplesmente uma

---

[9]   Ver Claude Lefort, *The Political Forms of Modern Life* (Cambridge, MA, MIT Press, 1986); Jacques Rancière, *Disgreement* (Minneapolis, University of Minnesota Press, 1998).

170 / Alguém disse totalitarismo?

forma de expressão necessária, porém ilusória, de seu conteúdo concreto, o universo da exploração e da dominação de classes), ou no sentido muito mais subversivo de uma tensão em que a "aparência" da *égaliberté*, precisamente, *não* é "mera aparência", mas evidencia uma efetividade própria, que lhe permite pôr em movimento o processo da rearticulação das relações socioeconômicas efetivas à guisa de "politização" progressiva. (Por que as mulheres não podem votar também? Por que as condições no local de trabalho não fazem parte da preocupação política pública? Etc.) Aqui somos tentados a usar o antigo termo lévi-straussiano da "eficácia simbólica": a aparência da *égaliberté* é uma ficção simbólica que, como tal, possui uma eficácia própria – devemos resistir à tentação totalmente cínica de reduzi-la a uma mera ilusão que oculta uma efetividade diferente.

O que temos hoje, ao contrário, é o cinismo pós-moderno: o fato de que por trás da forma universal (de uma norma legal) há um interesse particular qualquer, ou um compromisso entre a multiplicidade desses interesses, é *diretamente* (até *formalmente*) *levado em conta* – a norma legal que se impõe é "formalmente" percebida/posta como compromisso regulador entre a multiplicidade de interesses "patológicos" (étnicos, sexuais, ecológicos, econômicos...). O argumento da clássica crítica marxista à ideologia, portanto, é perverso e diretamente incluído e instrumentalizado, e a ideologia mantém sua validade por meio dessa falsa autotransparência. O que desaparece no universo ideológico pós-político de hoje, portanto, não é a "realidade" obstruída pelas fantasmagorias ideológicas, mas *a própria aparência*, a aparência de uma norma obrigatória, sua força "performativa": o "realismo" – tomar as coisas como elas "realmente são" – é a pior ideologia[10].

O principal problema político hoje é: como devemos romper com esse consenso cínico? A própria democracia formal não deveria ser fetichizada – seu limite é perfeitamente ilustrado pela situação na Venezuela depois da eleição do general Chávez à Presidência em 1998. Ele *é* "autoritário" – um populista carismático e antiliberal –, mas é preciso correr o risco, na medida em que a democracia liberal tradicional é incapaz de articular um certo tipo de demanda popular radical. A democracia liberal tende às decisões "racionais" dentro dos limites do (que é percebido como) possível; para gestos mais radicais, as estruturas carismáticas "prototototalitárias", com a lógica plebiscitária em que "escolhemos livremente a solução imposta", são mais eficazes. O paradoxo que devemos aceitar é que, na democracia, os indivíduos *tendem* a ficar presos no nível do "serviço de bens" – de modo geral,

---

[10] Outro aspecto dessa antinomia ideológica é como as mesmas pessoas que alertam contra os perigos "totalitários" da *intervenção* do Estado demandam uma forte *proteção* do Estado em favor de seus direitos específicos. As mesmas pessoas que visam a livre realização de seu potencial, sem o controle e as intervenções do Estado, *clamam* pela proteção do Estado no momento em que alguém ameaça sua livre realização.

Conclusão – "... e para que servem os destituídos (totalitários) em uma época poética?" / 171

precisamos de um Líder para conseguir "fazer o impossível". O Líder autêntico é literalmente o Um que me permite de fato *escolher a mim mesmo* – a subordinação a ele é o maior ato de liberdade.

No entanto, todas essas ameaças parecem eclipsar-se em comparação com a nova vida que a ideia quase esquecida de Big Brother, de Orwell, vem adquirindo por causa da ameaça provocada pela digitalização da nossa vida – nada menos que o "fim da privacidade", o desaparecimento dos últimos refúgios fora do alcance do Olhar onipresente do Grande Outro. No entanto, as coisas são mais complicadas do que parecem ser. Há algum tempo aconteceu uma coisa engraçada com um amigo meu na Eslovênia. Ao voltar tarde da noite ao escritório para terminar um trabalho, ele percebeu que, no escritório do outro lado do pátio, um gerente sênior (casado) estava transando apaixonadamente com sua secretária em cima da mesa de reuniões – a paixão os fez esquecer que havia um prédio do outro lado do pátio, de onde eles podiam ser claramente vistos, pois as luzes do escritório estavam acesas e não havia cortinas nas janelas. Meu amigo telefonou para esse escritório e, quando o gerente atendeu o telefone, interrompendo o ato sexual, ele suspirou de maneira ameaçadora: "Deus está vendo você!". O pobre gerente desmaiou e quase teve um infarto...

A intervenção dessa voz traumática, que não pode ser localizada diretamente na realidade, talvez seja o mais perto que podemos chegar da experiência do Sublime. Por quê? Não porque o pobre gerente teve uma surpresa desagradável, mas o contrário: para ele, a surpresa foi ver que a fantasia mais íntima de ser observado foi realizada de maneira tão direta. Isso nos leva ao núcleo da noção psicanalítica de *fantasia*. A fantasia propriamente dita não é a cena que atrai nosso fascínio, mas o *olhar* imaginado e não existente que a observa – como o olhar impossível que vem de cima, para o qual os astecas desenharam no chão figuras gigantescas de pássaros e outros animais, ou o olhar impossível para o qual foram feitos os detalhes das esculturas no antigo aqueduto de Roma, embora não fossem visíveis do solo. Em suma, a cena fantasmática mais elementar não é a de uma cena fascinante a ser olhada, mas a ideia de que "há alguém lá a nos observar"; não é um sonho, mas a ideia de que "somos os objetos no sonho de alguém".

Milan Kundera, em *A lentidão**, apresenta como sinal definitivo do sexo pseudovoluptuoso, ascético e falso de hoje um casal que finge praticar sexo anal à beira da piscina de um hotel, ao alcance da vista dos hóspedes dos quartos de cima, simulando gritos de prazer, mas sem que haja sequer penetração – a isso ele opõe os jogos eróticos íntimos, demorados e galantes, da França do século XVIII.

Algo semelhante a essa cena de *A lentidão* não aconteceu no Camboja, na época do Khmer Vermelho, quando, depois de muita gente ter morrido por causa dos

---

* São Paulo, Companhia de Bolso, 2011. (N. E.)

172 / Alguém disse totalitarismo?

expurgos e da fome, o regime, disposto a aumentar a população, estabeleceu os dias 1, 10 e 20 de cada mês como dias da cópula? Quando anoitecia, os casados (que geralmente dormiam em casernas separadas) eram autorizados a dormir juntos e obrigados a fazer amor. Seu espaço privado era um cubículo isolado por uma cortina de bambu semitransparente; na frente da fileira de cubículos, os guardas do Khmer Vermelho faziam a patrulha para certificar-se de que os casais estavam transando de fato. Como os casais sabiam que não transar era considerado um ato de sabotagem sujeito a punição severa, e como, por outro lado, depois de um dia de quatorze horas de trabalho, geralmente estavam cansados demais para fazer sexo, eles *fingiam* que transavam para enganar os guardas: faziam falsos movimentos e fingiam sons.

Esse não é exatamente o reverso da experiência da juventude pré-permissiva, vivida por alguns de nós, quando tínhamos de nos esgueirar para o quarto com nosso parceiro ou parceira e fazer amor da maneira mais silenciosa possível, para que nossos pais, caso ainda estivessem acordados, não suspeitassem do ato sexual? E se esse espetáculo, para o olhar do Outro, fizer parte do ato sexual? E se – segundo Lacan, "não existe relação sexual" – o sexo for apenas uma encenação para o olhar do Outro?

A internet foi tomada recentemente por sites com webcams que realizam a lógica de *O show de Truman*, de Peter Wier; nesses sites, podemos acompanhar continuamente um evento ou lugar: a vida de uma pessoa em sua residência, o que acontece em uma rua etc. Essa tendência não mostra a mesma necessidade urgente pelo Olhar fantasmático do Outro, que serve como garantia do ser do sujeito: "Existo apenas na medida em que sou visto o tempo todo"? (Um fenômeno semelhante é o da televisão ligada o tempo todo, mesmo que não haja ninguém diante dela – ela serve como garantia mínima da existência de um elo social.) O que temos aqui é a reversão tragicômica da ideia benthamiana-orwelliana de sociedade panóptica, na qual somos (potencialmente) "observados o tempo todo", e não temos lugar nenhum para nos esconder do olhar onipresente do Poder. Hoje, a ansiedade parece surgir da perspectiva de *não* ser exposto continuamente ao olhar do Outro, de modo que o sujeito precisa do olhar da câmera como um tipo de garantia ontológica de sua existência.

Essa tendência atingiu seu auge no programa de TV escandalosamente popular e ironicamente batizado de *Big Brother*, produzido pela primeira vez na Holanda, em 1999, pela Endemol. Já existe um termo revelador para designá-lo: "*reality soap*". A fórmula será repetida na Alemanha e na Inglaterra, e há planos de execução também nos Estados Unidos. Nesses "reality *soaps*", um tipo de novela assemelhada à pornografia amadora, um grupo de cerca de quinze pessoas é isolado em uma residência ampla, com câmeras de vigilância espalhadas em todos os cômodos, durante vinte e quatro horas por dia, que acompanham tudo que os atores (volun-

Conclusão – "... e para que servem os destituídos (totalitários) em uma época poética?" / 173

tários) fazem, inclusive sexo. Uma vez por semana, os atores entram em contato com o exterior, discutem seus problemas com psicólogos ou diretores de TV e recebem mensagens sobre o rumo que devem tomar suas relações interpessoais. (A regra é que, toda semana, o público elege por votação uma pessoa que deverá voltar para o mundo "real", e o programa acaba quando restar apenas uma pessoa.)

O estranho é que esse programa, de certa maneira, vai mais além que *O show de Truman*: a ingenuidade de Truman é que ele ainda precisa ser convencido a acreditar que vive numa comunidade real, pois toda a dramaturgia do filme baseia-se na dúvida cada vez maior sobre os acontecimentos que começam a atormentá-lo. Em contraste com *O show de Truman*, por mais que os atores/sujeitos do *Big Brother* representem seus papéis em um espaço artificial isolado, de certa maneira eles agem "de verdade", tanto que a ficção se torna, literalmente, indistinguível da realidade: os sujeitos se envolvem em conflitos emocionais "reais", e depois de entrarem em contato com as pessoas do "real" do exterior, não se trata tanto de um gesto de retorno à "vida real", mas uma forma de *sair* magicamente dela, de tratar a "vida real" como um jogo virtual do qual podemos tomar uma distância temporária e pedir conselhos sobre o que fazer. (Também há horários em que os atores discutem diretamente com o público sobre o que deveriam fazer em seus papéis, de modo que o jogo se torna literalmente interativo, ou seja, os espectadores podem codeterminar o que vai acontecer.) A distinção entre vida real e vida encenada, portanto, é "desconstruída": de certo modo as duas coincidem, pois as pessoas *encenam sua própria "vida real"*, isto é, literalmente *representam a si próprias* nos papéis da tela (aqui, o paradoxo benthamiano do autoícone é finalmente realizado: os atores "se parecem com eles próprios").

E não é essa a mesma lição do programa de TV norte-americano *Who Wants to Marry a Multi-Millionaire?* [Quem quer se casar com um multimilionário?], exibido em fevereiro de 2000? Era extremamente chocante a ideia de que um milionário anônimo, escondido atrás de uma tela protetora, escolhesse uma mulher para se casar (e de fato se casasse) entre as sete pretendentes apresentadas a ele durante o programa, e depois consultasse os espectadores – mais uma vez, sua vida pessoal mais íntima foi totalmente exteriorizada, tornando indistinta a linha de separação entre "show" e "realidade". E não está acontecendo algo muito semelhante em Celebration, a (mal-)afamada cidade erguida pela Disney na Flórida, em que se recria a vida real de uma idílica cidadezinha de dimensões "humanas", e em que os habitantes também "representam a si mesmos" de certo modo, ou "vivem sua vida real no palco"? Dessa maneira, portanto, o ciclo se fecha: esperava-se que a televisão oferecesse, como maior forma de entretenimento escapista, um mundo ficcional muito distante da nossa realidade social efetiva; no entanto, é como se, nos "reality soaps", a própria realidade fosse recriada e oferecida como maior ficção escapista...

174 / Alguém disse totalitarismo?

Então o que há de tão perturbador nos "reality soaps"? O horror que as almas sensíveis experimentam a propósito do *Big Brother* é da mesma ordem que o horror que muitos de nós experimentam diante do sexo virtual. A dura lição do sexo virtual não é que abandonamos o "sexo real", o contato intenso com o corpo do outro, e temos apenas uma estimulação gerada por imagens sem substância que nos bombardeiam pela tela. Ao contrário, a dura lição é a descoberta muito mais desconfortável de que o "sexo real" nunca existiu: o sexo sempre-já foi um jogo sustentado por um cenário masturbatório fantasmático. A noção comum de masturbação é "relação sexual com um parceiro imaginário": eu a pratico comigo mesmo, enquanto imagino praticá-la com outra pessoa. A frase "não existe relação sexual", de Lacan, pode ser interpretada como uma inversão dessa noção comum: e se o "sexo real" não for nada mais que a masturbação com o parceiro real? E se, mesmo enquanto faço sexo com uma pessoa real, o que sustenta meu gozo no fundo não é a outra pessoa como tal, mas as fantasias secretas que invisto nela? E o mesmo vale para a exposição completa ao olhar do Big Brother: E se o Big Brother sempre-já esteve aí, como Olhar (imaginado) para o qual eu fazia as coisas, a quem tentei impressionar e seduzir, mesmo quando estava sozinho? E se o programa *Big Brother* simplesmente torna essa estrutura aparente? Em outras palavras: e se, na nossa "vida real", nós sempre-já desempenhamos determinado papel – não somos o que somos, *representamos a nós mesmos*? A proeza do *Big Brother* é nos lembrar esse fato estranho.

Quanto à "ameaça totalitária" supostamente representada por essa efetivação do Olhar do Outro, a resposta propriamente *materialista* foi dada há pouco tempo pela própria realidade social (para usar uma expressão marxista já desgastada). No finzinho de 1999, gente de todo o mundo (ocidental) foi bombardeada com diversas versões da mesma mensagem, que expressa perfeitamente a cisão fetichista: "Eu sei muito bem, mas...". Moradores das grandes cidades começaram a receber cartas informando que não havia motivo para se preocuparem, tudo ficaria bem, mas, *apesar disso*, deveriam armazenar água nas banheiras e fazer um estoque de velas e comida; os bancos começaram a dizer aos correntistas que suas aplicações estavam seguras, mas, *apesar disso, só para garantir*, eles deveriam sacar algum dinheiro e imprimir um extrato; até o próprio prefeito de Nova York, Rudolf Giuliani, que reafirmou repetidas vezes aos cidadãos que a cidade estava bem preparada, *apesar disso* passou o Ano Novo no *bunker* localizado embaixo do World Trade Center, protegido contra armas químicas e biológicas.

A causa de toda essa ansiedade? A *não entidade* chamada em geral de "Bug do Milênio". Será que temos consciência de quão *estranha* foi nossa obsessão com o Bug do Milênio? Será que temos consciência de quanto essa obsessão nos diz sobre nossa sociedade? O Bug não foi apenas gerado pelo homem, e podemos até localizá-lo de modo bem preciso: em virtude da imaginação limitada dos programadores originais, suas estúpidas máquinas digitais não sabiam como interpretar "00" à

Conclusão – "... e para que servem os destituídos (totalitários) em uma época poética?" / 175

meia-noite do dia 1º de janeiro de 2000 (1900 ou 2000). Essa simples limitação da máquina foi a *causa*, mas a lacuna entre a causa e seus *efeitos* potenciais era incomensurável. As expectativas variavam da mais tola à mais assustadora, pois mesmo os especialistas não sabiam ao certo o que aconteceria: talvez um colapso geral dos serviços sociais, ou talvez absolutamente nada (como na verdade foi o caso).

Estamos realmente lidando aqui com a ameaça de um simples mau funcionamento mecânico? É claro, a rede digital é materializada por circuitos e chips eletrônicos, mas devemos ter sempre em mente que, de certo modo, esse circuito é "suposto saber": é suposto dar corpo a determinado *conhecimento*, e foi esse conhecimento – ou melhor, sua falta – que provocou todas as preocupações (a incapacidade dos computadores de interpretar o "00"). O Bug do Milênio nos colocou em confronto com o fato de que nossa própria vida "real" é sustentada por uma ordem virtual do conhecimento objetivado, cujo mau funcionamento pode ter consequências catastróficas. Lacan chamou esse conhecimento objetivado – a substância simbólica de nosso ser, a ordem virtual que regula o espaço intersubjetivo – de "grande Outro". Uma versão mais popular-paranoica da mesma noção é *a Matrix* do filme homônimo dos irmãos Wachowski.

O que de fato nos ameaçou sob o nome de "Bug do Milênio" foi a suspensão da Matrix. Aqui podemos ver em que sentido o filme *Matrix* estava correto: a realidade que vivemos *é* regulada pela rede digital invisível e todo-poderosa, a ponto de seu colapso poder causar uma desintegração global "real". Por isso é uma ilusão perigosa afirmar que o Bug poderia ter trazido a libertação: se tivéssemos sido destituídos da rede digital artificial que medeia e sustenta nosso acesso à realidade, não encontraríamos a vida natural em sua verdade imediata, mas sim a insuportável terra perdida – "Bem-vindo ao deserto do real!", como Neo, herói de *Matrix*, é recebido quando vê a realidade como ela realmente é, sem a Matrix.

O que foi então o Bug do Milênio? Talvez o maior exemplo do que Lacan chamou de *objet petit a*, o "pequeno outro", o objeto-causa do desejo, uma partícula minúscula de pó que dá corpo à falta no grande Outro, a ordem simbólica. E é aqui que entra a *ideologia*: o Bug é o objeto sublime da ideologia. O próprio termo é revelador de seus cinco significados: um defeito/pane, uma doença (como o vírus da gripe), um inseto, um fanático, um microfone oculto[11]. Essa deriva do significado desempenha a operação ideológica mais elementar: uma simples falta ou pane é imperceptivelmente transformada em uma doença, que então é demarcada como causa positiva, um "inseto" perturbador dotado de certa atitude psíquica (zelo excessivo) que nos monitora em segredo. O mau funcionamento puramente negativo, portanto, adquire existência positiva na forma de um zelote clandestino que

---

[11] Agradeço a Gillian Beaumont por chamar minha atenção para esses cinco significados.

deve ser exterminado como um inseto... já afundamos na paranoia. No fim de dezembro de 1999, o principal jornal esloveno de direita deu a manchete: "É mesmo um perigo – ou é fachada?", indicando que alguns círculos financeiros obscuros simularam o pânico e usariam o Bug para fazer uma trapaça gigantesca. Não seria o Bug a melhor metáfora animal para a imagem antissemita do Judeu: um inseto raivoso que introduz a degeneração e o caos na vida social, ou seja, a verdadeira causa invisível dos antagonismos sociais?

Em uma atitude que espelha a paranoia da direita, Fidel Castro também – quando ficou claro que o Bug não existia, que as coisas continuariam a fluir sem maiores contratempos – denunciou o medo do Bug como uma conspiração promovida pelas grandes empresas de informática para induzir as pessoas a comprar novos computadores. E, na verdade, depois que o pânico passou e ficou claro que o Bug do Milênio era um alarme falso, houve acusações dos quatro cantos do mundo de que tinha de existir algum motivo para tanto barulho por nada, algum interesse (financeiro) oculto promovendo o medo – não era possível que todos os programadores tivessem cometido um erro tão grande! O tema da discussão, portanto, transformou-se em um dilema pós-paranoico: houve realmente um Bug e suas consequências catastróficas foram evitadas com medidas preventivas cuidadosas, ou simplesmente não houve nada e as coisas continuariam a funcionar normalmente, sem a necessidade de que bilhões de dólares fossem gastos com essas medidas? Esse, mais uma vez, é o *objet petit a*, o Vazio que "é" o objeto-causa do desejo, em seu aspecto mais puro: um certo "absolutamente nada", um ente de cuja "existência real" nem sequer temos certeza, mas que, não obstante, como o olho de uma tempestade, gera uma comoção gigantesca a todo redor. Em outras palavras, o Bug do Milênio não seria um MacGuffin do qual o próprio Hitchcock teria se orgulhado?

Talvez possamos concluir com um modesto argumento marxista: como a rede digital afeta a todos nós – como já *é* a rede que regula nossa vida diária, até mesmo em seus aspectos mais comuns, como o fornecimento de água –, ela deveria ser *socializada* de uma forma ou de outra. De fato, a digitalização da nossa vida diária possibilita um controle à maneira de um Big Brother, em comparação com o qual a antiga inspeção da polícia secreta comunista só pode parecer brincadeira de criança. Aqui, no entanto, mais do que nunca, devemos insistir em que a resposta apropriada para essa ameaça não é o recuo para ilhas de privacidade, mas uma socialização ainda mais intensa do ciberespaço. Devemos concentrar a força visionária de discernir o poder emancipatório no ciberespaço naquilo que hoje (mal) interpretamos como ameaça "totalitária"[12].

---

[12] Grande parte deste livro, em especial as passagens do capítulo 4 sobre o luto e a melancolia, foi inspirada por discussões constantes com Charity Scribner. Ver seu *Working Memory: Mourning and Melancholia after Communism* (dissertação, Nova York, Columbia University, 2000).

ÍNDICE REMISSIVO

Abelardo, 39
Abraão (bíblico), 17, 37, 43, 79
Adorno, Theodor
    ambiguidade de Kant, 145
    contradição, 167
    Dialética do esclarecimento (com
        Horkheimer), 10, 33
    Minima Moralia, 30
    mitos, 32
    "não existe poesia depois de
        Auschwitz", 66
    sobre Furtwängler, 103
    sobre o "*Deutschland,
        erwache!*", 137
Agamben, Giorgio, 60
    melancolia, 104
    vergonha, 131
Althusser, Louis, 149
    com Havel, 68
Andersen, Hans Christian
    A roupa nova do imperador, 90
Anselmo de Cantuária, 38
Antígona, 63, 111-3, 118
    leitura lacaniana de, 60
    o Outro, 114-5, 121-2
Arendt, Hannah
    autoridade, 8
    banalidade do mal, 54
Assassinato (filme), 61

Badiou, Alain, 85, 164
    Iugoslávia, 160
    morte, 60-1
    produção, 98
    socialismo, 94
Bakhtin, Mikhail, 65

Balibar, Étienne, 139
Barbeiro de Sevilha, O (Rossini) 35
Barth, Karl
    "The Judge Judged in Our
        Place", 39
Beethoven, Ludwig van, 81
Behemoth (Neumann), 69
Benigni, Roberto
    A vida é bela, 54-7, 63
Benjamin, Walter
    violência instauradora do
        direito, 29
Benveniste, Émile, 116
Berlin, Isaiah, 10
Bernstein, Richard, 8
Berri, Claude, 18, 24
Blair, Tony, 166
    e Haider, 168-9
Bloch, Ernst, 29
Bohm, David, 149, 150
Bohr, Niels, 149-50
Brazil, o filme, 128
Bricmont, Jean, 149
Brockman, John
    The Third Culture, 147
Buchanan, Pat, 163-4, 169
budistas, 41-2, 139
    cognitivistas, 142-3
Bukharin, Nikolai Ivanovitch
    julgamento, 76-81

Camus, Albert
    O mito de Sísifo, 25
Capra, Fritjof, 139, 146, 149
Casablanca (filme), 27
Castro, Fidel 176

Chaplin, Charlie
    O grande ditador, 55-6
Chávez, Hugo, 170
Claudel, Paul, 13
    trilogia dos Coûfontaine, 17
Clinton, Bill, 163, 166
Conquest, Robert, 10
Consciousness Explained
    (Dennett), 140-1
Coover, Robert
    "You Must Remember This",
        27-8
Corpo que cai, Um (filme), 61
Crime na catedral (Eliot), 75
Critchley, Simon, 63, 65, 111, 114

Dahl, John
    O poder da sedução, 73
Dalai Lama, 127
Darwin, Charles, 123
    novas interpretações, 139-40
Davidson, Donald, 130
Dawkins, Richard, 139, 145-6, 154
De Man, Paul, 145
Deleuze, Gilles, 164
    desterritorialização radical, 7
Delič, Rasim, 161
Dennett, Daniel C., 139, 146
    Consciousness Explained, 140-1
Depois do vendaval (filme), 62
Derrida, Jacques, 109
    "A mitologia branca", 141-2
    e Habermas, 112-3
    Políticas da amizade, 114
    radicalização de Marx 109-11
Descartes, René, 152

178 / Alguém disse totalitarismo?

Desencanto (filme), 105
Dia na vida de Ivan Denissovitch,
  Um (Solzhenitsyn), 54, 97
Dialética do esclarecimento (Adorno
  e Horkheimer), 10, 33
Divided Heaven (Wolf), 95
Doce amanhã, O (filme), 31
Dreyfuss, Hubert, 139
Duchamp, Marcel, 41
Dunayevsky, Isaac, 74
Durkheim, Émile
  suicídio, 25

Egoyan, Atom
  O doce amanhã, 31
Eisenstein, Sergei, 25
Elegia a Alexandre (filme), 90
Eliot, T. S.
  "A terra desolada", 26, 30
  Crime na catedral, 75
  sobre Stravinsky, 31-2
Época da inocência, A (Wharton),
  15, 104
Equus (Schaffer), 31-2
Estrutura das revoluções científicas,
  A (Kuhn), 153

"Facts in the Case of M. Valdemar,
  The" (Poe), 60
Fausto (Goethe), 67
Fenomenologia do espírito (Hegel),
  29, 100
Feynman, Richard, 150
Filosofia do direito (Hegel), 28
Fim de caso (Greene), 103
Fliess, Wilhelm, 136
Ford, John
  Depois do vendaval, 62
Frankfurt, Escola de
  e stalinismo, 69-70
Freud, Sigmund
  A interpretação dos sonhos, 133-8
  assassinato de Deus no Novo
    Testamento, 15
  caráter anal, 33-4
  caso Schreber, 87, 116
  deslocamento, 15
  e Jung, 43-4
  luto e melancolia, 101-2, 105
  mito do pai primordial, 33
  O futuro de uma ilusão, 117-8
  sonho sobre a injeção de
    Irma, 22, 133-7
Fulani, Lenora, 163-4, 169
Furet, François

O passado de uma ilusão, 117
Furtwängler, Wilhelm, 103-4
Futuro de uma ilusão, O (Freud),
  117-8

Gatacca (filme), 138-9
Getty, J. Arch
  The Road to Terror (com
    Naumov), 76-7, 86, 88, 93
Gilliam, Terry
  Brazil, o filme, 128
Giuliani, Rudolf, 174
Goethe, Johann Wolfgang von
  Fausto, 67
Gould, Stephen Jay, 139-40,
  146, 154
Grande ditador, O (filme), 55-6
Greene, Graham
  Fim de caso, 103
Groys, Boris, 41

Habermas, Jürgen, 98, 116
  e Derrida, 112-3,
  produção e troca simbólica, 98
  universo achatado, 116
Haider, Jörg, 163, 168-9
Hamlet (Shakespeare), 24, 33-6
  leitura psicanalítica, 13-5
Havel, Václav
  socialismo com rosto
    humano, 68-9, 71-2, 94
  The Power of the Powerless, 67-8
Hawking, Stephen, 146, 149, 152
Hegel, Georg F. W.
  a noite do mundo, 59-60
  determinação oposta, 34-5, 135
  enigma da Esfinge, 43
  falogocentrismo, 154
  gênero e espécie, 165
  luta do sujeito, 28
  melancolia, 102-3
  sacrifício de Cristo, 40
  Senhor e Escravo, 100
  universo científico moderno,
    165
  universalidade concreta, 9
Heidegger, Martin, 59
  das Man, 26, 61
  morte, 60-1
  noção ateísta da existência
    humana, 67-8
  produção, 98
  ser-no-mundo, 139
  universo mítico asiático, 32-3
Heisenberg, Werner, 149-50

"Heroine" (Highsmith), 39
Hidden Jesus, The (Spoto) 180
Highsmith, Patricia
  "Heroine", 39
Himmler, Heinrich, 49
História e consciência de classe
  (Lukács), 83-5
Hitchcock, Alfred
  Assassinato, 61
  creatio ex nihilo 124
  Psicose, 61
  Um corpo que cai, 61
Hitler, Adolf
  Mein Kampf, 51
  quatro explicações possíveis para
    o antissemitismo, 49-52
Homero
  Odisseia, 32
Homens de preto (filme), 27
Hopper, Edward, 27
Horkheimer, Max
  democracia liberal, 70
  Dialética do esclarecimento
    (com Adorno), 10, 33
Hume, David, 143-4
Hussein, Saddam, 159

Interpretação dos sonhos, A
  (Freud), 133-8

Jackendoff, Ray, 144
Jakobson, Roman, 25
James Bond, filmes de, 96-7
  relações sexuais, 30
Jameson, Fredric, 94, 98, 164
Jean de Florette (filme), 18-21
  comunidade e indivíduo
    trágico, 21-3
  forma mítica, 23-5
Jesus Cristo
  sacrifício, 37-42
  ser mortal-temporal, 108
judeus
  enigma de Deus, 43-4
  Holocausto como mal
    sublime, 51-3
  interpretações
    cinematográficas do
    Holocausto, 53-7
  "muçulmanos", 55, 57,
    59-62, 65, 66
  nos campos nazistas, 58
  quatro possíveis explicações
    para as ações de Hitler,
    49-52

Índice remissivo / 179

João, Livro de, 37
João Paulo II, papa, 126-7
Joyce, James
   Ulisses, 30, 32
"Judge Judged in Our Place, The"
   (Barth), 39
Jung, Carl Gustav
   e Freud, 43

Kafka, Franz
   O processo, 77
Kant, Immanuel
   dever, 82-3
   dimensão transcendental,
      142, 145
   ética, 119-21
   Si, 142-3
Kennedy, Edward, 118
Keo Meas, 73-4
Khrushchev, Nikita, 93, 97
Kierkegaard, Søren, 43
Klaus, Václav, 94
Kleist, Heinrich von
   "A marquesa d'O", 27-8
   Michael Kohlhaas, 29-30
Kojève, Alexandre, 100
Kotsk, rabino de, 52
Kristeva, Julia
   e Hannah Arendt 8
Kuhn, Thomas S.
   *A estrutura das revoluções
      científicas*, 153
Kundera, Milan
   A lentidão, 171-2

Lacan, Jacques
   "A instância da letra no
      inconsciente", 11
   análise da trilogia dos
      Coûfontaines, de
      Claudel, 17, 20
   antiamericanismo, 13
   Antígona, 124
   ciência moderna, 151
   comédia e o significante
      fálico, 62-4, 65
   criacionismo, 123-4
   crítica de Laplanche, 44-5
   economia, 33-4
   enigma, 33-6
   ética do Real, 114-5
   "Deus é inconsciente", 67
   jouissance e o grande Outro,
      22
   lamela, 33

leitura simbólica do sonho de
   Freud, 135
não existe relação sexual, 172-3
nó borromeano, 115
o Outro, 114-6
objet petit a, 106-8, 175
"ponto de estofo", 95
relação especular, 128
Seminário II (Lacan), 135
Seminário III, 115
Seminário XI, 36
sobre o Avarento de Molière,
   34-5
vergonha e fantasia, 131
Laclau, Ernesto, 146, 165-8, 168
Laços de ternura (filme), 16
*Lady Macbeth do distrito de
   Mtsensk* (Shostakovich), 91
Lanzmann, Claude, 52
Laplanche, Jean, 43-7
Le Pen, Jean-Marie, 163
   jogo duplo, 168
Leader, Darian
   *Por que as mulheres escrevem
      mais cartas do que
      enviam?*, 9
Lefort, Claude, 100, 169
Lenin, Vladimir Ilyich
   análise de Lukács, 83–5
   Beethoven, 81
Lentidão, A (Kundera) 171
Levi, Primo 137
Lévinas, Emmanuel 108, 111, 130
Lewis, Jerry, 131
Lista de Schindler, A (filme), 54-5
Lodge, David
   Nice Work, 140
Lubitsch, Ernst
   Ser ou não ser, 55-6
Lukács, György
   Augenblick, 85
   História e consciência de classe,
      83-5
   sobre *Ivan Denissovitch*, 97
Luz azul, A (filme) 22
Lynch, David, 128
Lyotard, Jean-François, 10

Malebranche, Nicolas, 75
Mandelbrot, Benoît, 146
Manon des sources (filme), 18-21
   comunidade e indivíduo
      trágico, 21-3
   forma mítica, 23-5
Marcuse, Herbert

Marxismo soviético, 70
Margulis, Lynn, 154
Marcos, Livro de, 37
Marker, Chris
   Elegia a Alexandre, 90
"Marquesa d'O, A" (Kleist), 27-8
Marx, Karl
   abstração real, 7
   economia, 33-4
   essencialismo econômico,
      134-5
   estudos culturais, 147-8
   Miséria da filosofia, 109
   "radicalização" de Derrida,
      109-11
   Revolução Francesa, 125
   produção, 34
   proletário, 100
   vida social e produção, 97-8
Marxismo soviético (Marcuse), 70
Matrix (filme), 175
Medvedkin, Alexander, 90
Mein Kampf (Hitler), 51
Michael Kohlhaas (Kleist), 29-30
Miller, Jacques-Alain, 65
Milošević, Slobodan, 159-61
Minima Moralia (Adorno), 30
Minsky, Marvin, 146
Miséria da filosofia (Marx), 109
Mito de Sísifo, O (Camus), 25
"Mitologia branca, A" (Derrida),
   146
Molière, Jean-Baptiste Poquelin,
   34-5
Molotov, Viatcheslav
   Mikhailovitch, 77
Moser, Edward
   *The Politically Correct Guide to
      the Bible*, 125-6
Müller, Heiner, 71

Naumov, Oleg V.
   The Road to Terror (com
      Getty), 86, 93
Neumann, Franz
   Behemoth, 69
Niccol, Andrew
   Gataca, 138-9
Nice Work (Lodge), 140
Nighthawks (Rosen), 26

Odisseia (Homero), 32
Orwell, George, 171
Outra face, A (filme), 127-31

180 / Alguém disse totalitarismo?

Pagnol, Marcel
  comunidade e indivíduo
    trágico, 21-4
  forma mítica, 24-5
  Jean de Florette e *Manon des
    sources*, 18-21
Parsifal (Wagner), 65-6
Pasqualino sete belezas (filme),
    55-6, 63
Passado de uma ilusão, O (Furet), 117
Paulo, são, 37, 41
Pešič, Vesna, 161
Pinochet, general Augusto, 119
Platão
  aparências, 107
  mito da caverna, 33
Poder da sedução, O (Dahl), 73
Poe, Edgar Allan
  "The Facts in the Case of M.
    Valdemar", 60
Pol Pot, 73
*Politically Correct Guide to the
  Bible, The* (Moser), 125-6
Políticas da amizade (Derrida), 114
Pontes de Madison, As (filme), 16
Popper, Karl, 10
*Por que as mulheres escrevem mais
  cartas do que enviam?*
  (Leader), 9
Power of the Powerless, The
  (Havel), 68-9
Processo, O (Kafka), 77
Proudhon, Pierre Joseph, 109
Psicose (filme), 61

Rancière, Jacques, 169
Riefenstahl, Leni
  A luz azul, 22
Road to Terror, The (Getty e
  Naumov), 86, 93
Robespierre, Maximilien de, 163
Romeu e Julieta (Shakespeare), 35
Rosen, Lynn
  Nighthawks, 26-7
Rosenberg, Ethel e Julius, 81
Ross, Andrew, 155
Rossini, Gioacchino

O barbeiro de Sevilha, 35

Sacks, Oliver, 146
Sade, marquês de, 82-3
Sagração da primavera, A
  (Stravinsky), 31-2
Schaffer, Peter
  Equus, 31
Schreber, Daniel Paul, 87, 116
Seminário II (Lacan), 135
Seminário III (Lacan), 115
Seminário XI (Lacan), 36
Shakespeare, William
  Hamlet, 13-5, 24, 33
  Romeu e Julieta, 35
Sherman, Cindy, 26
Shostakovich, Dmitri, 74
  como dissidente secreto, 89-92
  e Zanchevsky, 89
  *Lady Macbeth do distrito de
    Mtsensk*, 91
  Quarteto de Cordas n. 8,
    104-5
  Quinta Sinfonia, 74, 90-2
  melancolia, 104-5
Show de Truman, O (filme), 172-3
Sinal de esperança, Um (filme), 54
Sokal, Alan, 145, 149
Soljenitsin, Alexander
  *Um dia na vida de Ivan
    Denissovitch*, 97
Spielberg, Steven
  A lista de Schindler, 54-5
Spoto, Donald
  The Hidden Jesus, 126
Stalin, Josef, 72
  ambiguidade radical da
    ideologia, 92-5
  análise de Trotski, 93-4
  ausência de confronto teórico,
    70-1
  e Bukharin, 76-81
  gulags, 57, 96
  morte, 57
  julgamentos-espetáculo, 76
  repressão e expurgos, 86-9
Stewart, H. Bruce, 146

Stravinsky, Igor
  A sagração da primavera, 31-2

"Terra desolada, A" (Eliot), 26
Third Culture, The (Brockman), 147
Timóteo, Livro de, 37
Tito (Josip Broz), 71, 160-1
  Ser ou não ser (filme), 55-6
Train of Hope, The (filme), 54
Trotski, Leon, 86
  análise do stalinismo, 93-4
Trump, Donald, 35
Tudjman, Franjo, 161
Turkle, Sherry, 140

Ulisses (Joyce), 30, 32

Varela, Francisco, 139, 143-4
Velásquez, Diego Rodríguez de
  Silva y
  As meninas, 27
Vida é bela, A (filme), 54-6, 63

Wachowski, irmãos
  Matrix, 175
Wagner, Richard
  Crepúsculo dos deuses, 26
  Parsifal, 65-6
Weinberg, Stephen, 146
Weir, Peter
  O show de Truman, 172-3
Wertmüller, Lina
  Pasqualino sete belezas, 55-6, 63
Wharton, Edith
  A época da inocência, 15-6, 104
Wolf, Christa, 94
  Divided Heaven, 95
Woo, John
  A outra face, 127-31

Yezhov, Nicolai, 88
"You Must Remember This"
  (Coover), 27-8

Zanchevsky, 89
Zinoviev, Alexander, 78
Ziuganov, Gennadi, 93

"Augusto Pinochet", por Lapata, 2011

Esta primeira edição brasileira de *Alguém disse totalitarismo?*, publicada 40 anos depois do golpe militar perpetrado pelo general-ditador Augusto Pinochet no Chile, foi composta em Adobe Garamond Pro, corpo 11/13,2, e reimpressa em papel Avena 80 g/m² pela Sumago Gráfica Editorial, em novembro de 2015, com tiragem de 1.500 exemplares.